CW00381827

IMPARARE DAL VI

Camilla Bettoni - Giosi Vicentini

IMPARARE DAL VIVO

Lezioni di italiano

** livello avanzato

6ª edizione

Bonacci editore

Fotografie: F. Roiter: 19; S. Lelli-Masotti: 35; La Repubblica, 12/9/84: 229; L'Espresso, 5/2/84: 89; 27/5/84: 150; Pubblicità Progresso: 112; Corriere della Sera, 22/1/83: 135; Enciclopedia Italiana Treccani: 162, 164; Pubblicità Iveco: 207.

Disegni: Fanch Ledan: 11; G. Novello, Il Signore di buona famiglia, Mondadori, 1977: 15; G. Bellot-V. Benini, Storia di Maschere, Nuove Edizioni Romane, 1980: 22, 24, 25; F. Palazzi, Dizionario della Lingua Italiana, Ceschina, 1939: 31; C. Brétecher, (tradotto dall'inglese) Sydney Morning Herald, 31/7/82: 48; 27/11/82: 205; Altan, Panorama, 14/2/83: 106; Recycled Paper Products Inc.: 185, 186.

Vignette: Settimana Enigmistica: 33, 94, 95, 96, 97, 115, 116, 117, 118, 119, 122, 184; Linus: 76, 180; Domenica Quiz: 94, 146.

Questo testo è stato concepito congiuntamente dalle autrici per quanto riguarda l'impianto teorico e metodologico. In particolare Camilla Bettoni ha curato le unità 6, 8, 11, 16, 21 e 30, e Giosi Vicentini le unità 1, 2, 3, 4, 5, 7, 9, 10, 12, 13, 14, 15, 17, 18, 19, 20, 22, 23, 24, 25, 26, 27, 28, 29 e le chiavi per gli esercizi.

Bonacci editore

Via Paolo Mercuri, 8 – 00193 Roma
(ITALIA)
tel. 06/68.30.00.04 – fax 06/68.80.63.82
e-mail: bonacci@flashnet.it

© Bonacci editore, Roma 1986
ISBN 88-7573-075-X

INDICE

dizionario

PREFAZIONE

slupción   *reawakening*

Qualche anno fa, il Ministero degli Esteri italiano, risvegliandosi da una sonnolenza pluridecennale, ha commissionato all'Istituto dell'Enciclopedia Italiana una ricerca su scala mondiale per studiare le motivazioni che, nei diversi paesi, spingono allo studio dell'italiano. Ma non sono le motivazioni che ci interessano qui; interessa piuttosto il fatto che questa ricerca ha rilevato, per la prima volta con la chiarezza delle cifre e delle percentuali, che a studiare l'italiano erano non meno di due milioni di persone (e dal conto erano esclusi quanti lo studiavano come lingua straniera nella scuola). Il dato non è da poco, tanto più se si pensa che sicuramente non tutti gli studenti e gli appassionati di italiano hanno potuto essere effettivamente censiti. Immaginiamo allora che l'italiano interessi, in questo momento a qualcosa come due milioni e mezzo o tre milioni di persone. Non si tratta certamente delle decine di milioni di persone che studiano l'inglese; ma se confrontiamo quella cifra con le valutazioni riguardanti gli studenti di francese (in calo) o di tedesco (in disastrosa discesa) in tutto il mondo, scopriamo facilmente che, tra le grandi lingue, l'italiano è sicuramente (tolto l'inglese) l'unica che sia effettivamente in ascesa quanto a diffusione.

Che cosa facciamo, dall'Italia, per rispondere a questa gigantesca domanda culturale? La risposta è piuttosto sconfortante: la linguistica applicata italiana prende il volo solo da poco, la produzione di materiali didattici per l'insegnamento dell'italiano come lingua straniera è ancora piuttosto povera (basta confrontarla a quella, abbondantissima, per l'insegnamento del francese), e manca completamente un raccordo, anche solo di informazioni, tra le tante migliaia di persone che, nel mondo, insegnano italiano. Manca persino un certificato internazionale per definire rigorosamente i livelli di conoscenza dell'italiano come lingua straniera, uno strumento fondamentale, e tutto sommato banale, che permetterebbe la creazione di uno standard internazionale accettabile e unico. Certo, esistono oggi strumenti utili: penso al grande corso *Viaggio nell'italiano* edito dall'Istituto della Enciclopedia Italiana, o anche all'appena nata rivista «Italiano e oltre», che si propone di collegare gli studiosi di tutto il mondo e di lanciare ad essi, dall'Italia, proposte metodologiche aggiornate e di buona qualità. Ma il circuito internazionale dell'italiano è ancora ben lontano dal disporre di organi di stampa, strumenti didattici, associazioni, e tutto quel complesso e fondamentale armamentario organizzativo e culturale che ha fatto la ricchezza dell'inglese, e oggi più specificamente dell'inglese-americano.

Imparare dal vivo è un eccellente contributo alla costruzione di una biblioteca fondamentale per l'insegnamento dell'italiano, e costituisce certamente un passo avanti rispetto a quel che circola, per l'insegnamento dell'italiano, come materiale per l'apprendimento avanzato. Intanto, esso sconfessa una delle mitologie negative più tipiche dell'insegnamento delle lingue, secondo le quali il corso di lingue ha quasi il dovere di essere rigorosamente sciocco, irreale e privo di ogni contenuto di esperienza. *Imparare dal vivo* è, al contrario, rigorosamente intelligente, aderente alla realtà linguistica e culturale del nostro paese e ricco di informazioni concrete. Questo dato si coglie nella scelta dei brani, che rispecchiano effettivamente quel che in questi anni si è discusso in Italia, ma anche nel montaggio delle diverse componenti delle lezioni, che permettono una grande mobilità intellettuale e non costringono l'allievo a studiare formulette prive di senso.

Un altro suo titolo di merito è la scelta degli 'oggetti linguistici' da presentare all'allievo. La 'selezione' (come si dice nel gergo specialistico) è particolarmente attenta ai nodi strutturali e pragmatici tipici dell'italiano, a quelli che costituiscono il punto di inciampo tipico di chi lo studia e di chi lo insegna.

Tenendo presenti queste due caratteristiche, il forte senso di realismo (sostenuto spesso da una giusta quota di umorismo, perché non c'è nessuna ragione per cui si debba imparare nella tristezza) e l'attenta mescolanza di 'oggetti' linguistici, non credo che si possa dubitare che *Imparare dal vivo* potrà rispondere alle necessità di quelli, allievi o insegnanti, che si trovano costretti a domandarsi per la centesima volta «Questa è una sigaretta?» e a rispondersi sgomenti «No, è un piroscafo» (su un libro che faceva domande di questo genere studiai a suo tempo l'inglese, e per molti aspetti la sapienza didattica dei più aggiornati materiali didattici non ha fatto molti progressi rispetto ad allora). Suppongo che queste doti derivino dall'esperienza delle autrici, che sono non solo insegnanti di lingua, ma anche linguiste, e (nel caso specifico di Camilla Bettoni) particolarmente attente alla gamma delle varietà sociali del linguaggio.

È un buon augurio, per questo bel libro, aspettarsi che riesca ad insegnare offrendo sorprese, stimolando interessi, favorendo dibattiti. È un augurio, ma credo che *Imparare dal vivo* riuscirà ad attuarlo.

Raffaele Simone

INTRODUZIONE

Questo libro raccoglie trenta lezioni di italiano per studenti che abbiano già una discreta conoscenza della lingua, prefiggendosi come scopo principale quello di immergerli nella lingua viva dell'Italia di oggi. Esso omette quindi dettagliate spiegazioni lessicali e sintattiche che a livello avanzato si presumono note o reperibili altrove, ma vuole invece offrire una vasta gamma di attività ed esercizi divertenti ed istruttivi che stimolino ed aiutino gli studenti ad acquisire insieme maggior scioltezza e maggior accuratezza, sia nel parlare, sia nello scrivere.

Per la ricchezza del materiale e la sistematicità della sua presentazione il libro si propone come testo completo per un corso annuale di lingua. Se alcuni studenti, pur conoscendo discretamente l'italiano, ancora non hanno imparato a destreggiarsi con disinvoltura fra dizionario e grammatica, queste lezioni possono servire di incoraggiamento.

Ogni lezione inizia con un brano di lettura su argomenti vari, scelti con il duplice scopo di catturare l'interesse degli studenti per il mondo e la vita italiana e di coinvolgerli in una partecipazione attiva agli esercizi che seguono. I testi, anche dove sono stati tagliati per ragione di spazio o rimpaginati per una più chiara lettura rispetto all'originale, sono tutti rigorosamente autentici. Mentre abbiamo evitato articoli e brani che presupponessero da parte di studenti (ed insegnanti) stranieri familiarità con fatti di cronaca troppo localizzati nello spazio e nel tempo, abbiamo di proposito resistito alla tentazione di tagliare o di glossare quei pochi riferimenti alla cronaca del giorno che non possono non apparire nella stampa quotidiana diretta al lettore italiano. Ciò, nella convinzione che non sia sempre necessario capire ogni dettaglio per godere il tutto, e che a livello avanzato l'abilità di cernere nel materiale autentico il superfluo dall'importante sia parte integrante del processo di apprendimento linguistico e culturale.

Alle letture seguono alcuni esercizi congegniati in modo che, da una parte, verifichino la comprensione del testo, sia nel suo aspetto culturale sia in quello più strettamente linguistico, e dall'altra, incoraggino gli studenti ad utilizzare subito attivamente parole e costrutti appena letti.

Sono sempre riferiti alle letture gli esercizi successivi, miranti alcuni ad ampliare il vocabolario degli studenti, altri a farli riflettere su punti grammaticali specifici, altri ancora a provocare reazioni personali. Infatti abbiamo mantenuto l'argomento del testo iniziale per tutta la lezione affinché le attività e gli esercizi proposti non risultino mai avulsi da un contesto facilmente individuabile.

Gli esercizi di grammatica insistono sistematicamente su quei punti deboli, morfologici o sintattici, che normalmente risultano ancora insidiosi anche per studenti altrimenti già capaci di capire e di farsi capire. Essi partono da alcune strutture presenti nei testi di letture e offrono ulteriori varianti che in alcuni casi costituiscono una semplice revisione dei contenuti linguistici già assimilati dagli studenti, in altri vogliono essere una più esauriente esemplificazione di comportamenti linguistici particolari. Per evitare di appesantire inutilmente il testo abbiamo limitato al massimo l'uso della terminologia tecnica. Terminologia che, tuttavia, abbiamo usata nella compilazione dell'indice in modo da agevolare sia chi studia sia chi insegna nell'orientarsi con prontezza nelle grammatiche di consultazione.

Per ultimo, quale riassunto complessivo di ogni lezione proponiamo spunti alla conversazione e discussione o al componimento scritto, invitando ancora una volta gli studenti a far uso di parole e strutture delle letture e degli esercizi, ma questa volta in maniera più libera ed originale.

Il piano e l'organizzazione generale del libro sono frutto della nostra ormai decennale esperienza d'insegnamento delle lingue straniere all'estero presso università del Brasile, della Gran Bretagna, degli Stati Uniti e dell'Australia, come pure della scuola superiore italiana. Questo materiale specifico invece è stato raccolto e scritto, riveduto e corretto per e con gli studenti del Dipartimento di Italiano dell'Università di Sydney. Il libro è così nato in ambiente anglofono a livello universitario, ma pensiamo che ciò non presenti svantaggio alcuno ad un suo uso soddisfacente al di fuori del mondo anglosassone e delle aule universitarie.

Ringraziamo qui il Dipartimento di Sydney presso il quale il materiale ha circolato in prova per un paio di anni rilegato in dispense, i colleghi che ci hanno incoraggiato con suggerimenti e commenti, gli amici che ci hanno premurosamente inviato alcuni degli articoli da noi sfruttati e, soprattutto, gli studenti tutti che con le loro reazioni hanno entusiasticamente partecipato alla stesura e revisione delle dispense e aiutato a migliorare l'edizione finale. Ringraziamo infine l'editore Giorgio Bonacci per averci dato fiducia e modo di divulgare la nostra esperienza. Ci auguriamo così che questo libro possa essere valido strumento di lavoro anche per altri.

Camilla Bettoni e Giosi Vicentini

Lezione 1

TUTTI AL MARE
...CON NOSTALGIA

C'era una volta il mare ma non c'erano le autostrade e, se anche ci fossero state le pompe di benzina a secco, nessuno se ne sarebbe preoccupato: le Balilla Fiat o le Lancia Augusta le possedevano in pochi, la maggior parte della gente faceva le ferie a casa fra cocomeri, campi di bocce e cinema all'aperto che davano il film di Stanlio e Ollio.

La mia famiglia apparteneva a quella piccola borghesia che riusciva a risparmiare per una breve villeggiatura: la favola del mare cominciava molto prima della partenza, i preparativi erano lunghi, si cercava quasi di dilatare ad arte l'aspettativa (una delle poche verità poetiche che a scuola ci aveva conquistato era la leopardiana vigilia del dí di festa). Le valigie aperte sulle seggiole erano già «mare», si vedevano i costumi di lana a righe, il motoscafino di latta con la molla (che però era più adatto alla vasca da bagno e affondava invece all'onda più minuscola); c'erano i libri per le vacanze, era festoso sceglierli, anche se poi non se ne leggeva una pagina.

Poi c'erano gli ultimi preparativi: da Parma a Moneglia (presso Sestri) saranno state quattro ore di treno, ma i viveri di sopravvivenza approntati da mia madre erano da spedizione: i filoni di pane francese tagliati a metà, quelli riempiti con i formaggini, quelli con la mortadella, quelli con la frittata (che poi inumidiva sgradevolmente la mollica), il thermos con l'acqua e limone, il thermos col caffelatte, il cestino con le ciliege.

Sull'accelerato c'erano altri bambini, avevano sandali marron con i buchini, il cappelluccio di tela bianca a spicchi: anticipavano la spiaggia andando su e giù per il vagone con il secchiello, gli stampini di latta, la retina per i granchi.

Il treno fermava in tutti i paesi: i capistazione dell'Appennino gareggiavano con aiuole leziosissime, ghiaiette colorate, costruivano presepi in miniatura, il castello con i merli, il lago con il veliero lungo un metro, un tunnel da cui spuntava una riproduzione di locomotiva con le ruote rosse carminio. Di questi viaggi, ricordo l'odore di bambini sudati, la sete: si scendeva nelle stazioni a bere alla fontanella, chiudendo il getto sotto e facendosi schizzare da un foro lo zampillo in faccia. Nelle gallerie bisognava chiudere i vetri per il fumo, ma c'era sempre qualche bambino che si beccava in un occhio un pulviscolo di carbone.

Spasmodica era l'attesa dell'ultima galleria dopo la quale, dicevano i grandi, anche se non si vedeva il mare, se ne intuiva la luce più chiara e se ne respirava l'odore. Finalmente i tunnel lungo la costa con gli archi che ogni tanto squarciavano il buio schiudendo semicerchi di celeste: il cuore batteva accelerato, quei lampi di mare erano emozioni indicibili, i ragazzi tiravano giù la valigia dalla reticella anche se c'era ancora un'ora di viaggio.

Tra una galleria e l'altra apparivano le prime spiaggette, le barche in secca come ciabatte colorate, la fila delle cabine a strisce bianche e azzurre, un piroscafo al largo. Il capotreno gridava i nomi delle stazioni, li conoscevo a memoria: più che parole mi sembravano suoni bellissimi, Framura, Bonassola, Monterosso. Poi l'ultima galleria, in piedi con la mano sulla maniglia, l'ansia di fare in tempo a scendere con tutte le valigie, la prima frase con la ondulata cadenza ligure.

Poi l'incontro col mio amico di Milano: aveva sulle spalle le vesciche regolamentari, quando la vescica diventava un palloncino si bucava per mezzo di un ago (immunizzato alla fiamma di un cerino), poi venivano le croste: era fatale, c'era il morbillo, la scarlattina e c'erano le croste.

Allora usavano delle madri un po' grasse, con la spallina del costume che gli faceva un solco: non prendevano il sole con i microocchialini di celluloide, ma stavano sempre sotto l'ombrellone a sferruzzare, ad accomodare sulle teste delle bambine nastri di seta grossi come aeroplani, a parlare di figli rimandati in matematica e di purghe. Appena arrivati al mare bisognava prendere la purga, perché «si aveva cambiato aria», io me la cavavo con la magnesia ma c'erano dei miei infelici compagni che marciavano a olio di ricino. La mia generazione è stata penalizzata da questa infamia: il giorno dopo l'arrivo, senza bagno, possibilmente senza spiaggia, in attesa dei micidiali brontolii di pancia.

Una domenica organizzavano sempre la partita di calcio fra ragazzi villeggianti e residenti: vincevano sempre i secondi perché l'altra squadra era raccogliticcia. I più accaniti erano i genitori dei villeggianti, urlavano continuamente che era fuori o era rigore. I genitori dei residenti non c'erano, erano a lavorare.

Luca Goldoni, *Selezione del Reader's Digest S.p.A.*, luglio 1980.

A. *Leggere attentamente il brano «Tutti al mare... con nostalgia» ed esaminare le dichiarazioni seguenti indicando la risposta esatta.*

1. Una volta, la gente non si preoccupava del traffico o dell'eventuale mancanza di benzina perché

   a. nessuno aveva la macchina
   b. nessuno andava in ferie
   c. molti passavano le vacanze in città

2. La famiglia dello scrittore arrivava in vacanza, in treno, dopo un viaggio

   a. corto ma lento
   b. lungo e lento
   c. corto e veloce

3 Nel periodo prima della partenza si

   a. era sbrigativi nei preparativi
   b. facevano acquisti di costumi, giochi, libri
   c. assaporava anticipatamente l'aria di vacanza

4. La località di villeggiatura era

   a. sull'Appennino
   b. in Liguria
   c. vicino a Milano

5. Dai tunnel si usciva

   a. tutti quanti col pulviscolo di carbone negli occhi
   b. col cuore che batteva alla vista del mare
   c. sentendo il capostazione che gridava i nomi dei paesi

6. L'ultimo tratto del percorso si faceva

   a. in piedi, con la paura di non fare in tempo a scaricare le valigie
   b. andando su e giù per il vagone con secchiello, stampini e retina
   c. guardando fuori dal finestrino, respirando l'odore del mare

7. Appena arrivati si usava

   a. andare a trovare gli amici
   b. prendere i lassativi
   c. andare subito a nuotare

8. Le madri sulla spiaggia

    a. prendevano la tintarella
    b. sorvegliavano i figli attentamente
    c. facevano la maglia e chiacchieravano

9. La partita di pallone tra villeggianti e residenti si giocava

    a. ogni estate
    b. ogni domenica
    c. ogni tanto

10. La partita di pallone era vinta perché

    a. i villeggianti erano esperti giocatori
    b. i residenti erano meglio allenati
    c. i genitori facevano un tifo accanito

B. *Dare l'equivalente italiano o inglese delle parole o espressioni sottolineate nel brano.*

1. a secco
2. villeggiatura
3. viveri
4. accelerato
5. aiuole

6. veliero
7. reticella
8. cabina
9. sferruzzare
10. raccogliticcia

C. *Aggiungere gli articoli appropriati e volgere al plurale.*

1. gente
2. film
3. motoscafo
4. thermos
5. caffellatte

6. sete
7. tunnel
8. capostazione
9. solco
10. olio

D. *Fornire di articoli e volgere al singolare.*

1. ferie
2. bocce
3. valigie
4. viveri
5. spicchi

6. granchi
7. ciabatte
8. vesciche
9. purghe
10. brontolii

E. *Osservare come l'autore faccia spesso uso dei suffissi valutativi per indicare misura, qualità e atteggiamento personale verso i propri ricordi. Fare una lista dei nomi contenuti nel brano dividendoli nei seguenti gruppi: -INO, -UCCIO, -ELLO e -ETTO.*

....

....

....

....

F. *Mettere al diminutivo gli oggetti costruiti in miniatura dai capistazione usando quanto più possibile i suffissi valutativi, altrimenti gli aggettivi modificatori.*

La stazione fiorita

1. giardini
2. pietre
3. castelli
4. merli
5. laghi
6. locomotiva
7. fontane
8. ville
9. treni
10. vagoni
11. case
12. barche
13. pesci
14. panche

G. *Rispondere con poche parole alle seguenti domande.*

Esempio. L'autore restava in città durante l'estate?
<u>*No, non ci restava.*</u>

1. L'autore si ricorda delle vacanze?
2. Andava in villeggiatura?

3. Ci andava in macchina?
4. Attraversava molti paesi in viaggio?
5. Incontrava gallerie nel percorso?
6. La madre gli preparava dei panini?
7. Era difficile abituarsi al cambiamento d'aria?
8. Doveva prendere delle purghe?
9. Incontrava molti amici?
10. Faceva delle partite di pallone?

H. *Sostituire all'infinito l'imperfetto.*

ESSERCI .... una volta una casa, qui, su questa sco-
gliera sul mare. ESSERE .... una casa grande, dove ogni
anno l'estate VENIRE .... una famiglia con molti bambini. I ragazzi GRIDARE .... giocando nei viali del giardino;
intanto, la mamma e la nonna SEDERE .... al sole chiac-
chierando mentre LAVORARE .... a maglia. Quelle voci
giovani RISUONARE .... allegre ed ESSERE ....
proprio una gran gioia sentirle.

La casa RIMANERE .... aperta solo nei mesi estivi
e già alla fine di maggio gli amici dei bambini ASPETTARE
.... ansiosamente davanti al cancello l'arrivo dei loro compagni di giochi. Questi ARRIVARE .... a luglio con l'inizio
delle vacanze, ma, a quell'epoca, i ragazzi del posto già ANDARE
.... e VENIRE .... dalla spiaggia da tempo.

Infatti, il primo bagno dell'anno loro lo FARE ....
una domenica di aprile, col cielo azzurro nuovo e un sole allegro e
giovane. Loro SCENDERE .... a mare correndo e SVENTO-
LARE .... il costume da bagno in aria come una bandie-
ra. PRECIPITARSI .... al molo dove le reti da pesca
DILUNGARSI .... per terra mentre alcuni pescatori le RAM-
MENDARE .... Tra gli scogli della massicciata SPOGLIARSI
.... contenti dell'odore di vecchie alghe che IMPREGNA-
RE .... l'aria.

L'estate PASSARE .... in fretta. Poi, BISOGNARE
.... ritornare in città. Solo il pensiero FARE
.... soffrire. In breve tempo RESTARE ....
solo il ricordo delle vacanze.

I. *Sostituire il condizionale passato con l'imperfetto. Notare che il significato non cambia.*

Esempio. <u>Saremmo voluti</u> *andare in vacanza in Grecia, ma era troppo caro.*
<u>Volevamo andare...</u>

1. «Voi siete rimasti in città, ma invece cosa <u>avreste voluto</u> fare?»
2. «Io non <u>avrei potuto</u> fare assolutamente niente, ero proprio al verde».
3. «I miei figli ci hanno rovinato le ferie perché si sono fatti bocciare quando <u>avrebbero dovuto</u> essere promossi a giugno».
4. «<u>Avreste dovuto</u> telefonarmi, sono rimasto in città anch'io».
5. «Certo, <u>avremmo potuto</u>, ma ci siamo lasciati prendere dalla pigrizia».
6. «Peccato, <u>saremmo potuti</u> andare al cinema all'aperto e, almeno, <u>avremmo potuto</u> gustare la specialità del nuovo gelataio in piazza».
7. «Io <u>avrei voluto</u> fare il giro della regione in macchina, ma mi si è rotta proprio all'ultimo momento».
8. «<u>Avresti potuto</u> fare come me, <u>sarei dovuto</u> andare con la mia vecchia utilitaria, ma ho affittato una motocicletta potentissima».
9. «<u>Avresti dovuto</u> invitarmi, <u>sarei venuto</u> proprio volentieri».
10. «Te lo <u>avrei potuto</u> dire; ma come <u>avrei potuto</u> sapere che <u>saresti stato</u> in città?»

L. *Inserire negli spazi vuoti le parole mancanti nel seguente riepilogo del testo.*

Una volta erano pochi ad andare in .... : la gente restava in città, mangiando .... , andando al .... o .... a bocce. Ma la famiglia dello scrittore, che .... alla piccola borghesia, ... a partire per il mare.

Prima di tutto, c'era l'entusiasmo dei .... : le valigie da .... , i libri da .... , i viveri da ....

Una volta in treno, c'erano altri .... , vestiti con .... marron e .... di tela bianca, che andavano .... per i vagoni, anticipando ....
Il treno .... in tutte le stazioni dell'Appennino che facevano .... per chi avesse il .... più elaborato.

Di questi viaggi, rimane il ricordo dell'odore dei bambini .... e la sete che faceva .... alla fontanella. Nelle gallerie c'era molto .... e c'era sempre qual-

cuno che prendeva un .... di carbone in un occhio.
Gradualmente si vedevano le prime .... , si respirava
.... del mare e si .... le prime frasi in
cadenza .... , e finalmente si .... gli amici
di altre città.

Allora, le madri, tutte un po' grasse, stavano sempre sotto ....
.... a parlare di .... , a fare la ....
.... Olio di ricino e magnesia erano l' .... dei primi
giorni di mare, perché ci purgavano a causa del .... d'a-
ria. Così si doveva anche .... un po' di tempo per fare
il bagno o perfino per andare in ....

Una domenica, si faceva sempre la partita .... pallone fra i residenti e i .... , che perdevano
.... perché la loro squadra era .... , nonostante i genitori facessero un tifo ....

M. *Prendendo ispirazione da qualche vecchia fotografia, intervistando qualche
persona di una certa età o, semplicemente, ricordando le vostre vacanze
quando eravate piccoli, descrivete come erano le tipiche villeggiature di una volta.*

Grancarnevale

Si ripete la grande festa di Venezia
Dietro la maschera la gente si ritrova
in un grande gioco collettivo.

Soltanto vent'anni fa i sociologi erano convinti che il carnevale ed altre feste del genere sarebbero scomparse. Nella società industriale — si diceva — è in atto un processo di secolarizzazione. Tutto ciò che è religioso, magico, tutto ciò che è miracolo, fede, lentamente scompare. Quando svanisce la polarità sacro-profano, scompare anche il tempo liturgico che separa il lavoro dalla festa.

A questa tesi, in seguito, si è aggiunta un'altra argomentazione: il carnevale è inconcepibile senza la quaresima. La festa richiede il limite, la norma da infrangere. Ma, nel mondo moderno, in seguito alla generale liberazione sessuale, emotiva, corporea, non ci sono più norme. Le feste, si diceva, potranno perciò continuare solo come commemorazioni in costume, danze folkloristiche a cura degli uffici turistici regionali.

Le cose non sono andate affatto così. Le società industriali si sono dimostrate avide di feste come quelle antiche. C'è certamente una fase in cui le feste decadono. Ma se la società è viva allora spesso rinascono e ne compaiono delle nuove.

Ciò che ha sostituito l'antica «grande festa» è oggi la vacanza estiva. È questo il periodo in cui vengono interrotte tutte le attività abituali. Come le antiche feste, le vacanze sono l'occasione per l'insueto, l'eccesso, la dissipazione. Nella vacanza si scatenano i desideri; la gente sogna l'avventura, l'uscita dal quotidiano. Ciascuno, nel profondo del suo animo si attende il meraviglioso e l'inaudito. La vacanza è l'esodo dalla comunità, il

superamento del confine, il viaggio verso le isole felici.

Ben diversa è, invece, la struttura di un'altra importante festa, il Natale. Il giorno di Natale è il momento in cui vengono riaffermati e ridefiniti i legami fra i consanguinei. Esso ricorda l'esistenza di una famiglia e impone di identificarne il centro. In genere, perciò, il Natale si festeggia a casa di colui che si occupa di più della famiglia. Subito dopo il Natale, però, c'è il Capodanno che, invece, è un'altra «vacanza». I consanguinei, dopo essersi riuniti e riconosciuti, si separano e ciascuno corre a sciare o a fare altre cose.

Mentre le vacanze estive e il Natale-Capodanno coinvolgono tutta la società, il Carnevale ha, come caratteristica peculiare, quello di essere una festa della comunità locale. Infatti si parla del Carnevale di Viareggio, di Venezia e di Rio. È mia impressione che una vera partecipazione al carnevale richieda di far parte organica della comunità. In molte città europee il carnevale viene preparato con mesi di anticipo nell'ambito di gruppi di amici, spesso gruppi professionali assolutamente chiusi all'esterno. Chi si trova lì in quei giorni vede una città in festa, maschere, ubriachi, canti, ma ne è totalmente escluso. È all'interno della confraternita che avviene l'eccesso e la trasgressione, talvolta addirittura l'orgia a cui segue, finito il carnevale, il ritorno alla rigidità quotidiana.

Vi sono poi i grandi carnevali turistici, come quello di Rio o di Venezia. Anche in questo caso la località e la comunità continuano ad essere importanti. Il Carnevale di Rio è fatto dai brasiliani per se stessi. Anche la recente rinascita del Carnevale di Venezia è opera dei veneziani che lo hanno fatto e vissuto come festa della città. Il turista rischia di restarne escluso. Solo una specie di «cittadinanza simbolica» o provvisoria gli consente di sentirsi veneziano per i giorni del carnevale.

Tutti coloro che vanno a Venezia per il Carnevale aspirano ad essere invitati da qualche famiglia per poter partecipare alla festa dall'interno della comunità originaria. E i veneziani hanno veramente aperto le loro case a tutti gli amici italiani e non italiani che conoscevano. Ma anche coloro che non hanno amici vivono questa cittadinanza temporanea cercando di partecipare a tutte le attività, facendosi trascinare nei flussi che percorrono incessantemente la città. A Venezia il mascherarsi non è, perciò, soltanto un modo per annullare le differenze ed i ruoli della vita quotidiana. È, prima di tutto, un modo per annullare le differenze fra autoctoni e forestieri, fra interni e esterni. Italiani, francesi, tedeschi, giapponesi, svizzeri, inglesi, americani, turisti e veneziani, amici e sconosciuti, si unificano nel grande gioco collettivo. Le maschere, esasperando le differenze, le annullano; rappresentando le più diverse epoche storiche cancellano il tempo. Resta solo la comunità.

F. ALBERONI, *Ulisse 2000*, Alitalia, gennaio-marzo 1983

A. *Con l'aiuto dell'articolo «Grancarnevale», discutere sui seguenti punti.*

1. Quali sono le feste più importanti al giorno d'oggi e cosa si fa generalmente in ognuna di esse.
2. Cos'è il carnevale e quale è la sua caratteristica.
3. Che cosa si fa durante il carnevale.
4. Quanto dura generalmente.
5. Dove hanno luogo i più famosi carnevali del mondo.
6. In Italia, dove si festeggiano i carnevali più popolari.
7. Cosa succede a Venezia in occasione del carnevale.
8. Che funzione ha la «maschera».

B. *Abbinare le affermazioni che seguono alle immagini delle principali maschere italiane raffigurate nel riquadro e dare il nome ad ognuna di esse.*

1. «Io sono un uomo che sa far di tutto, so mangiare, bere, dormire e far l'amore; l'unico difetto è che non mi piace lavorare. Sono svelto come una tartaruga, segreto come il terremoto, fedele come un gatto vicino alle polpette. Nessuno mi apprezza e il padrone mi dà solo pezze colorate per vestirmi.»

2. «Mi chiamo Scaramuccia. Il mio nome è modesto, infatti le scaramucce sono battaglie da poco. Porto sempre con me un lungo spadone per i duelli e un mandolino per le serenate. Ho la fama del ladro più svelto di Napoli.».

3. «La mia città è Napoli, vivo e recito nelle piazze. Non ho grandi aspirazioni, le cose che contano per me sono il vino, gli imbrogli ben riusciti e le donne. Amo tutte le belle ma loro non mi guardano perché sono brutto. Beh! Non esageriamo, ho solo una grossa verruca sul naso adunco, le gambe storte, una gobba davanti e una di dietro. Ma il mio vestito è meraviglioso: tutto bianco, largo, comodo e senza fronzoli.».

4. «Da giovane facevo il notaio e dovevo sopportare tutti i dispetti dei miei clienti. Una volta Arlecchino mi fece chiamare per dettarmi il testamento. Entrai umilmente in casa sua, già confuso, intimidito, con gli occhiali che mi cadevano dal naso e non sono riuscito a parlare, come sempre. So-so... so-son Tartaglia, l'avrete già capito.».

5. «Io son Pantalon de' Bisognosi, cittadino illustre della Serenissima Venezia! Tutti mi riconoscono, con le mie braghe rosse, il tabarro o zimarrone nero, le pantofole alla turca ed il fazzoletto alla cintura. La cosa che amo di più al mondo è brontolare e adesso brontolerò».

6. «Son Colombina! Mi avete chiamata? Ero in cucina, sono arrivata!! Cossa i comanda? Oh, scusate se non parlo bene l'italiano ma con il mio padrone parlo in dialetto come usa ogni buon vecchio veneziano. È Pantalone: è lui che mi ha allevata come una figlia. Vivo nella sua casa, gli faccio i mestieri e tengo compagnia alla sua cara figlia Isabella.»

7. «Corteggio chi spende, semino dove si raccoglie, dimentico chi è inutile, prometto a tutti, mantengo a pochi, mi chiamo Brighella e ho sempre fretta. Dicono che ho un'aria malandrina: il viso è quasi interamente coperto da una maschera nera e il mio vestito sembra un pigiama. Ho scelto due colori per il mio costume: il bianco, perché voglio carta bianca per fare e disfare quello che mi piace e il verde perché con le mie invenzioni mantengo sempre verdi i desideri dei miei clienti.»

8. «Volete che parlo latino o volgar? Francese o spagnol? Aleman o polac? Turchesc o abissin? Come diavolo mi pare? Allora vi racconterò di me in poche parole... Mi piace la brevità, lascerò ordunque da parte la retorica, la grammatica, la sintassi, non porrò dubbi, eviterò le domande e arriverò presto alla fine del discorso. Quale? Tacete bestie, che non sapete dove avete la testa se non ve la toccate! Cosa? Tacere io? Io, Balanzone?! Il più gran dottore (sì sono un po' grasso) di Bologna, membro onorato dell'Accademia della Crusca, principe del Foro, letterato e medico?!!»

A ....
B ....
C ....
D ....

E ....
F ....
G ....
H ....

C. *Dare una dettagliata descrizione del costume delle maschere seguenti aiutandosi con le relative illustrazioni.*

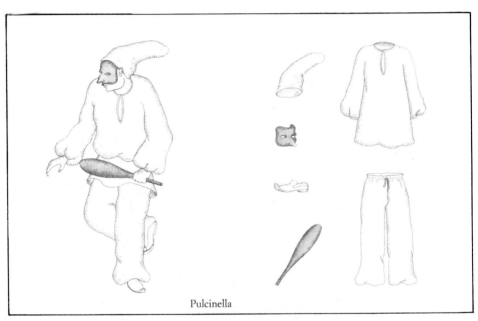

Pulcinella

Pantalone

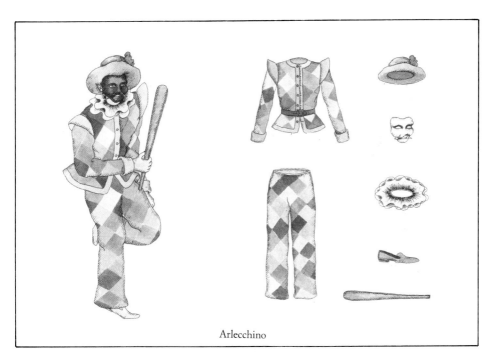

Arlecchino

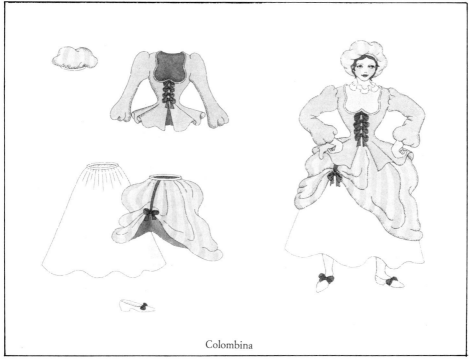

Colombina

DA IERI POMERIGGIO E FINO AL 23 FEBBRAIO SONO IN PROGRAMMA MANIFESTAZIONI E SPETTACOLI PER TUTTI I GUSTI

MASCHERE, BALLI, TEATRO: A VENEZIA ESPLODE IL CARNEVALE

Alle 15, puntualmente, ha preso il via in piazza San Marco al suono della fanfara dei bersaglieri la grande festa di quest'anno - A Campo San Polo passerella di costumi all'insegna del macabro con amuleti e riti di scongiuro contro il malocchio - Nonostante il tempo avverso, sembra esserci una voglia di divertimento persino superiore all'anno scorso

VENEZIA — È partito nel gelo, tra la nebbia e sotto la spinta dei bersaglieri. E, quando è partito, non è stata una passerella di belle mascherine ma una sarabanda continua di rock, sambe e can-can, per scaldarsi le mani, i piedi e il resto. Il prologo popolare del Carnevale di Venezia in una piazza San Marco imbronciata, dai colori lividi, non ha avuto il cielo dalla sua.

Quando il martello dei Mori ha battuto i tre tocchi sulla Torre dell'Orologio, la voglia di scappare era tanta: centinaia di piccoli clown, di Pierrot, Arlecchini e Pulcinella, con il naso rosso per il freddo, si guardavano intorno smarriti. Dal palco sotto il campanile gli altoparlanti riversavano bobine di musica ma il vento contrapponeva folate di nebbia. Il presentatore si sgolava invano. Poi è arrivata, dal molo, la fanfara dei bersaglieri di corsa e hanno cominciato ad accodarsi

in dieci, in venti, in cento. E, finalmente, è esploso il Carnevale.

Dai porticati sono usciti ad ondate allo scoperto tribù di negri e interi villaggi tailandesi, samurai e saladini, Mazinga e Big Jim, frati e suore, Dante e Beatrice, frotte di diavoli, sudamericane sfiorite. Sotto la toga Giulio Cesare portava i moonboot e i francescani stivali imbottiti. Le dame e i gentiluomini del Settecento si avvolgevano in mantelli e tabarri.

Era stato raccomandato: poco rock e molto liscio. Ci sono stati in realtà tentativi di valzer. Ma ha presto preso il via la baraonda. I bambini sorridevano mentre i girotondi si allargavano a mano a mano su tutta la piazza. Felice, il presentatore iniziava la conta dei bambini smarriti e recapitati al comando dei vigili urbani. I turisti stranieri impazzivano armeggiando con le macchine fotografiche, un gruppo di suore vere, sbucate dalle

Mercerie doveva precipitosamente fare dietro-front.

A sera era piena baldoria. I bambini se n'erano andati, si gettavano nella mischia «le maschere dell'invenzione»; ultima trovata il famoso cubo a grandezza d'uomo o il barile di petrolio. In netto ribasso i favolosi sceicchi, ignorati gli uomini politici. Nascosti sotto il loggiato di Palazzo Ducale e presi d'infilata dal nebbione, i banchetti del ristoro: frittelle, zalettini, peverini, bibite e vino.

Nell'ora di punta: fra le cinque e le diecimila persone. Altrettante dall'altra parte della città, al gran ballo macabro di Campo San Polo. Ventotto pennoni alzati con le bandiere bianco-argentee della morte; al centro il ponte del trapasso, varcato da scheletri, bare, fantasmi sofisticati, donne (o uomini?) avvolte in provocanti veli neri. Riti di scongiuro, amuleti, maschere contro il malocchio. Una colonna sonora sapientemente allestita: balli medievali, rinascimentali, macumbe, musiche a percussione d'Africa, d'Asia, dell'America del Sud. I padelloni della televisione a forare il muro di nebbia. Un clima di lucida compassata follia, tra la gente spettatrice come in platea. E fumi dai banchi delle salsicce.

In serata il ballo da piazza San Marco è dilagato anche in altri tre campi collegati «in diretta» mentre si bloccavano i vaporetti e le gondole tiravano i remi in barca in una caligine ormai impenetrabile Nonostante tutto, Carnevale è partito

con una grinta e una voglia di divertimento superiore persino all'anno scorso. Le manifestazioni si ammucchiano e tappezzano di inviti i muri della città: il ballo del Garofano rosso, il Carnevale in gondola, il ballo del Ghetto, il primo Tango a Venezia, il trionfo della Follia, il Liberty al Lido, il cabaret in Campiello, lo skiroll in maschera, ballare in secolo e perfino il veglioncino di Che Guevara. Venezia è esaurita da mercoledì in poi; riaprono gli alberghi estivi a Jesolo e a Caorle, i centri balneari fino a Lignano e Muggia partecipano ai programmi scambio tra Venezia e Napoli. Mestre ha un carnevale particolare, dedicato alla magia. Siamo più ricchi? Chissà. Abbiamo più voglia di dimenticare? Probabilmente sì.

Oggi dai cento metri del campanile di San Marco, a mezzogiorno in punto, vola sopra la folla ed esplode in aria la «Colombina» di cartone seminando un quintale di coriandoli e di stelle filanti davanti al Palazzo Ducale. È il simbolico «via» del doge alle feste e alla recita delle maschere. A ciascuno il suo personaggio.

Parecchi veneziani «che possono» hanno scelto il personaggio dell'emigrante. Sulla linea Venezia-Parigi i vagoni letto sono esauriti questa settimana nei due sensi. Vengono i parigini, vanno i veneziani.

GINO FANTIN, *Corriere della Sera*, 14 febbraio 1982

D. *Dopo aver letto l'articolo «Maschere, balli, teatro: a Venezia esplode il carnevale» inserire nella scheda qui sotto in ordine cronologico i seguenti divertimenti pubblici menzionati nel testo:*

sfilata in costume - girotondo di maschere - maschere dell'invenzione - ballo in piazza - musica all'aperto - cerimonia di apertura - fanfare dei bersaglieri

VENEZIA — Ecco i principali appuntamenti della giornata:

Quando, come e dove divertirsi

LUOGO	ORA	DIVERTIMENTO
....	....	....
....	....	....
....	....	....
....	....	....
....		....

E. *Scrivere in frasi complete le tre conclusioni principali fatte dall'autore dell'articolo.*

....

....

....

F. *Spiegare con l'aiuto del vocabolario il significato delle seguenti parole usate nell'articolo.*

1. imbronciata
2. sfiorite
3. baraonda
4. baldoria
5. scongiuro

6. amuleti
7. malocchio
8. allestita
9. grinta
10. veglioncino

G. *Nelle seguenti frasi affiancare alle espressioni sottolineate delle espressioni equivalenti.*

    1. Il prologo popolare del Carnevale di Venezia, in una piazza S. Marco imbronciata dai colori vividi, non ha avuto il cielo <u>dalla sua</u>, non ha avuto il cielo ....

    2. Il presentatore <u>si sgolava</u> invano, ... inutilmente.

    3. Venezia è <u>tutta esaurita</u> da mercoledì in poi, è ....

    4. Le manifestazioni si ammucchiano e <u>tappezzano</u> di inviti i muri della città, li .... completamente.

    5. Alle 15, puntualmente, <u>ha preso il via</u>, ... la gran festa.

    6. I favolosi sceicchi <u>sono in ribasso</u>, ...

    7. Gli altoparlanti <u>riversano</u> bobine di musica, ...

    8. Un gruppo di suore vere <u>sbucate</u>, ... dalle Mercerie, doveva precipitosamente fare dietro front.

H. *Volgere i verbi all'infinito al tempo opportuno.*

    Domenica mattina, uscito di buon'ora dalla pensione per godermi la festosa atmosfera di carnevale, VEDERE (io) .... i muri pieni di manifesti vivaci e molta gente in crocchio che STARE .... ad ammirarli. Le tre figure che CAMPEGGIARE .... nei manifesti mi FARE .... subito arricciare il naso: un fantasma a braccia aperte che quasi LANCIARSI .... nella strada, una morte argentea che AVANZARE .... solenne e un vampiro che GUARDARE .... le altre due figure con una espressione di sprezzante sicurezza. AVVICINARSI (io) .... I manifesti ANNUNCIARE .... che domenica 14 febbraio in Campo San Polo, la gente ESSERE .... invitata ad un ballo macabro di lugubre atmosfera.

I. *«Carnival» in inglese è usato in un significato diverso da quello dei due articoli che si sono appena letti. Spiegare brevemente in che cosa consiste tale differenza e dare alcuni esempi.*

Lezione 3

A. Dare un titolo al brano e riassumerlo brevemente.

(disegno di Alessandro Bartolaminelli)

Stamattina non mi sono sentito di affrontare l'ignoto, ho scartato l'autobus, il taxi e mi sono ricordato della mia bicicletta, ibernata in cantina dal tempo delle domeniche a piedi. Non è uno di quei velocipedi unisex (il sellino a trespolo sulle ruote piccole, la marca che finisce per «ella» sulle canne), è una vera bicicletta nera, «da uomo», col manubrio «da passeggio», il carter integrale. L'ho spolverata, l'ho gonfiata, mi son messo un giornale sotto il maglione («Ti sei messo il giornale?» mi gridava sempre mia madre dalla finestra) e sono partito.

Scampanellavo coscienziosamente, lampeggiavo disciplinatamente col braccio teso a destra o a sinistra, pigiavo con apprensione i pedali quando i semafori davano via libera per togliermi dai piedi, per lasciare spazio alle orde smarmittanti che premevano alle mie spalle.

Non tardai a mettere a fuoco quella sensazione che mi dominava: mi sentivo inerme, nudo, alla mercé. Interminabili pareti di autobus mi strofinavano quasi il braccio sinistro, sembravano volermi dare una spallata, fatti più in là fessacchiotto; clacson mi fulminavano alle spalle da mezzo metro; automobili ferme che mi apprestavo a superare mi spalancavano sportelli nei denti. Mi sentivo come un corpo estraneo trapiantato in un organismo che reagiva con la classica crisi di rigetto.

Gli automobilisti si incuneavano furenti per i loro percorsi obbligati, i pedoni bloccavano gli automobilisti dalle strisce pedonali dardeggiando sguardi di fuoco a destra e a sinistra, i ciclomotoristi saettavano con proterva incoscienza fra automobili e pedoni. Gli unici «paria» senza clacson, senza paraurti, senza strisce zebrate, senza manopola del gas eravamo io e qualche altro tapino che pedalava a spalle strette, la coda tra le gambe, zitto e marciare.

Mi sono arreso quasi subito, sono sceso e son tornato a casa con la bicicletta a mano, sul marciapiede. Mi sono buttato sul letto, ho lasciato placare la tachicardia, ho operato lunghe espirazioni di colore azzurrognolo per depurarmi delle sgassate di alcuni autobus che mi avevano accelerato in bocca e ora sono qui a scrivere la mia protesta di cittadino che voleva non consumare energia, non inquinare, non tamponare, non emettere decibel.

L. GOLDONI, *Dipende*, Mondadori, Milano 1982

B. *Osservare attentamente l'uso dei tempi nel brano appena letto.*

C. *Completare.*

1. Chi va in bicicletta è un ....
2. Chi sta al volante della propria macchina è un ....
3. Chi invece guida la macchina per mestiere fa ....
4. Chi guida un autobus è un ....
5. Chi guida un camion per mestiere fa ....
6. Chi di mestiere porta in giro la gente in taxi fa ....
7. Chi va a piedi è un ....
8. Chi va in vespa è un ....
9. Chi guida il treno fa ....
10. Chi guida gli aerei è un ....

D. *Individuare nel disegno le parti della bicicletta nominate nel brano e aggiungere i nomi di quelle non indicate esplicitamente nella figura.*

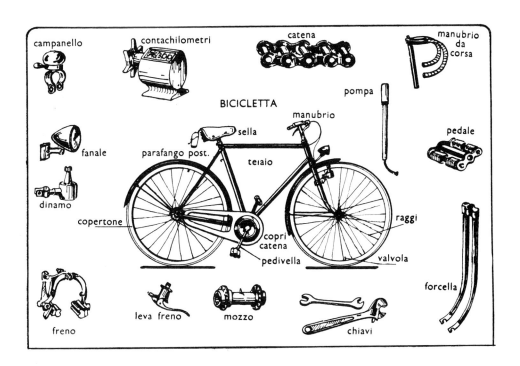

E. *Elencare i comportamenti prepotenti tenuti da automobilisti, autisti, motoci-
    clisti, ecc. che ha dovuto subire l'autore del brano durante il breve tragitto
    da casa all'ufficio.*

F. *Consigliare invece alcuni comportamenti prudenti e riguardosi che chi è al
    volante d'una macchina può tenere nei confronti dei ciclisti.*

G. *Elencare le azioni che si possono compiere quando si è in difficoltà sulla
    strada, o quando si vuole avvertire un'altra macchina di un pericolo imminente.*

H. *Riconoscere nel brano i verbi che corrispondono alle seguenti spiegazioni.*

    1. di animali, passare l'inverno in letargo
    2. riempire d'aria, o di qualsiasi gas
    3. spingere o premere
    4. passare uno straccio su una superficie allo scopo di pulire o lucidare
    5. aprire al massimo
    6. trasferire dalla sede originaria e collocare altrove
    7. liberare da impurità
    8. mandare fuori

I. *Trasformare le seguenti frasi al passato prossimo cominciando con L'ANNO
    SCORSO...*

La bicicletta è un affare

1. Un certo dottore milanese <u>si reca</u> a visitare i suoi pazienti in bicicletta
   e <u>pedala</u> per 200 chilometri attraverso il congestionato ed esasperante
   traffico della metropoli lombarda.
2. Così facendo, <u>abbrevia</u> il suo lavoro giornaliero di almeno un'ora
   e nello stesso tempo <u>avvantaggia</u> il malato in casi di emergenza.
3. «<u>Riesco</u> a raggiungere il paziente molto in fretta — dice — e non
   <u>spreco</u> il tempo per parcheggiare la macchina, cosa molto preziosa
   nella mia professione.»
4. «La bicicletta mi <u>offre</u> la possibilità di fare un esercizio fisico costan-

te. Non <u>mi stanco</u> come quando guidavo l'auto... infatti, non l'<u>uso</u> affatto.»

5. Insomma la vecchia bici <u>torna</u> di moda e gli italiani ne <u>comprano</u> moltissime.

6. Dopo essere stati chiusi per anni, dentro auto, autobus e treni, ora <u>riscoprono</u>, pedalando, un'infinità di cose piacevoli.

7. A Firenze, il Comune <u>istituisce</u> un servizio gratuito di biciclette per i turisti che <u>possono</u> così agevolmente visitare il centro storico e <u>possono</u> spostarsi con facilità da un capo all'altro.

8. Infatti <u>debbono</u> lasciare la loro auto in uno dei tre parcheggi situati in zone diverse della città e collegati con il servizio biciclette.

9. Modena, Ferrara e Parma <u>liberano</u> alcune strade cittadine e le <u>convertono</u> in piste ciclabili.

10. A Torino si <u>vogliono</u> creare corsie ciclistiche lungo le vie più intasate di traffico e si <u>creano</u> in particolare itinerari di sicurezza negli incroci. Si <u>cominciano</u> a fare piste riservate che il comune <u>intende</u> estendere per ora solo per una trentina di chilometri, ma che già <u>prevede</u> molto più lunghe nel prossimo futuro.

11. Tredici città <u>costruiscono</u> strade percorribili dai ciclisti oltre il territorio urbano. Così chi <u>vuole</u> trascorrere il weekend pedalando <u>fa</u> percorsi particolarmente suggestivi.

12. Si <u>comincia</u> a pubblicare una guida appositamente creata per i ciclisti. Il volumetto <u>riporta</u> anche i punti di assistenza ciclistica per gli inevitabili infortuni.

L. *Scrivere un breve componimento su uno dei seguenti temi.*

1. La bicicletta, ieri ed oggi.
2. Una mia esperienza in bicicletta.
3. Se mi regalassero una bici...

Lezione 4

LE DONNE AL VERTICE
INCONTRO CON LA GRANDE DANZATRICE

CARLA FRACCI, CENERENTOLA MILANESE

La diva europea del balletto romantico, che si è esibita ieri sera nel «Ballo Excelsior» all'Arena di Verona, dice: «Il calendario è il mio incubo, gli impegni si susseguono. Mestre o New York non fa differenza, bisogna arrivare al massimo della forma» - «Mio figlio — aggiunge — è la mia gioia e la mia vitamina. Mentre lo aspettavo ho ballato fino al quinto mese senza che il pubblico lo sapesse» - «A noi clown giramondo non è facile concepire al momento giusto, c'è sempre un fuso orario, un aereo, un continente di mezzo»

VERONA — Ieri sera ho scoperto che Cenerentola non è solo un'invenzione letteraria: esiste veramente ed è milanese. Mi ha parlato a lungo, seduta al caffè «Olivo», tra l'Arena e il Palazzo della Gran Guardia a Verona. M'ha detto di chiamarsi Carla Fracci. Naturalmente adesso è celebre, ricca e felice. È la diva europea del balletto romantico. Ha anche sposato il suo principe: si chiama Beppe, ha il castello in Toscana, e fa il regista d'opera e di balletto per pura passione. Carla Fracci, nel frattempo, ha anche avuto un figlio, Francesco; ha vinto l'Oscar della Danza due volte, ed è diventata Grand'Ufficiale della Repubblica.

Ma questo è il dopo fiaba, sottinteso dalle formule convenzionali «e vissero felici e contenti». Ma prima? Aveva previsto tutto Perrault. E dovevate ascoltarla, Cenerentola Fracci, mentre raccontava la sua infanzia al caffè «Olivo», bevendo ogni tanto un sorso di aranciata. Erano tranche di vita amara, con un sapore di cenere, miseria e lacrime: il padre disperso in Russia, che poi torna, e fa il tranviere, la madre operaia all'Innocenti: e poi la fame, le bombe, la guerra. Ma un giorno la mamma ci ha portati in salvo, sfollati in campagna da certi zii, a Gozzolo degli Ippoliti, in provincia di Mantova. Era finalmente la luce: ho imparato ad amare la terra, a parlare con i conigli e coi grilli, a rubare l'uva matura.

Allo stesso tavolo del caffè «Olivo», in piazza Bra, sono seduti anche il principe consorte Beppe (Menegatti), capelli biondo-grigi da scienziato ottocentesco, e Gheorghe Iancu, il giovane e fascinoso ballerino romeno che ora è partner fisso di Carla.

A un certo punto è proprio lui, Gheorghe, che sbarra sulla diva i suoi neri occhi pieni di mestizia. Milady, ha l'aria di sospirare, ma non si stufa di raccontare sempre la storia di quella povera ragazza che perde la scarpa?

Ma Gheorghe è giovane, molto giovane. E non sa, per esempio, che neanche la fine della guerra ha portato allegria nella casa della Cenerentola milanese. I locali piccoli, l'indigenza, i soldi contati: un giorno Carla fu condotta di forza alla Scala, per il concorso aspiranti ballerine. La bambina, francamente, non ne aveva nessuna voglia: ma la madre si era incaponita. Almeno quelli ti pagano gli studi e ti passano anche le scarpe gratis.

Carla fu tra le poche ammesse ai corsi. Ma per un paio d'anni li frequentò con svogliatezza.

Poi, d'improvviso, come nel balletto di Prokofiev e nel film di Walt Disney, le nuvole nere si spaccano, irrompe il sole, e nel mezzo del suo oro, ecco la fata: Margot Fontayne, forse la più grande ballerina del suo tempo, ne «La bella addormentata nel bosco». In mezzo alle comparse della Scala, Carla la vede destarsi, volare sulle punte, pare Gesù sull'acqua. E mentre gli applausi scrosciano, lei decide: da grande, sarò come Margot.

E il giorno dopo, toccata dalla grazia, si mette a studiare. Passano appena sei anni, e a diciotto è «Cenerentola», prima ballerina. La vogliono, l'anno dopo, anche a Londra. Per tre sere la grande Markova, Yvette Chauviré e Carla Fracci si alternano in «Cenerentola». Un critico annota, profeticamente: «The last was the best», l'ultima è stata la migliore. «Ma ditemi voi», sembrano significare gli occhi di Carla Fracci, così grandi e così docili, «che merito ho avuto? Cenerentola ero io, non dovevo ricorrer a nessun trucco...».

In un mondo così perplesso, inquieto,

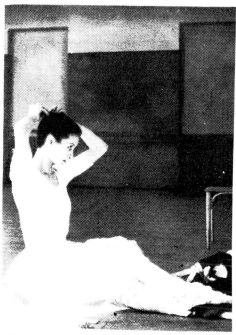

Carla Fracci

a volte schizoide, Carla Fracci appare come una sorta di oltraggio alla moda. Fu povera e infelice, ma ne parla con tenerezza senza rabbia. Ha quarantasette anni, e li denuncia scrupolosamente, come le tasse.

«Certe volte mi sento satura, questo sì: con dei piccoli dolori dappertutto, e allora mi dico, ora scappo alle Fiji, o più semplicemente a Fiuggi, e mi riposo, mi riposo... Ma come si fa? Il calendario è un incubo. Gli impegni si susseguono. Mestre o New York, non fa differenza, devi arrivare al massimo della forma... Ci sono sere che ti arriva la dama fanatica in camerino, e con gli occhi luccicanti ti grida sul viso: "Oh, signora Fracci, come mi sono divertita! I loved it so much!". A me piacerebbe rispondere, beata lei, che si è divertita, invece io ho una fitta qui, sotto il costato. Ma come si fa? Sarebbe crudele. E poi, diciamolo, io mi sento privilegiata... A insistere troppo sul sacrificio, la solitudine, i viaggi eccetera, si casca nel banale... I lavori duri, sono altri... Ho visto mio padre sul tram... Ho visto gente agli altiforni, alle miniere... Ecco, i lavori tremendi sono quelli. E quando mi sento un po' giù mi dico, su, Carlina, è andata ancora bene, Cenerentola mia! Puoi portare un bel cero alla Madonna...».

— Carla Fracci, posso riferire ciò che ha detto un suo collega famoso?

«Si accomodi, dica qualunque cosa: non sono violenta».

— Ha detto: Carla è così giusta, così semplice, che pare finta. Vien voglia di gridare: basta con la controfigura, datemi la Fracci vera!

«Oh, diavolo d'un diavolo: ma è proprio difficile da capire? C'è chi nasce con gli occhi neri, e chi celesti. Non c'è merito. Io sono così, come dire?, tranquilla. Non mi prendo sul serio. Anzi, se debbo essere franca, mi fa specie che lei sia qui, a perder tempo».

Arriva un gruppo di giovani, ha riconosciuto Carla, e le chiede l'autografo. Il principe consorte Beppe, che per tutto il tempo è stato ad ascoltare discretamente, mi invita al «Ballo Excelsior» (il ballo è poi andato in scena ieri sera, proprio il giorno in cui Carla ha compiuto gli anni).

Ma intanto che Beppe parla, mi accorgo che Cenerentola scambia furtivamente degli oggetti con Gheorghe Iancu, il suo partner: sono dei cerchi tondi, rosa, circa

tre centimetri di diametro, sembrano dei bottoni da Pierrot.

— Che roba è? — domando sottovoce a Beppe.

«Cerotti» risponde prosaicamente: «Cerotti balsamici per i dolori e le piaghe ai piedi. È quello il punto debole, il tallone di Achille dei ballerini. Carla è fortunata, da quel lato là: ci sono colleghe sue che hanno i piedi ridotti a grumi di pena, contorti, sembrano radici di vecchi alberi».

Il crepuscolo scende su piazza Bra, sull'Arena e il Palazzo della Gran Guardia. Volano fitte le rondini, Carla si alza e dice: «Mi accompagnate? È il momento delle prove in Arena».

Mentre ci avviamo all'antico teatro romano, che duemila anni fa ha visto danzare i leoni, bisbiglio a Carla un'ultima domanda: «Ma come ha fatto, sia sincera, a infilare tutto giusto: la scarpetta, il figlio, l'amore, il matrimonio?»

Si volta verso Beppe, il principe alto ed elegante, e fa una piccola smorfia ironica:

«Si ricordi, — mormora — non è tutto oro quello che brilla in giro. Ogni famiglia ha le sue piccole ombre. Beppe? Anche lui ha i suoi piccoli malumori: gli artisti sono sempre difficili. E poi (sorride maliziosa) non mi manda più i fiori come una volta. Non mi scrive più lettere d'amore!».

NANTAS SALVALAGGIO, *Corriere della Sera*, 21 agosto 1983

A. *Volgere al passato.*

Una fanciulla bella e buona <u>vive</u> con la matrigna e due sorellastre che
la <u>maltrattano</u>; <u>è relegata</u> in cucina, accanto al focolare e per questo
la <u>chiamano</u> Cenerentola. Ma un giorno una fata le <u>offre</u> l'occasione
di partecipare a un ballo dato dal figlio del re: le <u>raccomanda</u> però
di lasciare la festa a mezzanotte in punto. Cenerentola <u>rispetta</u> il termine,
ma <u>perde</u> una scarpetta, mentre <u>lascia</u> il palazzo. Il principe <u>si innamora</u>
di lei durante il ballo, la <u>ritrova</u> grazie alla scarpetta perduta, la <u>sposa</u>.
E <u>vivono</u> felici e contenti.

B. *Coniugare i verbi indicati al tempo appropriato.*

Francesco mio ESSERE .... la mia gioia e la mia vitamina. (Noi) ESSERE .... nel '69, giusto 14 anni fa. Un
giorno, mentre FARE .... una tournée con l'American Ballet, ACCORGERSI .... di essere incinta. Subito AVERE
.... una grande gioia. TRUCCARSI .... in camerino e a un certo punto VEDERE .... le lacrime scendere
sul cerone, un rubinetto. ESSERE .... così bello; PARERE
.... un sogno. Anche perché a noi clown giramondo, non
ESSERE .... facile concepire al momento giusto: ESSERCI
.... sempre un fuso orario, un aereo, un continente di
mezzo.
   Ma insomma la cosa ANDARE .... CHIAMARE
.... Beppe al telefono e gli DIRE .... sono
pazza di gioia, tutto il resto ha poca importanza. Ma c'è un ma: con
me GIRARE .... il mondo decine, centinaia di persone, ES-
SERCI .... una sorta di responsabilità collettiva. Al secondo, terzo mese, ne PARLARE .... al direttore del Ballet.
Per poco lui non PIEGARSI .... sulle ginocchia. Mi PREGARE
.... di non dire niente. Acqua in bocca. Pensi lei come
il mondo COMPORTARSI .... stupidamente. Una star, una
diva, non POTERE .... gridare «ESSERE .... mamma», che ESSERE .... la più bella cosa del mondo. Sennò
DANNEGGIARE .... il botteghino. Insomma, BALLARE
.... fino al quinto mese. Le serate ESSERE ....
dure ed io DIRSI .... «Carla, calma il cuore, sennò PARTO-
RIRE .... in palcoscenico».

C. *Rispondere alle seguenti domande.*

   1. Che somiglianze ci sono tra la storia della Fracci e quella di Cenerentola?
   2. Dove ha passato la sua infanzia Carla Fracci?
   3. Perché sua madre la portò alla Scala?
   4. Quale fu il suo iniziale atteggiamento verso il balletto?
   5. Cosa la spinse a cambiare?
   6. Cosa successe dopo?
   7. In quale occasione fu notata favorevolmente dalla critica?
   8. Perché si sente privilegiata?
   9. Quali sono i problemi di una ballerina?
  10. Secondo la sua affermazione scherzosa, quali sono le sue «piccole ombre»?

D. *Dare il maschile delle seguenti parole.*

1. Danzatrice	6. Collega
2. Diva	7. Regista
3. Matrigna	8. Artista
4. Sorellastra	9. Dama
5. Organizzatrice	10. Fata

E. *In ciascuna delle frasi seguenti, sostituire alla parola sottolineata il suo contrario.*

   1. Per un paio d'anni Carla frequentò i corsi con svogliatezza.
   2. Poi in mezzo alle comparse della Scala, vede destarsi la più grande ballerina del suo tempo.
   3. La vede volare sulle punte.
   4. «Certe volte mi sento satura.»
   5. Carla Fracci appare come una sorta di oltraggio alla moda, nel mondo perplesso, inquieto della danza.
   6. Il calendario è un incubo.
   7. A insistere troppo si casca nel banale.
   8. «Oh, signora Fracci, come mi sono divertita!»
   9. Ogni famiglia ha le sue piccole ombre.
  10. Anche il marito ha i suoi piccoli malumori.

Foto Dino Jarach

La Fracci con Jancu
nella "Sylphide".

F. *Gli aggettivi sottolineati si riferiscono a città, regioni, nazioni o fiumi. Dire qual è il loro nome, facendo attenzione all'uso degli articoli.*

Cenerentola esiste veramente ed è <u>milanese</u>; infatti è una ballerina nata nel capoluogo <u>lombardo</u>. Si è esibita dappertutto, anche all'Arena, il primo teatro <u>veronese</u>, davanti a un pubblico internazionale e non semplicemente <u>veneto</u>. Lei dice che bisogna sempre essere al massimo della forma, tanto a Mestre davanti agli appassionati <u>veneziani</u>, che in America. Ma quando non viaggia, ama stare nel suo castello, sui colli <u>fiorentini</u>, dove torna vicino alla natura che ha già conosciuto da piccola.

Infatti ha vissuto per qualche anno nella provincia <u>mantovana</u>, tra le nebbie della pianura <u>padana</u>, dove la famiglia si era stabilita nel dopo guerra appena il padre era tornato dalla campagna <u>russa</u>. Adesso balla con Gheorghe Iancu, un fascinoso ballerino <u>rumeno</u>.

All'inizio della carriera ha ricevuto applausi calorosi in tutta Europa: dai freddi spettatori <u>londinesi</u>, nella città della flemma, a quelli <u>madrileni</u>, nella capitale dell'euforia <u>spagnola</u>.

La storia di questa diva <u>europea</u> è una storia di successo. Ma i giornalisti, con le loro domande , sono troppo curiosi: sarebbero capaci di chiedere perfino se agli artisti piace più il formaggio <u>parmigiano</u> o quello <u>reggiano</u>.

G. *Trovare espressioni equivalenti nel significato a quelle sottolineate.*

    1. Ho una <u>fitta</u> qui, sotto il costato.
    2. Quando mi sento un po' giù, mi dico, Carlina, <u>è andata ancora bene</u>.
    3. Cenerentola mia, puoi <u>portare un bel cero</u> alla Madonna.
    4. Il direttore del Ballet per poco non <u>si piega sulle ginocchia</u>.
    5. Mi prega di non dire niente. <u>Acqua in bocca</u>.
    6. Dolori e piaghe sui piedi sono <u>il tallone d'Achille</u> dei ballerini.
    7. Come ha fatto a <u>infilare tutto giusto</u>?
    8. Si ricordi, <u>non è tutto oro quello che brilla</u> in giro.
    9. Si volta verso Beppe e fa <u>una piccola smorfia</u> ironica.
   10. Ogni famiglia ha <u>le sue piccole ombre</u>.

H. *Formulare dei paragoni abbinando in modo opportuno i seguenti aggettivi e nomi, secondo l'esempio.*

Esempio. <u>Carla è leggera come una piuma</u>.

1. veloce	sirena
2. maliardo	treno
3. buono	piombo
4. pesante	pane
5. fedele	veleno
6. amaro	cane
7. astuto	miele
8. dolce	volpe
9. affamato	macigno
10. muto	gambero
11. rosso	pesce
12. duro	lupo

I. *Riferendovi all'intervista con Carla Fracci appena letta, rispondete alle domande usando il presente seguito da DA e le espressioni di tempo appropriate.*

Esempio. «Davvero!? Abbiamo cominciato a parlare tre ore fa?»
       (parlare) Certo, parliamo da tre ore.

    1. «Carla, hai deciso di diventare ballerina quando avevi diciotto anni?»
       (ballare) ....
    2. «Tu e Cenerentola siete apparse sulla scena venticinque anni fa?»
       (danzare) ....

3. «Hai avuto un figlio quindici anni fa?»
   (essere madre) ....

4. «Ti sei iscritta ai corsi di danza quando eri appena una bambina?»
   (studiare) ....

5. «Con Gheorghe avete cominciato a lavorare insieme una decina d'anni fa?»
   (lavorare) ....

6. «Tu e Beppe avete comprato un castello sulle colline toscane molti anni fa?»
   (abitare) ....

7. «Dunque è ormai un quarto di secolo che il pubblico ti ha dato i primi applausi?»
   (applaudire) ....

8. «Tuo marito ha preso ad interessarsi di balletto subito dopo che ti ha incontrato?»
   (interessarsi) ....

9. «È dall'inizio della tua carriera che hai finito di vivere tranquillamente?»
   (non vivere) ....

10. «Sono molti anni che Beppe ha smesso di scriverti lettere e farti regali?»
    (non scrivere) ....

L. *Scrivere una composizione dal titolo «Una brillante carriera».*

M. *Preparare una breve discussione sui pro e contro della vita dei ballerini.*

Foto Lelli-Masotti

Lezione 5

VECCHIO BLUE JEANS

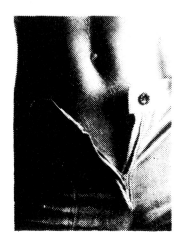

Famosa foto
pubblicitaria

LA SISTEMATA

Nel negozio tutto-jeans c'è ressa, adolescenti, signore, qualche marito frastornato che ha ceduto al rito d'iniziazione. Oltre le tende dei *separés* si ode un frenetico sfrigolio di cerniere. Un bravo uomo che non conosce la tecnica dell'apnea esce con la cerniera a metà. Una commessa gliela richiude con un colpo secco e lui barcolla come a un diretto al fegato. Sta là, impalato, in quella morsa di tela blu, ma la moglie e le amiche ripetono in coro, gli son larghi, gli son larghi.

A un altro che esce camminando dentro i jeans che hanno uno strascico di trenta centimetri cercano di far capire che adesso glieli puntano con gli spilli, il problema non è la lunghezza, il problema è che siano abbastanza stretti. Un altro signore semistritolato chiede sottovoce a un amico, ma dove si porta, a sinistra o a destra? E quello si stringe nelle spalle rispondendo: in mezzo.

Fanciulle inguainate si osservano allo specchio, controllano se il solco davanti e di dietro è abbastanza fondo. Se il solco è appena accennato, si passa alla misura inferiore.

Dieci anni fa, dice il mio amico ginecologo, ero pieno di clienti con la cistite. Che cura devo fare? chiedevano. E io gli dicevo: buttate la minigonna e mettetevi delle sottane normali. Adesso sono pieno di clienti con vaginiti e infiammazioni varie. E io gli dico: allentate il morso al cavallo. Che cavallo? fanno loro. Il cavallo dei calzoni.

Guardo la gente che passeggia, i jeans stretti sono eleganti, non c'è niente da dire, impongono un portamento. Sedersi, invece, è un terno al lotto, soprattutto per gli uomini. Vedo gentiluomini di impeccabili maniere darsi impercettibili sistematine esterne. Altri, di estrazione più umile, si sistemano coscienziosamente dall'interno. Ormai non ci fa più caso nessuno, anche nei salotti televisivi delle tribune politiche si son visti sindacalisti e commentatori che si sistemavano.

Le fanciulle e le signore invece non possono sistemare proprio nulla, si dimenano lievemente sulle seggiole, poi si alzano e barano: è tutt'oggi che sto seduta.

Per me, dice il mio amico ginecologo, marciamo verso la atrofia e la sterilità. In India i jeans dovrebbero essere obbligatori.

L. GOLDONI, *Cioè*, Mondadori, Milano 1977

IL PENSIERO LOMBARE

Qualche settimana fa su questa stessa pagina Luca Goldoni ha scritto un divertente servizio dalla costa adriatica sulle sventure di chi porta, per ragioni di moda, i blue-jeans e non sa più come sedersi e come distribuire l'apparato riproduttivo esterno. Credo che il problema aperto da Goldoni sia denso di riflessioni filosofiche, che vorrei proseguire per conto mio e con la massima serietà, perché nessuna esperienza quotidiana è troppo vile per l'uomo di pensiero, ed è ora di far camminare la filosofia, oltre che sui propri piedi, sui propri lombi.

Ho portato blue-jeans sin da quando se ne portavano pochissimi e comunque solo in vacanza. Li trovavo e li trovo molto comodi specie in viaggio perché non ci sono problemi di piega, strappi, macchie. Oggi si portano anche per bellezza, ma sono prima di tutto molto utili. Solo che da parecchi anni avevo dovuto rinunciare a questo piacere, perché ero ingrassato.

Recentemente, riducendo gli alcolici, ho perso quel numero di chili sufficiente per riprovare un blue-jean *quasi* normale. Ho passato il calvario descritto da Goldoni, con la ragazza del negozio che diceva «stringa, vedrà che poi si adattano» e sono partito, senza dover tirare indietro la pancia (non scendo a compromessi del genere). Tuttavia assaporavo dopo lungo tempo un pantalone che, anziché serrarsi alla vita, si appoggiava alle anche, dato che è proprio del blue-jean far pressione sulla regione lombo-sacrale e sostenersi non per sospensione ma per aderenza.

La sensazione era, a distanza di tempo, nuova. Non facevano male, ma *facevano sentire* la loro presenza. Per elastica che fosse, avvertivo intorno alla seconda metà del mio corpo una armatura.

...Ho scoperto che i miei movimenti, il modo di camminare, di voltarmi, di sedermi, di affrettare il passo, erano *diversi*. Non più difficili, o più facili, ma sicuramente diversi.

Di conseguenza io vivevo solo sapendo di avere i jeans, mentre di solito si vive dimenticando di avere mutande o pantaloni. Io vivevo per i miei blue-jeans, e di conseguenza adottavo il portamento esteriore di uno che porta i jeans. In ogni caso adottavo un contegno. È curioso che l'indumento per tradizione più informale e antietichettale sia quello che più impone una etichetta. Di solito sono sguaiato, mi seggo come viene, mi abbandono dove mi piace senza pretese di eleganza; i blue-jeans mi controllavano questi gesti, mi facevano più educato e maturo.

U. ECO, *Sette anni di desiderio*, Bompiani, Milano 1983

A. Rispondere alle seguenti domande.

1. Quali articoli di abbigliamento sono esposti nelle vetrine dei negozi di moda «giovane»?
2. I jeans offrono indiscutibili vantaggi a chi li porta. Quali?
3. Secondo i due giornalisti, come dovrebbero essere i jeans?
4. Secondo i dettami della moda, invece, quali caratteristiche hanno?
5. Che differenze ci sono tra pantaloni normali e jeans?
6. Che sensazione fanno provare i jeans secondo l'opinione dei due giornalisti?
7. I due articoli suggeriscono che i jeans sono indossati quasi da tutti, senza distinzione di età, sesso, ecc. È vero questo secondo voi?

B. Trovare i nomi corrispondenti ai seguenti aggettivi.

1. giovane
2. maturo
3. estatico
4. adolescente
5. frenetico
6. largo
7. lungo
8. elegante
9. comodo
10. importante

C. Rintracciare nei testi le espressioni equivalenti a quelle sottolineate.

1. Dietro le tende dei camerini si sente un rumore incessante.
2. Un povero disgraziato che non sa trattenere il respiro esce con la chiusura lampo a metà.
3. Lui perde l'equilibrio come se avesse ricevuto un pugno forte e pericoloso.
4. L'inserviente parla con un altro cliente che indossa dei jeans dall'orlo troppo lungo e gli dice che glielo tira su.
5. Un signore quasi pestato sussurrando chiede consigli a un amico.
6. Mettersi a sedere è una cosa difficilissima.
7. Ragazze fasciatissime controllano allo specchio se la linea è sufficientemente marcata.
8. Loro continuano a muoversi sulle sedie, poi, imbrogliano dicendo di essere stufe di stare a sedere.
9. Poco fa, bevendo di meno, sono dimagrito.
10. Avevo la sensazione di portare una corazza dalla cintura in giù.

D. *Dare il contrario dei seguenti verbi.*

1. cedere (alla moda)
2. uscire
3. chiudere
4. barcollare
5. stare impalato

6. ingrassare
7. stringere
8. affrettare il passo
9. voltarsi
10. dimenticare

E. *Spiegare il significato delle seguenti parole.*

1. ressa
2. cerniere
3. fegato
4. morsa
5. spilli

6. lombi
7. strappi
8. macchie
9. calvario
10. contegno

F. *Confrontare le seguenti coppie di oggetti e persone.*

Esempio. (vecchio) articolo di L. Goldoni / articolo di U. Eco
  L'articolo di L. Goldoni è più vecchio di quello di U. Eco.

1. (conformista) moda italiana / moda australiana
2. (disinvolto) abbigliamento giovane / abbigliamento adulto
3. (elegante) lungo / corto
4. (comodo) abiti stretti / abiti larghi
5. (pratico) minigonna / jeans
6. (sportivo) jeans / pantaloni normali
7. (femminile) pantaloni / gonna
8. (giovane) maglione / giacca
9. (affollato) negozio tutto jeans / grandi magazzini
10. (estetico) calzoni corti / calzoni lunghi

G. *Rispondere alle seguenti domande secondo l'esempio.*

Esempio. Il vestito è bello o pratico?
  Il vestito è più bello che pratico.

1. Magliette, camiciole e jeans sono articoli per adolescenti o per persone mature?

2. I jeans sono adatti più ai magri o ai grassi?
3. Vanno di moda adesso o andavano di moda qualche anno fa?
4 Per andare a teatro è meglio infilarsi un paio di jeans o mettersi un abito più formale?
5. Sono più sensibili alle novità della moda le donne o gli uomini?
6. È più comodo infilare i soldi in tasca o portarli nel borsello?
7. Il problema del portare bene i jeans dipende dalla lunghezza o dalla larghezza?
8. I jeans stanno meglio con i tacchi alti o bassi?

H. *Fare dei confronti formulando delle frasi che contengano DI QUELLO CHE / DI QUANTO.*

Esempio. L'articolo è proprio divertente. Pensavo fosse più noioso.
L'articolo è più divertente di quanto pensassi, oppure, di quello che pensavo.

1. L'autore è molto giovane. Lo pensavo più vecchio.
2. Lui è magro. Sembra molto più grasso in televisione.
3. Incontrarlo è semplice. Non lo credevo.
4. Le sue parole sono piane. Credevo 'fossero complicatissime.
5. Il suo primo libro era molto complesso. Io immaginavo fosse più accessibile.
6. Sua moglie è una persona molto alla mano. Io credevo che fosse più sofisticata.
7. L'esame è stato facile. Me l'aspettavo molto più difficile.
8. Questo esercizio è breve. Pensavamo fosse molto più lungo.

I. *Completare in modo opportuno i comparativi contenuti nel brano che segue, inserendo DI / CHE / DI QUELLO CHE / DI QUANTO.*

Che mi metto?

Tutti erano nervosi e indecisi. Anzi, quella sera, erano più irritabili
.... mai. La moglie era più indecisa .... marito. Per lei, in genere, vestirsi era più complicato ....
ogni altra cosa. Scegliere il capo adatto all'occasione era più lungo
.... si possa immaginare.
Lei pensava che il lungo fosse meno pratico .... cor-

to. L'abito intero la faceva sembrare più «signora» .... gonna. Ma questa la faceva apparire più bassa .... alta ed era meno disinvolta .... pantaloni. Certo, in tutte le feste, di pantaloni ce ne sono sempre tanti perché sono più disinvolti .... ogni altro indumento. Concludeva, però, che doveva mettersi qualcosa di più allegro, originale .... pantaloni. Alla fine, decise che una tunica indiana sarebbe stata meglio .... abito da zingara.

Il marito, quella sera, era peggio .... moglie. «La camicia da pescatore col foulard è più fresca .... maglia a collo alto e giubbotto; questo è importante perché alle feste fa sempre più caldo .... freddo. Ma la maglia e il giubbotto sono più pratici .... foulard. Mi ci vuole qualcosa di più originale .... sportivo, però. Forse la camicia indiana è la soluzione migliore .... tutte».

«Siete più banali .... un impiegato di banca» disse la figlia irritata perché non era riuscita a togliere la piega ai blue jeans nuovi. «Sono meglio i pantaloni vecchi .... i jeans con la riga. Meglio sembrare vecchi .... apparire nuovi di zecca». E concluse che su quelli ci stava meglio la camicia indiana .... il maglione. Il figlio voleva il giubbotto del padre perché era più pulito .... suo, che era indecente. Poi si infilò la sua camicia indiana.

«È ridicolo! Tutte le volte che usciamo insieme finisce così. Anzi, siamo più noiosi .... ridicoli», disse la moglie. «Più .... altro, saremo uguali» precisò la figlia e aggiunse che era tempo di fare una società più uguale .... ci circonda. «Ed è meglio cominciare dagli abiti .... da niente».

L. *Raccontare in un breve componimento la vignetta che segue.*

Lezione 6

SCENEGGIATO IN ARRIVO

*Nella stanza rischiarata dall'abat-jour,
fra bottiglie vuote di champagne,
fu trovato morto il conte Bonmartini
Accadde a Bologna che...*

Nella stanza rischiarata dall'abat-jour, il cadavere dell'uomo giaceva, fra bottiglie vuote di champagne e bicchieri flutes, accanto al letto disfatto sul quale il delegato di P.S. di Bologna aveva trovato un «paio di mutandine color rosa, con pizzo fatto a mano, prive di iniziali, da signora borghese, e non di quelle fatte con ricche stoffe seriche ed eleganti merletti che usano portare le "cocottes" d'alto bordo».

Il caso Murri, la vicenda giudiziaria che all'inizio del secolo avrebbe diviso l'Italia in due (e che sarà rievocato a partire dal 2 maggio da uno sceneggiato televisivo della rete 2 scritto da Pitorru, diretto da Ferrero, interpretato da Gisella Burinato, Gianni Giuliano, Flora Mastroianni, moglie di Marcello, e Renato Scarpa) cominciò così con un delitto passionale d'ambiente borghese.

D'altra parte, l'ucciso, conte Francesco Bonmartini, vecchia aristocrazia veneta clericale, ma «grosso consumatore di femmine prezzolate», era noto in tutta Bologna per la sua vita irregolare. Mentre sua moglie Linda, figlia del celeberrimo clinico Augusto Murri (il più grande dopo Ippocrate, scriveranno i giornali) e sorella di Tullio, avvocato, esponente della nouvelle vague e socialista bolognese, dia-

fana, malaticcia con un occhio malconciato pareva il ritratto della moglie angariata.

Invece quel delitto scoperchiò un groviglio sconcertante di passioni e di seduzioni mescolate a sordidi rancori d'ordine politico e morale dal quale uscirà indenne soltanto il vecchio clinico illustre, ma non la scuola positivista di cui era grande esponente. Per tre anni, dal 1902 al 1905 in Italia e anche in Europa quasi non si parlò d'altro.

Fu un continuo susseguirsi di colpi di scena a cominciare dalla prima clamorosa confessione di Tullio Murri (che disse di aver ucciso il cognato durante una lite) al successivo dipanarsi di una trama giallo-erotica da thrilling fra i più osées. Tanto per cominciare si scoprì che Linda non era per niente la moglie-vittima che si diceva, ma una giovane intelligente, una «libera pensatrice» dotata di una cultura addirittura imbarazzante per una donna di quei tempi e per giunta di costumi piuttosto liberi e disinibiti.

Si scoprì, per esempio, che aveva garçonnière nello stesso palazzo di via Mazzini in cui abitava e che dall'età di quindici anni coltivava una relazione col maturo dottor Secchi, amico di suo padre.

Poi si scoprì ancora che per liberare la sofisticata sorella dal rozzo consorte,

Tullio insieme con il dottor Secchi e con altri complici, uomini e donne legati fra loro da rapporti sconcertanti, aveva organizzato il delitto con diabolica meticolosità prevedendo persino l'impiego di un incredibile veleno appena scoperto: quel curaro che tornerà di scena a Bologna mezzo secolo più tardi, in casa di un altro clinico illustre.

Fin qui i fatti. Ma le spiegazioni e le supposizioni andarono ben oltre. Perché attorno a questo delitto vennero, infatti, a scontrarsi le due grandi correnti ideologiche del tempo: clericali conservatori e reazionari si schierarono con i Bonmartini; socialisti progressisti e positivisti scesero in massa a fianco dei Murri. E ne vennero fuori di tutti i colori.

Da un lato il Bonmartini fu descritto come un falso bigotto dedito a turpitudini orrende, dall'altro si rispose accusando Linda di rapporti intimi con la sua cameriera e addirittura d'incesto con il fratello. Il tutto orchestrato da un inquisitore fanatico per il quale la cultura in una donna già costituiva un'aggravante.

Scriverà, infatti, a questo proposito un giornalista: «L'odio fanatico verso gli accusati che spira da ogni riga scritta da quest'uomo basterebbe da solo a dimostrarlo assolutamente inadatto al suo ufficio di procuratore».

In mezzo a tutto questo bailamme Linda («disperata creatura», secondo *L'Avanti*, «Messalina incestuosa», secondo *L'Avvenire*) si comportò con molta dignità. Prove contro di lei non ne trovarono, ma la condannarono lo stesso: dieci anni. Gli altri ne ebbero molti di più.

«I giudici hanno scavato una fossa di terrore e di morte», scrisse il giornale socialista. «Una sentenza santa», ribatté il quotidiano cattolico. «Essa non condanna soltanto i Murri, ma tutto il sistema, tutta una morale, tutta una frazione della vita moderna».

Come curiosità aggiungeremo che solo Linda sopravvisse a lungo a quei fatti. Dopo il carcere, dove si era dedicata a studi metapsichici, venne a Roma, sposò il professor Egidi, presidente dell'Istituto di parapsicologia, scrisse molti libri sull'argomento e sotto lo pseudonimo di Anhelus tenne una rubrica di spiritismo su *Momento Sera*, sino alla soglia degli anni Sessanta.

ARRIGO PETACCO, *Corriere della Sera*, gennaio 1982

A. Ricapitolare secondo le linee date il delitto di cui si parla nell'articolo del Corriere.

1. I fatti del caso Murri

   a. l'epoca
   b. la scena
   c. l'ambiente sociale
   d. la vittima
   e. il colpevole

   f. l'arma del delitto
   g. la famiglia Murri
   h. la vita di Linda Murri
   i. il procuratore
   l. il pubblico

2. Supposizioni e illazioni a proposito di:

> a. Francesco Bonmartini
> b. Tullio Murri
> c. Linda Murri

B. *Dare il contrario dei seguenti aggettivi.*

1. diafana
2. malconciato
3. malaticcia
4. sconcertante
5. indenne

6. disinibiti
7. imbarazzante
8. sofisticata
9. diabolica
10. clericale

C. *Spiegare.*

1. seriche
2. d'alto bordo
3. prezzolate
4. esponente
5. angariata
6. scoperchiò

7. groviglio
8. dipanarsi
9. trama
10. per giunta
11. aggravante
12. rubrica

D. «*Il celeberrimo clinico Augusto Murri*». *Elencare altri aggettivi che fanno il superlativo come* «*celebre*».

E. *Volgere il paragrafo che segue al futuro.*

In televisione

Finalmente la Rete 2 mette in onda la nuova serie televisiva «Il caso Murri», in cinque puntate che cominciano il 2 maggio prossimo e terminano il 30 dello stesso mese.

Diciamo subito che l'episodio di apertura inizia alle 20,30 al termine del telegiornale, mentre le altre puntate hanno inizio alle 22,15. Ogni domenica gli episodi occupano due ore del programma serale e sicuramente incontrano il vivo interesse dei telespettatori in quanto rievocano una delle più famose vicende giudiziarie del secolo. Infatti, lo sceneggiato ricostruisce con meticolosa precisione tutti i fatti relativi al noto processo e spiega le conseguenze che esso ha avuto sulla vita sociale italiana.

Il pubblico più curioso, se si sintonizza la sera del sabato precedente sullo stesso canale alla stessa ora, può vedere anche un breve documentario sulle fasi più salienti delle riprese dello sceneggiato. Assiste così a un'intervista con il regista fatta agli inizi delle riprese e ha modo di ascoltare le sue affermazioni: «Cerco di raggiungere una buona ambientazione e vedo di chiarire lo sconcertante intrigo. Voglio comunicare a tutti il fascino di ricostruire il clima di quegli anni. Per fortuna attori sensibili e appassionati danno volto e corpo ai protagonisti della vicenda. Spero che non intervengano problemi di sorta durante la lavorazione e mi auguro che i lavori finiscano entro i termini previsti.»

F. *Esaminare l'uso del futuro nel brano del Corriere, poi trasformare le frasi seguenti secondo l'esempio.*

Esempio. L'assassino usò un veleno che tornò / tornerà di scena molto più tardi in un altro delitto.

1. La ragazza si innamorò perdutamente di un poco di buono che le rovinò / .... in breve tutta la vita.
2. Per liberarsi di lui, presa dalla disperazione, lei elaborò un piano che la portò / .... sulle prime pagine di tutti i giornali per qualche anno.
3. Un giorno, poi, conobbe un certo dottore che le fu / .... molto utile per i suoi progetti futuri.
4. Rubò al medico dei potenti farmaci che in breve le ridettero / .... l'agognata libertà.
5. Una mattina ne versò alcune gocce nel caffè del suo vecchio amante che lentamente gli intorpidirono / .... la prontezza dei riflessi.
6. Lui, colto dal malore mentre era alla guida della sua auto, ebbe un incidente gravissimo che lo rese / .... invalido per il resto della vita.
7. I parenti di lui fecero fare delle indagini che durarono / .... una decina d'anni senza approdare a nulla.
8. La polizia sospettò qualcosa ma non riuscì / .... ad avere prove incriminanti fino alla confessione del medico.

9. Tutti la circondarono di sospetti, e insinuazioni; il che le amareggiò / .... la vita per lungo tempo.

10. Piena di rimorsi confessò la sua colpa e fu messa in carcere da cui venne / .... liberata dieci anni più tardi.

G. *Riformulare le seguenti supposizioni ricorrendo al futuro, semplice o composto come necessario.*

Esempio. Può darsi che il vecchio Murri abbia ucciso suo genero.
   Il vecchio Murri avrà ucciso suo genero.

1. Come può essere successo? Chi può averlo ucciso?
2. Forse Murri si è sentito colpevole e si è suicidato.
3. Lei deve essere stata proprio satura e deve aver perso il controllo.
4. Forse lui aveva fatto delle promesse impossibili ad una sua amante e lei si è vendicata.
5. Forse la moglie ha chiesto aiuto al suo vecchio amico.
6. Può darsi che tutti siano morti adesso.
7. Il movente del delitto era forse la gelosia.
8. Le invidie e le gelosie devono essersi placate dopo tanti anni ormai.

H. *Ci sono vari modi per esprimere l'idea del superlativo. Per esempio:*

RICCO		CONTENTO
molto / assai / estremamente ricco	1	molto / assai / proprio contento
ricchissimo	2	contentissimo
straricco	3	arcicontento
ricco ricco	4	contento contento
ricco come un pascià	5	contento come una pasqua
ricco sfondato	6	
miliardario	7	beato

Cambiare i superlativi delle seguenti frasi scegliendo fra i sette modi elencati qui sopra quello suggerito fra parentesi.

1. Alla notizia della morte del marito, conte Francesco Bonmartini, la moglie Linda Murri parve addoloratissima. (7)

2. Poi <u>stanchissima</u> di tutte le spiegazioni ed illazioni che alimentavano lo scandalo si chiuse in doloroso riserbo. (6)
3. Per un lungo periodo i giornali furono <u>pienissimi</u> di notizie contraddittorie. (6)
4. Nonostante fosse <u>molto potente</u> e <u>molto ricca</u>, neppure la famiglia Bonmartini venne risparmiata. (3)
5. Tullio Murri, che era <u>magrissimo ed altissimo</u>, difese a spada tratta sua sorella. (5)
6. Chi se ne stette <u>molto quieto</u> in tutta la faccenda fu il vecchio e famoso clinico bolognese. (4)
7. Ma anche di lui si disse perfino che era spesso <u>ubriachissimo</u> (6) e che i prezzi delle sue prestazioni erano <u>altissimi</u>. (7)
8. A distanza di tempo non si può non ammirare il suo comportamento <u>dignitosissimo</u>. (1)
9. Uscita di prigione, Linda condusse una vita apparentemente <u>molto integra</u>. (2)
10. Sposò poi il Prof. Egidi, il quale con comportamento <u>generosissimo</u> volle farle dimenticare tutta la faccenda. (1)

I.   *Ci sono poi anche vari modi per graduare l'intensità degli aggettivi. Per esempio:*

	PALLIDO	BRAVO
GRADO DEBOLE	palliduccio pallidino poco pallido un po' pallido non molto pallido	bravino bravetto bravuccio non molto bravo appena bravo
GRADO MEDIO	alquanto pallido abbastanza pallido piuttosto pallido discretamente pallido sufficientemente pallido	sufficientemente bravo abbastanza bravo alquanto bravo piuttosto bravo discretamente bravo
GRADO FORTE	— VEDERE PAG. 53 — INOLTRE: incredibilmente pallido oltremodo pallido gran pallido	incredibilmente bravo bravo quant'altri mai oltremodo bravo gran bravo

Nei seguenti estratti presi dall'articolo riconoscere il grado di intensità (debole, medio, forte o eccessivo) degli elementi sottolineati:

1. Linda, figlia del <u>celeberrimo</u> clinico Augusto Murri...
2. Era diafana, <u>malaticcia</u>, con un occhio malconciato...
3. Era dotata di una cultura <u>addirittura imbarazzante</u> per una donna di quei tempi.
4. ... per giunta di costumi <u>piuttosto liberi</u> e disinibiti.
5. Il giudice era <u>assolutamente inadatto</u> al suo ufficio di procuratore.
6. Linda si comportò con <u>molta dignità</u>.

L. *Riferire un clamoroso fatto di cronaca avvenuto nel vostro paese.*

M. *Dare le caratteristiche di qualche benpensante e di qualche gaudente di vostra conoscenza.*

Lezione 7

1982: CORTO IN TUTTE LE STAGIONI
C'È LA SUPERMINIGONNA

(E belle o brutte la portan tutte)

Gli italiani — affermano addetti ai lavori che sanno sapientemente di moda e di sociologia — si vestono oggi con piena libertà e non si sentono obbligati da modelli precostituiti. La moda della non-moda fa convivere, ad esempio, gonne di lunghezze diverse, il corto con il lungo.

È vero. Ma è più vero che la primavera 1982 è corta, assolutamente corta. La minigonna è scoppiata a Roma e a Bologna, al nord e al sud, nelle grandi città e in provincia. I negozi del centro e delle periferie, ovunque, espongono abiti mini da indossare con calze coloratissime. Fiorucci a Milano li ha messi in vetrina a gennaio e ammette di averne bruciati oltre centomila. Armani, Ferré, Krizia, Valentino, Versace, tutti i nostri maggiori stilisti del prêt-à-porter, hanno celebrato la nuova mini, l'hanno portata in passerella, proposta e quindi imposta. I grandi magazzini in tutta Italia (da Coin alla Standa) suggeriscono per l'estate abitini corti corti, gonnelline ampie, svolazzanti, con pizzi volant, arricciature, ma con l'orlo che evapora almeno una spanna sopra il ginocchio. E si sta pensando alla necessità di rifornimenti, dato che i modelli della primavera-estate, che pretende orli sempre più alti, stanno sparendo.

Torna a fiorir la mini, ma perché la mini è risorta?

Il Duemila non aveva ancora detto 33 e una inglese, Mary Quant, creata baronetto dalla corona britannica proprio per questa invenzione che diventò una formula, ebbe la maxitrovata: una gonna che rendesse assurdo e ultradatato il gesto antico di sedersi cercando di nascondere le gambe. La mini al posto della gonna, la minigonna, in un'ondata generale che ebbe una funzione essenziale per la liberazione da certe regole che non corrispondevano più alla realtà, e si trasformò in simbolo di rigetto contro una società immobile.

Il comandamento della cultura giovane degli anni Sessanta, che provocò radicali cambiamenti nel costume, riposava in gran parte sul trionfo delle gambe. Nella rivoluzione partita da Carnaby Street, anticipatrice della universale contestazione giovanile, la morale della minigonna. È stato un momento storico: quando i fotografi di moda diventavano la nuova aristocrazia, quando la bellezza — già armonia, calma, perfezione di lineamenti — si ravvisava altrimenti, quando l'erotismo cominciava ad esprimersi diversamente.

La gamba lunga, la bella anatomia, che sarebbe stata indispensabile esteticamente per poter indossare il nuovo capo di abbigliamento, sul piano concreto non lo fu affatto. Minigonne per tutte, anche per le gambe robuste e fianchi più tipicamente mediterranei, nel contagio della moda interpretata a tutti i livelli nel vento di rottura.

Anche da noi la minigonna attaccò, eccome: fu una moda pilota che seguì la dolce vita, il boom del sesso, i primi spogliarelli casalinghi, anticipò il femminismo. E alluvionò, indispensabile oggetto di imitazione collettiva. Era di moda la mini ed era di moda contestare, non essere d'accordo, apparire radicali o radicaleggianti.

Così la minigonna venti anni fa. Ma quale motivazione ha la mini oggi, il corto anni Ottantadue? L'antesignana Mary Quant, autrice di quella significativa ribellione che le fruttò un impero commer-

ciale, afferma che la mini attuale non è un'imposizione necessaria, ma una scelta che discende per lo più da una carica di ottimismo. È un modo di vivere oltre che di apparire proprio nel significato autentico della moda: l'usanza che regola secondo il particolare gusto del momento la maniera di vestirsi, di acconciarsi, di addobbarsi, di comportarsi.

Oggi si scoprono le gambe non per ansia di una morale diversa, ma per non annoiare e non annoiarsi, per essere nuove, per apparire, semplicemente, alla moda: per la moda del colpo d'occhio. La mini, già carica di simboli, è ora scaricata, libera, aperta, senza messaggi. E, come usa, senza pensare a ruoli, età, educazione, accettabilità sociale. Discorsi, questi, vecchi come il cucco.

Le prime nuove mini ammirate? Isabella Ferrari, 22 anni, attrice, neocompa-

Foto Helmut Newton

gna di Gianni Boncompagni; Maria Giovanna Elmi, 42 anni, presentatrice televisiva. E non si chiamano mini, ma confidenzialmente, corto. Un corto che lo stilista di oggi definisce un altro gioco divertente per imporre la femminilità. Una volta si scopre il seno, un'altra le gambe e poi verranno di scena altre parti.

Oggi più di ieri non esistono preoccupazioni sulla portabilità di questo corto che è scoppiato in primavera, trionferà d'estate, continuerà nelle prossime stagioni autunnale e fredda (perfino le pellicce non dovranno scendere oltre la rotula).

Certamente il corto che abbiamo visto alle sfilate consacrato dalle grandi firme era un corto eccellente, indossato benissimo da donne che vantano di sederi alti, fianchi stretti, caviglie sottili, polpacci esili.

Bè? E chi ha il sedere basso e i fianchi larghi forse non deve profittare pienamente della moda che è vita? E chi può mostrare soltanto caviglie pesanti e polpaccioni e rotule massicce non potrà forse trasportare all'aria aperta la propria interiorità che è fatta anche di gambe scoperte? Nessuna paura: il corto è comunque nuovo, è modo di comunicare, è moda, è libertà. Gianfranco Ferré ha parlato di ricordi vichiani, Laura Biagiotti di femminilità da riconquistare; altri addetti hanno sottolineato il richiamo sessuale o il rifiuto per i complessi. Lasciando da parte le correnti di pensiero, la mini sta marciando ormai per tutte le strade.

Valeria Vicari, *Il Resto del Carlino*, 27 aprile 1982

A. *Trovare espressioni di significato equivalente a quello delle parti sottolineate.*

1. La minigonna è risorta.
2. I maggiori stilisti hanno portato in passerella la mini.
3. L'orlo evapora almeno una spanna sopra il ginocchio.
4. Vent'anni fa la minigonna attaccò anche da noi.
5. Allora avvennero i primi spogliarelli.
6. L'antesignana della contestazione fu Mary Quant.
7. D'inverno, le pellicce non dovranno scendere oltre la rotula.
8 Torna a fiorire la minigonna.
9. La nuova moda fruttò a Mary Quant un impero commerciale.
10. Una volta, la bellezza si ravvisava nella perfezione armoniosa dei lineamenti.

B. *Controllare se le seguenti affermazioni sono VERE o FALSE, secondo quanto scritto nell'articolo.*

1. Gli italiani si vestono in modo conformista, secondo il parere di sociologi ed esperti di moda.

2. La tendenza della moda attuale, in Italia, è vestire in modo uniforme e generalizzato.
3. I negozi del centro e della periferia di Milano espongono abiti corti e colorati in vetrina.
4. La moda del corto si è diffusa solo nelle grandi città e province settentrionali.
5. I modelli della primavera-estate, però, sono lunghi.
6. I negozi devono rifornirsi in gran fretta perché la merce sparisce velocemente.

C. *Rispondere alle seguenti domande.*

1. Quale fu la maxitrovata di Mary Quant?
2. Che funzione ebbe?
3. Su quale comandamento si posava?
4. Che cosa anticipò?
5. Cosa succedeva contemporaneamente alla sua diffusione?
6. Oltre al portare la minigonna, quale era l'atteggiamento di moda?
7. Cosa dice Mary Quant a proposito della minigonna di oggi?

D. *Reperire nel testo gli aggettivi usati dalla giornalista per descrivere le forme ideali e meno di chi indossa la minigonna a proposito delle seguenti parti del corpo.*

	FORME BELLE	FORME BRUTTE
1. gambe	....	....
2. fianchi	....	....
3. sedere	....	....
4. caviglie	....	....
5. polpacci	....	....
6. ginocchia	....	....

E. *Ricavare dagli aggettivi gli avverbi corrispondenti.*

1. facile
2. sodo
3. ampio
4. dolce
5. significativo
6. attuale

7. essenziale
8. diverso
9. giusto

10. necessario
11. semplice
12. vicino

F. *Spiegare il significato dei seguenti verbi, usando un verbo seguito da un avverbio.*

   Esempio. Fiorucci ammette di aver bruciato centomila abiti corti.
   Fiorucci ammette di aver venduto velocemente centomia abiti corti.

   1. I modelli di primavera stanno sparendo.
   2. Gli italiani sanno vestirsi.
   3. La minigonna è scoppiata.
   4. La mini sta marciando per tutte le strade.
   5. Si deve riconquistare la femminilità.
   6. Il modo di considerare la bellezza è cambiato.

G. *Scrivere una nuova frase usando l'opposto delle parole sottolineate.*

   1. Il corto era indossato benissimo da indossatrici perfette.
   2. Mary Quant non immaginava che la contestazione arrivasse così presto.
   3. Alle donne piace quello che costa molto.
   4. Perché la moda cambia tanto in fretta?
   5. Purtroppo anche le donne brutte seguono la moda del corto.
   6. Andiamo raramente in giro per negozi.

H. *Sostituire altre forme di superlativo a quelle sottolineate.*

   1. Abitini corti corti sono esposti nelle vetrine dei negozi.
   2. C'è la superminigonna.
   3. Mary Quant ha avuto la maxitrovata.
   4. I negozi sono strapieni di queste novità.
   5. Il gesto di sedersi nascondendo le gambe è superdatato.
   6. Questi discorsi sono vecchi come il cucco.
   7. Alle sfilate di moda, il corto era indossato benissimo da donne dalla figura esile.
   8. Le minigonne sulle forme sbagliate sono orribili.
   9. Siamo ormai stanchissimi di questa moda.
   10. Questo esercizio è noiosissimo.

I. *Ecco una lista di avverbi e locuzioni avverbiali da usare per completare le seguenti frasi.*

in effetti, attualmente, poi, prima, recentemente, finalmente, infatti, eventualmente, in seguito, infine.

1. Per lungo tempo nella nostra storia dell'abbigliamento si è dovuto stare attenti a come ci si vestiva, ma adesso .... si è liberi di mettersi ciò che più piace. .... ci si mette quello che si vuole; .... si deve stare attenti in occasioni speciali, come per esempio quando si è intervistati per un posto in un ambiente di lavoro molto formale, o quando si va a chiedere un prestito in banca.

2. .... negli anni venti si usavano le scarpe a medio tacco con cinturini abbastanza alti sul collo del piede, ... negli anni cinquanta andavano per la maggiore i tacchi a spillo; .... una decina d'anni fa si portavano scarpe con incredibili zatteroni alti anche cinque centimetri; .... adesso l'ultima moda richiede senz'altro le scarpe da ginnastica.

3. .... oltre alle scarpe da ginnastica, si portano molto i tacchi bassissimi.

4. E solo .... che i tacchi a spillo si son visti ancora. Dieci anni fa nessuno li portava; .... erano talmente datati dopoguerra che sarebbero parsi proprio ridicoli accanto a zatteroni enormi e tacchi squadrati.

L. *Inserire nella seguente lettera di una lettrice milanese ad un settimanale femminile le preposizioni omesse.*

Vestirsi liberamente è chiedere troppo?

Un giorno, un brutto giorno, ho deciso .... indossare la minigonna (appena appena sopra il ginocchio) per andare in ufficio.

Comincerò .... dire che sono una ragazza piacente, ma nulla .... eccentrico e ho subito cominciato .... sentire addosso gli sguardi di tutti i passanti, uomini e donne. Arrivata al metrò, qualcuno si è messo .... farmi i complimenti pesanti che potete ben immaginare. Io, sguardo a terra, ho proseguito .... camminare verso l'ufficio, convinta di essere la donna più volgare di questo mondo e preparandomi .... sentire: «Qui è licenziata in tronco!».

Per prime le colleghe esterefatte badavano .... dirmi: «Ma, cosa hai pensato .... metterti addosso. Io non riuscirei mai .... mettermela, mai.» Correvano fra loro sguardi di invidia, paroline e risolini. Una sola si è affrettata .... dirmi: «Però stai bene. Hai proprio delle belle gambe. Io non me la metterei mai perché le ho storte. Ma se solo potessi...».

Tutti hanno preso .... guardarla come per chiederle: «Cosa continui .... dire, sei sicura?» Io non potevo smettere .... pensare: «Che bello sentire finalmente una persona sincera che smette .... avere falsi pudori!». Ero costretta .... aspettare con terrore l'orario di uscita. A casa ho buttato in un angolo la «cosa oscena» e mi sono riproposta .... non portarla più, almeno senza avere il mio ragazzo al fianco.

Dopo tanto lottare siamo obbligate .... stare allo stesso punto: giovani gazzelle preda succulenta per i leoni della foresta (così loro credono .... essere).

Perché dobbiamo rinunciare .... vestirci liberamente?

M. Rispondere al seguente test. Poi leggere il responso a pag. 64.

Quale abito scegliere?

Ad ogni occasione il suo vestito. Qui vi è proposto un intero guardaroba: ci sono abiti vecchi e nuovi, in tinta unita o fiorati, pesanti o trasparenti e leggeri. Scegliete quello che fa per voi, cioè che sentite come il "vostro vestito", oppure, se siete uomini, scegliete quello che vi attira di più in una donna. La preferenza per un tipo di abito sarà, più che un indizio, un indice sicuro della vostra personalità più nascosta.

Ecco il responso:

Minigonna ridottissima - Siete battaglieri, molto moderni e condizionate le vostre scelte al desiderio di essere notati, di sbalordire. Siete ribelli, non sopportate chi si attacca alle tradizioni o è affezionato a vecchie idee. Detestate la storia e i film in costume, siete proiettati verso il futuro, a costo di rimetterci di persona.

Jabot di pizzo, volanti - Avete qualche difficoltà ad adattarvi all'ambiente, vi sentite sempre «diversi», ogni tanto pensate di essere troppo adulti per la vostra età. In realtà reagite in modo apprensivo e infantile agli avvenimenti, vale a dire con troppa emotività, che a volte vi fa soffrire. Sognate di vivere in un'altra epoca e desiderate compiere lunghi viaggi.

Pantaloni sdruciti - La femminilità vi imbarazza, vorreste potervene liberare, perciò tendete ad esasperare il lato sportivo e cameratesco del vostro carattere. Avete paura di crescere, paura di ricevere una dichiarazione d'amore che vi sgomenterebbe, vi piace soltanto l'amicizia che precede di solito l'amore.

Abito di chiffon - Siete ambiziosi, pensate di avere un mucchio di qualità, eppure siete sempre insoddisfatti di voi. Dipendete spaventosamente dagli altri, avete sempre bisogno dell'approvazione altrui, per sentirvi a posto. Preferite la disapprovazione all'indifferenza. Che gli altri parlino bene o male di voi, la cosa vi lascia perfettamente indifferente, purché parlino...

Gonna e maglietta vecchie - Avete una vita interiore ripiegata sulle piccole cose, tendete ad animare gli oggetti. Le cose nuove vi sgomentano, perché non sono «vostre». Anche verso le nuove conoscenze siete diffidenti; preferite le piccole compagnie a quelle numerose.

Vestito da sera ricamato - Soffrite di un complesso d'inferiorità che tendete a rovesciare diventando aggressivi. Siete i tipi che di solito vengono giudicati interessanti, voi preferireste essere giudicati belli e basta, belli anche se vestiti di tela di sacco, ma ormai avete scelto la linea dell'eleganza molto vistosa, e quando siete costretti ad indossare un vestito semplice o sportivo, vi sentite mutilati.

Tailleur classico - Amate l'ordine in tutte le cose, le situazioni chiare e irreprensibili, vi sentite portati a una vita tranquilla, senza sorprese sia nell'amore che nel lavoro. Non vi piace essere notati. Non volete suscitare un'impressione straordinaria, vi basta che vi giudichino una persona «a posto».

Chemisier, collettino bianco - Avete sopportato un'educazione molto rigida, che alla fine avete accettato in tutte le sue sfumature, per non soffrirne troppo. Ciò tuttavia vi ha reso insicuri, è per questo che scegliete come corazza la divisa per bene. A volte sognate segretamente delle avventure pazze, straordinarie, ma non parlate con nessuno di queste vostre fantasie, perché vi sentite in colpa.

N. Preparare una discussione su uno dei seguenti argomenti.

1. La moda della non-moda.
2. Fascino ed odio dell'uniforme.
3. Gli italiani esagerano con la moda.

Lezione 8

QUESTI RAGAZZI DELLA VIA PALLONE

La violenza negli stadi è colpa dei tifosi e dei giornalisti. Il 57 per cento dei nostri lettori la pensa così. Le altre categorie indiziate (dirigenti di società, calciatori, arbitri, polizia) raccolgono il 43 che resta. Non è una sentenza che possa esaltare chi di mestiere fa il giornalista, ma non mi sorprende. Agli stadi, la domenica, ci vado in treno e poi con mezzi pubblici, so da tempo come la pensa la gente e comunque in Italia il giornalista, non solo quello che si occupa di calcio, raramente ha un'immagine positiva. Così chiamato a commentare gli esiti, devo dire che per noi è già un bel risultato non essere arrivati primi.

Primi sono i tifosi, con margine non ampio. Giusto. Ultimi i poliziotti. Altrettanto giusto, pur se non mancano, negli spezzoni televisivi, scene in cui i poliziotti sembrano ultrà in divisa. È un buon segno che gli arbitri siano verso la coda della classifica: possono sbagliare, come tutti, ma non è il loro fischietto che genera violenza, è la reazione al loro fischietto. Nemmeno molto, in tempi recenti. S'è visto che i grandi scontri, le pietrate, le coltellate sono «a prescindere», per dirla alla Totò. Sono il più delle volte premeditati, scandiscono le guerre, gli armistizi, i vecchi rancori fra i diversi gruppi del tifo oltranzista. E spesso si verificano prima della partita: per lasciare un segno in territorio nemico quando si è in trasferta, per difendere il territorio quando si è in casa.

Il tutto ricorda, moltiplicato per mille, *I ragazzi della via Pal* in versione «I ragazzi della via Pallone». Ma non sono solo ragazzi. A Milano qualche capotribù ha i capelli grigi, ma resta capo, in fondo anche questo è un modo di emergere, di sentirsi vincenti. E poi, chi c'è c'è. A Caserta è stata ferita una tifosa pescarese, anni 66. A Genova è stato fermato un tizio che stava andando a Marassi con una roncola, anni 48.

Se il 30,4 della colpa ricade, secondo i lettori, su chi la fa, non è leggero il 26,6 sul groppone dei giornalisti, categoria su cui bisognerebbe essere più precisi. I giornalisti contribuiscono a scatenare la violenza, dunque. A me piacerebbe distinguere fra stampa e varie televisioni, dove secondo me c'è il peggio, ma il rischio in casi del genere è quello di passare per un difensore d'ufficio della corporazione, ruolo da cui mi sento lontanissimo. Ai giornalisti, globalmente, si può rimproverare di aver troppo gonfiato il pallone quando non era indispensabile e di avere sottovalutato gli effetti di questa sopravvalutazione. È un fenomeno che si può far risalire agli inizi degli anni '80, all'ubriacatura contribuì anche la vittoria degli azzurri in Spagna, al mondiale; cosa bellissima in sé, meno bella per l'uso che se ne fece. Ancora oggi c'è gente che sostiene che non abbiamo niente da imparare da nessuno, nel mondo, mentre altra gente muore perché non trova posto in ospedale. E sempre in quel periodo, non dimentichiamo, nascevano le rivalità troppo accese fra i campanili, fra Torino e Roma, fra Milano e Napoli: erano spie del leghismo ancora non organizzato.

Oggi nelle curve sventolano le bandiere delle varie leghe o lighe, insieme a svastiche e altri simboli di estrema destra. Il giocatore di colore è fischiato per principio, da Verona a Napoli. Almeno questo spero non dipenda dai giornalisti, ed è da dimostrare comunque che i violenti del calcio siano molto dediti alle letture. È però vero che su tutti i giornalisti del calcio ricadono le responsabilità di una minoranza narcisistica, nel migliore dei casi, e caciarona, legata all'audience della baruffa.

Se la cavano a buon mercato le società di calcio e i calciatori, sempre a mio giudizio. Le società hanno le colpe maggiori, invece, prima per aver dato con una mano agli ultrà e negato con l'altra, poi per aver seguito in blocco la politica dello struzzo. Il calciatore che simula è un professionista sleale, e passi, ma anche un cittadino incosciente: rotolandosi come agonizzante per falli non subiti, butta benzina sul fuoco. Non risulta che gli allenatori, che tanto si riempiono la bocca con paroloni, svolgano un'attività educativa, in questa direzione. Se tu ti butti in area e l'arbitro abbocca e dà il rigore, sei bravo.

E per finire c'è un altro grosso equivoco: il tifo organizzato. In sé non ha nulla di male, ma da qualche stagione assistiamo a un tifo paramilitare, più intruppato che organizzato. Quello è da sciogliere, da disorganizzare, sempre che non sia tardi.

GIANNI MURA, *Il Venerdì di Repubblica,*
29 novembre 1991

A. *Controllare il verdetto dei lettori e riportare i commenti dell'autore dell'articolo a proposito delle cifre del sondaggio riferite alle seguenti categorie.*

1. i tifosi
2. la polizia
3. gli arbitri
4. i giornalisti
5. le società di calcio
6. i calciatori

B. *Sostituire la parte sottolineata con le espressioni usate nel testo.*

1. Le principali categorie sospettate di tifo eccessivamente violento sono i tifosi, i giornalisti, i dirigenti di società, i calciatori, gli arbitri e la polizia.
2. I giornalisti chiamati a commentare i risultati si reputano già fortunati di essere arrivati secondi nel sondaggio.

3. In alcune <u>inquadrature dei reportage</u> televisivi i poliziotti sembrano ultrà in divisa.
4. <u>Il lancio delle pietre</u> e <u>l'uso del coltello non dipendono</u> dalla decisione dell'arbitro.
5. Spesso si verificano incidenti prima della partita, sia quando la squadra gioca <u>nella propria città</u> che <u>fuori</u>.
6. A Genova è stato fermato <u>un uomo</u> che andava alla partita con <u>un arnese a lama ricurva</u>.
7. La vittoria degli azzurri al campionato mondiale in Spagna contribuì parecchio <u>all'inebriamento</u> degli anni '80.
8. Agli inizi degli anni '80 nascevano notevoli rivalità a causa dell'<u>amore eccessivo per la propria città</u>.

C. *Abbinare ad ogni espressione elencata a destra la spiegazione appropriata.*

1. riempirsi la bocca di paroloni
2. buttare benzina sul fuoco
3. cavarsela a buon mercato
4. seguire la politica dello struzzo

a. sfuggire senza troppi danni a una situazione difficile
b. evitare di affrontare un problema fingendo che non esista
c. parlare in modo difficile per nascondere l'insincerità
d. provocare reazioni pericolose

D. *Formare l'aggettivo dei seguenti toponimi.*

1. Bari	4. Como	7. Perugia	10. Venezia
2. Bergamo	5. Genova	8. Pescara	11. Verona
3. Caserta	6. Palermo	9. Trieste	10. Vicenza

E. *Per ogni comportamento scorretto dato, indicarne uno equivalente corretto.*

I giornalisti
1. esagerano
2. scrivono articoli che sembrano bollettini di guerra
3. danno risalto ad avvenimenti che non hanno niente a che vedere con lo sport

Le società sportive
1. pensano solo ai soldi
2. conoscono bene gli elementi fanatici al loro seguito, ma non possono né vogliono controllarli

I calciatori

1. fanno una gran scena sul campo
2. si mostrano quasi moribondi per una spintarella
3. fanno gli angioletti dopo aver commesso un ovvio fallo

Gli arbitri

1. sono arroganti
2. squalificano alla prima occasione
3. ogni domenica credono di essere un dio

I poliziotti

1. esercitano troppa repressione
2. si presentano numerosi in divisa
3. lasciano entrare negli stadi i violenti anche quando sanno chi sono

Ma c'è anche chi fa il tifo in tutta allegria...

F. *Sostituire opportunamente i verbi POTERE, VOLERE, DOVERE o SAPERE a quelli sottolineati, badando ad eliminare la preposizione.*

Ogni volta che l'Italia ha vinto un'importante partita internazionale, un campionato europeo o mondiale, i tifosi più allegri e convinti sono stati finora sempre capaci di risolvere con straordinario estro e fantasia il problema imprevisto che erano costretti ad affrontare durante le festose celebrazioni per la vittoria: quello di trovare subito in tutta fretta bandiere tricolori per sventolare al vento la propria gioia. (Perché prepararsi prima porta sfortuna). Cioè, chi aveva intenzione di farlo non riusciva a trovare il tricolore da nessuna parte.

Così a volte qualcuno è stato obbligato a ripiegare sull'Azzurro, colore della Nazionale italiana; ma in mancanza anche di quello, queste sono le soluzioni che in passato la gente è stata capace di inventare: alcuni hanno avuto modo di mostrare finalmente un tricolore leccando gelati di fragola-pistacchio-limone; altri sono stati costretti a mangiare spaghetti olio-aglio-peperoncino, o almeno erano in grado di liberare in cielo palloncini bianco-rosso-verdi. Infine, a qualcuno è toccato di dipingere la propria macchina, o tatuarsi viso e braccia.

Ogni volta c'è chi giura che la volta dopo i tifosi non saranno costretti a sbizzarrire la propria fantasia così: molti hanno intenzione di sfruttare economicamente l'entusiasmo sportivo trasformandosi in imprenditori tricolori. Ma sarà che gli Azzurri riusciranno a vincere sempre mantenendo alte le bandiere del tricolore? Non abbiamo l'opportunità di fare altro che sperarlo.

G. *Cambiare le seguenti frasi in altre di significato corrispondente usando la costruzione FARE/LASCIARE + INFINITO.*

Esempio.   *Le avanguardie del tifo sono partite subito dopo il fischio.*
         Il fischio ha fatto partire le avanguardie del tifo.

1. In tutt'Italia sono esplose manifestazioni per l'entusiasmo calcistico.
2. Nelle città le macchine non circolavano per la confusione.
3. La gente si è inginocchiata per la gioia.
4. Alcuni fanatici coprivano di scritte mura e monumenti sotto gli occhi benevoli dei vigili.
5. Al mare le navi hanno alzato il gran pavese per l'evento vittorioso.
6. Le loro sirene suonavano per la vittoria.
7. Uomini, donne, vecchi e bambini cantavano e piangevano per l'emozione.
8. Strade e piazze sono diventate un carnevale per le manifestazioni di tifo.
9. Qualche incidente è nato per l'esuberanza dei tifosi.
10. Per il risultato imprevisto della partita, molti sono scesi in piazza con bandiere, sirene, fischietti, tam-tam, ecc. ecc.
11. È ovvio che per il tifo si perde la testa.
12. Stranamente, in Italia i tifosi non si ubriacano per le vittorie sportive.

H. *Completare le risposte alle seguenti domande come indicato nell'esempio.*

Esempio.   *Quando è scoppiata la confusione delle celebrazioni?*
         Al fischio dell'arbitro si è visto scoppiare la confusione.

1. Dove suonavano i clacson delle macchine?
   Li abbiamo sentiti .... in Piazza Mazzini.
2. Che cosa sventolava in Piazza Cavour?
   Ho visto .... i tricolori.
3. Che cosa ha fischiato all'angolo di Via Dante?
   Si è sentito .... l'allarme di una macchina.
4. Chi cantava così istericamente?
   Non so, noi sentivamo un coro stonato .... l'inno nazionale.
5. Quando si sono allentate le celebrazioni?
   All'alba le abbiamo percepite .... un po'.

I. *Abbinare ad ogni espressione elencata a destra l'opportuna frase all'infinito.*

1. Era impossibile
2. Era un problema
3. Era commovente
4. Era divertente
5. Era un peccato

a. comprare bandiere tricolori
b. ballare e cantare in strada
c. vedere la sincerità dell'entusiasmo
d. girare per la città in macchina
e. non esserci in quell'occasione

L. *Sostituire ai puntini le preposizioni DI o A, se necessario.*

Chi sono gli irriducibili violenti degli stadi?

Ci sono le prove per dimostrare che i violenti irriducibili non hanno nessuna intenzione .... smettere .... causare disordini. Per loro decidere .... andare alla partita e mettersi .... dare pugni e calci è tutt'uno.

Mario, un camionista di 25 anni, è un perfetto esempio: «Vado alla partita per una sola ragione» ha confessato, «fare casino». E ha continuato .... dire: «È un'ossessione, non posso .... farne a meno. Vado da un capo all'altro del paese e cerco .... fare più casino che posso, cerco l'occasione. Anche durante la settimana, ci sbrighiamo .... lavorare, e andiamo in giro a caccia di guai. Prima della partita mostriamo .... avere un'aria rispettabile. Poi se vediamo qualcuno .... tifare con troppo entusiasmo per la squadra avversaria gli chiediamo l'ora. Se lo sentiamo .... rispondere con l'accento regionale della squadra avversaria, lo incoraggiamo .... provocarci. Poi incominciamo .... menarlo. Se ha soldi non lo lasciamo .... andare finché non li abbiamo in tasca noi».

È facile .... tentare .... spiegare il fenomeno con due posizioni estreme: «La società è ingiusta, la democrazia malata, la vita di tutti i giorni esasperata», oppure «Sono pazzi esaltati, assassini in libertà, bestie inferocite, ci vogliono i lavori forzati e (naturalmente) la pena di morte». Ma così non si riesce .... risolvere niente. A queste spiegazioni se ne possono .... aggiungere altre, come per esempio, il desiderio .... vendicare una sconfitta subita durante un precedente incontro, la voglia .... abbattere il gruppo rivale dal piedistallo su cui stampa e tv possono .... averlo posto.

L'informazione sulla provenienza sociale dei tifosi che più spesso si lasciano .... prendere la mano dalla violenza è piuttosto scarsa, ma tutti i dati disponibili permettono .... dire che il fenomeno è in misura predominante riserva delle classi lavoratrici più basse. Con questo non vogliamo assolutamente .... dire che i maschi giovani delle classi lavoratrici più basse sono i soli violenti del calcio. Cerchiamo solo .... dire che i giovani delle fasce più "dure" del sottoproletariato sembrano .... essere l'elemento centrale delle forme più gravi di violenza sportiva.

Quindi uno dei rimedi più sicuri (ma ahimè anche più generico e difficile .... realizzare) è quello .... proporre una non meglio definita "crescita socio-economico-culturale" della società.

M. *Discutere.*

I tifosi sportivi in Italia e nel vostro paese. Quali differenze ci sono tra i due gruppi? Quali possono essere i motivi di tali differenze?

N. *Compilare il questionario de* Il Venerdì di Repubblica *rispondendo esaurientemente alle domande.*

LA VIOLENZA NEGLI STADI

CHI SECONDO VOI È PIÙ COLPEVOLE?

☐ Giornalisti ☐ Calciatori
☐ Tifosi   ☐ Società sportive
☐ Arbitri   ☐ Polizia

PERCHÉ? ....
....
....
....

QUALI SONO I RIMEDI? ....
....
....
....

Ritagliate e spedite questo questionario a "Il Venerdì" di Repubblica, via Palestro 30, 00185 Roma

Lezione 9

APRITI, UOVO

Nella biografia dedicata a Cristoforo Colombo, Gianni Granzotto ricostruisce la sconcertante personalità del navigatore italiano che, scoprendo l'America, diede inizio a un vertiginoso processo di espansione del mondo

Sembrerà strano, sembrerà persino ingeneroso nei confronti di un libro che mi ha molto divertito e molto istruito, ma devo farlo. Del *Cristoforo Colombo* di Gianni Granzotto, appena pubblicato da Mondadori (pagg. 342, lire 20.000) devo segnalare innanzitutto la cosa che *non* c'è.

Non c'è nessun accenno alla storia dell'«uovo di Colombo». Non si dice che è una storia vera, che effettivamente Colombo persuase gli increduli dimostrando che l'impresa da lui proposta era semplicissima: come far stare diritto un uovo sul tavolo ammaccandolo leggerissimamente da una parte. Né vi si dice che si tratta di una leggenda.

Per chi, come me, è da una vita che aspetta una risposta, la delusione non è stata piccola. Anche perché senza la brillante trovata dell'uovo non si capisce come abbia fatto, quest'uomo, a persuadere i sovrani di Spagna e i saggi di Salamanca a sostenere la sua impresa. E centinaia di marinai riottosi e timorosi, ad accompagnarlo.

Non si capisce, beninteso, finché non si è letto il libro di Granzotto, dove una risposta c'è. Ed è una risposta che ha il sapore della verità. In più di un senso. Innanzitutto, per il modo in cui Granzotto ha lavorato. Sui libri, naturalmente, e sui documenti esistenti; ma anche sulle rotte, sulle barche, sui luoghi di Colombo.

Gianni Granzotto ha rifatto in barca a vela la mitica traversata dalle Canarie ai Caraibi, facendosi portare dagli stessi propizi alisei, incontrando gli stessi sargassi, vivendo le stesse albe e gli stessi tramonti. Ha visitato, in Europa e in America, i posti dove Colombo è vissuto, dove è sbarcato, dove è stato vilipeso, dove è stato onorato. Ha consultato carte originali, ha toccato cimeli preziosi, ha cercato di guardarlo in faccia, questo Cristoforo Colombo che in faccia nessuno ha guardato. Non esiste, di Colombo, nessun ritratto fattogli quand'era in vita. All'esposizione colombiana del 1892 furono esposti 71 ritratti, ma tutti fatti a mente dopo la sua morte, e ognuno diversissimo, ovviamente, dagli altri. Così come non c'è nessuna riproduzione originale delle tre caravelle. Anche quelle, ce le dobbiamo immaginare.

Di quest'uomo rimangono misteriose tante cose (a cominciare da quell'uovo al quale non ho affatto rinunciato). Risultano però chiarissimi, incontrovertibili gli enormi difetti. E sono questi difetti che spiegano (dovrei dire «paradossalmente»? Non lo dirò) la sua impresa. È un elenco lungo, qualche volta imbarazzante. Con l'aiuto di Granzotto, che è un biografo affettuoso, ammirato, e onesto, eccoli qui.

A. *Continuare a leggere l'articolo inserendo i verbi indicati nel tempo opportuno.*

Cristoforo Colombo ESSERE .... vanitoso, ESSERE .... gonfio di ambizioni nobiliari. Se qualcuno in passato OSARE .... dire che Colombo non ESSERE .... italiano, che non NASCERE .... a Genova, ESSERE .... perché Colombo stesso glielo PERMETTERE .... con la sua reticenza. Quasi che di esser nato a Genova (nel 1451, come Granzotto brillantemente dimostra) si vergognasse. Colombo VERGOGNARSENE .... , difatti; VOLERE .... far dimenticare, a se stesso e agli altri, l'umile nascita da un povero cardatore di lana.

Colombo ESSERE .... avido, ESSERE .... affetto da «golosina de oro», da ingordigia dell'auro metallo, SCRIVERE .... Lope de Vega che a Colombo DEDICARE .... una delle sue mille commedie. Si sa che ad avvistare per primo la terra, alle due del mattino di quel venerdì 12 novembre 1492, ESSERE .... un semplice marinaio, Rodrigo di Triana. TOCCARE .... a lui quindi la pensione vitalizia di diecimila «maravedis» promessa dai sovrani di Spagna. Ma Colombo INTERVENIRE .... con tutta la sua autorità di Ammiraglio e DIRE .... che no, che la terra la VEDERE .... prima lui. Il povero Rodrigo, disperato, ANDARE .... a combattere e a farsi ammazzare fra i Mori.

Colombo ESSERE .... piuttosto inadeguato nei rapporti umani. Non essendo dotato di un naturale senso di autorità, nelle situazioni difficili, SFUGGIRE .... , MUOVERSI .... , RIPARTIRE ....

B. *Continuare nella lettura.*

PAPPAGALLI E INDIGENI

Era francamente razzista. Gli indigeni per lui dovevano — «naturalmente» — porsi al servizio dei bianchi. Anche perché — diciamola la verità — non erano ancora stati battezzati. E dopo ogni viaggio ne portava un bel po' in Spagna per mostrarli in pubblico, fra pappagalli in gabbia ed altri esotici animali.

Non era — udite, udite! — un navigatore eccelso. In realtà aveva navigato poco con responsabilità di comando, prima della grande impresa. Tant'è vero che dovette, sia pure «obtorto collo», associare all'impresa un navigatore grandissimo, Martin Alonzo Pinzon, al quale la città di Palos ha dedicato un monumento, come al «vero» scopritore dell'America.

E invece no, il vero scopritore dell'America è Cristoforo Colombo. Però come abbia fatto, con questi difetti che ho elencato (e altri che ho tralasciato), sembra inspiegabile. Per fortuna nostra e sua, aveva, in aggiunta a questi difetti, un altro difetto ancora. Ma ancora più radicato, ancora più grosso.

Una testardaggine assoluta, che Gianni Granzotto avvicina giustamente, felicemente, a quella di Don Chisciotte. Una testardaggine miracolosa, che gli permise di pazientare otto anni a Lisbona intorno alla corte dei sovrani del Portogallo, e sei anni in Spagna intorno alla corte di Isabella di Castiglia e Ferdinando d'Aragona. Pregando scrivendo spiegando insistendo. Subendo umiliazioni e interrogatori, mortificazioni e dileggi. Ma convinto, che la sua idea fissa era giusta.

Veramente le sue idee fisse erano due, e di esse una era giusta, l'altra sbagliata. Primo: la Terra è rotonda. Esatto: i suoi viaggi e le esplorazioni successive lo confermano. Secondo: la Terra è piccola. E quindi io, navigando sempre verso Occidente, ritroverò l'Oriente: «buscar el levante por el poniente». Sbagliato: la Terra è grande, grandissima. Fra la Spagna e l'Oriente c'è tanto mare, che c'è posto pure per un altro continente, quel continente americano che Colombo incontrerà, e non si rassegnerà mai a riconoscere per tale.

E un'altra idea fissa aveva Colombo, importantissima. In questo mare «sconociuto» — che io mi sento di affrontare, se mi date un po' di navi — in questo mare misterioso non ci sono misteri. Non ci sono draghi, non ci sono mostri minacciosi né mostruosi gorghi. Si può andare. Aveva ragione Victor Hugo: «la gloria di Colombo è nell'essere partito, non nell'essere arrivato».

Eppure io non trascurerei gli effetti dell'arrivo. L'impresa di Colombo — si dice, si sa — ha raddoppiato il mondo. Soltanto? Sembra a me che sia accaduto qualcosa di più. Sembra a me che un uovo di Colombo ci sia stato. Era un uovo magico, maligno. Quando Colombo tentò, con un colpetto, di farlo stare dritto su un tavolo, quell'uovo si aprì e fu il «big bang». Fu l'inizio di un vertiginoso processo di espansione. La nostra conoscenza del mondo ha preso ad espandersi da quel momento a velocità esponenziale. Nelle due direzioni, dell'immensamente grande e dell'immensamente piccolo. Al telescopio e al microscopio.

Ogni giorno si scopre una nuova galassia o una nuova realtà subatomica. Altro che raddoppiato. Il nostro mondo si è moltiplicato dal giorno della scoperta dell'America.

In quest'universo in espansione non valgono più, ovviamente, le belle logiche rettilinee di una volta. Tu fai una cosa e ne consegue una prevedibile conseguenza. Tu fai una cosa, nel campo delle azioni umane, e vengono fuori degli effetti del tutto imprevisti «Buscar el levante por el poniente», era il motto di Colombo. È diventato l'emblema dell'agire mondano, dell'agire moderno («eterogenesi dei fini», dicono i filosofi). Si cerca il levante, e si trova il ponente; si cerca il ponente, e si trova il levante. A volte cerchiamo tanto e non troviamo niente: le «buschiamo» solo, dalla malasorte.

GRANDI COINCIDENZE

Non soltanto informa e diverte, questo bel libro di Granzotto; fa anche riflettere. Ne approfitto per azzardare un'ultima riflessione. È proprio sicuro che dobbiamo continuare a rapportarci ai Grandi Uomini chiedendoci sempre le stesse cose: se erano grandi, quanto erano grandi? E se i grandi uomini non ci fossero? Se ci fossero soprattutto delle grandi coincidenze storiche capaci di fare anche di un uomo pieno di difetti come Colombo, un Eroe?

La sua testardaggine ha coinciso con l'irrequieto romanticismo della Regina Isabella, con la voglia di dominio del Re Ferdinando, con il desiderio comune a tutti di trovare un'altra strada per le Indie, visto che i Turchi avevano chiuso nel 1453 quella di Costantinopoli. Forse, in altre circostanze, quella medesima testardaggine non sarebbe mai diventata una virtù: sarebbe rimasta un difetto.

Non lo dico per mancare di riguardo a Colombo (ci mancherebbe!). Lo dico nei confronti di tutti i Grandi Personaggi storici. Per capire meglio la Storia, semplicemente.

BENIAMINO PLACIDO, *La Repubblica*, 15 marzo 1984

C. *Immaginare un ammiraglio di carattere opposto a quello di Colombo e descriverne quindi i tratti salienti.*

D. *Elencare i meriti e i difetti del libro di Granzotto nominati dal giornalista nella recensione appena letta.*

E. *Dare un sinonimo italiano o una spiegazione delle seguenti parole.*

1. accenno
2. ammaccare
3. timoroso
4. beninteso
5. vilipendere

6. cimelio
7. gabbia
8. testardaggine
9. dileggio
10. buscarle

F. *Formulare almeno dieci domande relative alla storiella qui sotto usando CHI / COME / QUANDO / DOVE / CHE COSA / ecc.*

G. *Tra i sostantivi dati scegliere quelli appropriati per completare il paragone.*
   Fare attenzione ad usare opportunamente l'articolo determinativo o indetermi-
   nativo.

   uovo negro luce macigno aria mulo gambero fame
   vento sole lupo piombo cane pesce

1. Colombo era testardo come ....
2. Il viaggio di Colombo attraverso l'Oceano Atlantico sembrò ai marinai lungo come ....
3. Il marinaio-cuoco durante la lunghissima traversata dovette lavorare
   come ....
4. Un altro marinaio invece durante tutto il viaggio non pronunciò
   parola e se ne stette muto come ....
5. Dopo aver digiunato crudelmente durante la traversata il marinaio
   Rodrigo mangiò come .... finché fu pieno come
   ....
6. I pappagalli esotici, prima liberi come .... , vennero
   ingabbiati da Colombo e portati in Europa.
7. Dopo il viaggio di Colombo era chiaro come .... che
   la terra fosse rotonda.

H. *Completare opportunamente.*

1. La regina Isabella di Spagna esitava a far partire Colombo per ragioni
   politic...-economic... .
2. Tra i marinai di Colombo non c'era nessun belg..., ma c'era invece
   qualche tedesc... .
3. Colombo, contrariamente al Capitano Cook, non si preoccupò di
   prendere con sé scienziati. Infatti non andarono con lui in America
   né biolog... , né fisic... , né medic... .
4. Durante il viaggio il secondo ufficiale perse in acqua ambedue le
   sue pai... di forbic... .
5. Sulle caravelle i salv...gent... venivano naturalmente tenuti sempre
   a portata di mano.
6. Le condizion... a bordo erano spartane. Non solo i marinai, ma
   anche gli ufficiali dormivano senza lenzuol... .
7. Un marinaio perse due dit... nell'armeggiare con la scure, e dal dolore
   gli si piegarono le ginocch... .
8. Durante il viaggio si pescarono i pesc...spad... , ma si lasciarono
   stare i pesc...can... .

9. I marinai dopo mesi di mare ebbero tutti tanti cap...gir... quando misero piede a terra.

10. Con la scoperta dell'America si diffusero in Europa i pom...dor... .

I. *Scegliere fra i seguenti suffissi quello adatto per ogni nome sottolineato.*

-icello -uzzo -accio -ino -etto -olino -cino -one -ottone -iciattolo

1. Colombo aveva un carattere molto brutto.
2. Si dice che avesse un grazioso naso molto piccolo in una gran faccia larga.
3. Rodrigo di Triana invece pare che fosse un giovane grande e grosso di indole piuttosto buona.
4. Gli indigeni americani furono incantati da alcuni specchi molto piccoli che Colombo aveva portato con sé.
5. Le piccole pietre che Colombo regalò agli indigeni luccicavano, ma non valevano proprio niente.
6. In cambio gli indigeni diedero a Colombo tanti bastoni piccolissimi fatti col legno di un albero molto raro.
7. Durante il viaggio di ritorno i marinai riuscirono ad eliminare i topi piccoli piccoli che avevano causato tanto danno alle scorte. Nonostante ciò alcuni marinai continuarono a soffrire d'una persistente febbre, bassa e non pericolosa, ma debilitante e noiosa che si pensa associata alla presenza dei topi.
8. Un vento in poppa, non forte, ma dolce e vivace è preferito da tutti i marinai.

L. *Riconoscere il grado di intensità (debole, medio, forte o eccessivo) degli elementi sottolineati.*

1. Il giornalista è un po' deluso dal recente libro su Cristoforo Colombo perché non contiene l'episodio dell'uovo di Colombo.
2. Invece ce lo racconta uno storico abbastanza noto, Girolamo Benzoni, che nel 1565 pubblicò un libro sul celeberrimo navigatore genovese.
3. Secondo lui l'episodio avvenne durante un favoloso pranzo offerto dal Gran Cardinale di Spagna a Colombo appena tornato dal suo primo viaggio in America.
4. Alcuni nobili spagnoli guardando Colombo con aria di sufficienza dall'alto in basso dissero che la Spagna aveva numerosi navigatori eccelsi capaci di ripetere la sua avventura.

5. Sembravano cioè considerare <u>mediocretta</u> la sua grandissima impresa.
6. Allora Colombo prese un uovo in modo <u>alquanto provocatorio</u> e ordinò ai nobili di farlo stare ritto da solo.
7. Dopo molti tentativi falliti da parte loro, lui prese l'uovo e con un trucco <u>piuttosto semplice</u> lo fece stare il piedi.
8. Lo schiacciò <u>appena appena</u> ad una delle estremità.
9. Da quella <u>genialoide</u> soluzione deriva il detto popolare «È come l'uovo di Colombo», usato di cosa facile da fare, soprattutto perché fatta prima da qualcun altro.
10. Se Colombo avesse saputo della straordinaria diffusione di questo aneddoto, con il suo carattere <u>oltremodo vanitoso</u> ne avrebbe gioito assai.

M. *Scrivere un breve componimento su uno dei seguenti argomenti.*

1. Biografie: genere letterario di successo? ˙
2. La vita d'un famoso personaggio storico.
3. «E se i grandi uomini non ci fossero? Se ci fossero soprattutto delle grandi coincidenze storiche?»

Lezione 10

«IL MIO ETERNO PRESENTE»

*Costanzo Costantini intervista Federico Fellini
in occasione del 70esimo compleanno del regista*

Oggi compie settant'anni: come si sente?

«Rassegnato. Rassegnato a rispondere come posso alle domande che l'occasione del compleanno amichevolmente ma senza scampo sollecita. Per il resto, come lei può vedere, mi sono truccato da vecchio: vestaglia, coperta di lana dalla cintola in giù, tosse, testa vuota. Si tenga un po' distante, non vorrei contagiarla, non intendo della "settantina" ma della "cinese", che ha deciso di festeggiarmi anche lei con febbre e mal di mare».

Crede nell'astrologia, le piace il suo segno zodiacale? Crede che abbia influito sulla sua attività artistica?

«Una volta, leggendo in uno di quei libretti sui segni zodiacali le caratteristiche del bambino Capricorno, mi parve di riconoscermi là dove diceva: "Il bambino Capricorno è geniale, subito, appena nato"».

Cristo, Giovanna d'Arco, Madame Pompadour, Marlene Dietrich, Edgar Allan Poe, Pasteur, Martin Luther King, Andreotti sono nati sotto il segno del Capricorno. A quali di essi si sente più affine?

«Da giovanetto due erano gli ideali di bellezza e di fascino maschile ai quali disperatamente avrei voluto assomigliare: l'attore teatrale Febo Mari con il collo lungo, aristocratico, i capelli inanellati, gli occhi allo stesso tempo imperiosi e languidi, e Edgar Allan Poe, la cui stupenda faccia col suo funebre

Fellini visto da Za, l'illustratore che il regista ha sempre amato

febbricitante pallore riscatta gli ubriaconi di tutto il mondo. Più affine? Alla Pompadour».

Come concepisce e percepisce il tempo? Il trascorrere del tempo le crea dei problemi?

«Non ho la sensazione del tempo che passa. Mi sembra tutto uguale, da sempre, un eterno presente di cui fa parte il passato e anche il futuro, così come lo immagino. Senza dubbio si tratta di un condizionamento della mia professione che mi fa trovare al centro di un teatro con attorno persone reali e personaggi inventati ma altrettanto suggestivi, tra amici, sconosciuti, frizioni, scontri, sogni, fantasie. Non riesco a fare differenza tra un decennio e l'altro, tra un film degli anni Cinquanta e quello che farò».

Ma non si accorge che la realtà cambia?

«Ogni tanto esco dal teatro socchiudendo appena l'altissimo portale ma come faccio a dire di che anno sono le cose che vedo fuori, i viali, i capannoni, i cani, il giorno, la notte? E così il resto della vita. Le persone care che da sempre ti proteggono, la casa, i libri, non appartengono allo stesso tempo immobile e smemorato? Forse Einstein l'ha già detto un po' meglio di me».

Teme la vecchiaia?

«Ecco, ne *La voce della luna* c'è un personaggio che Paolo Villaggio ha reso così vero, autentico e vivo da turbarmi sempre ogni volta che vedo il film. Fa ridere ma soprattutto fa paura, comunicandoti quel senso di freddo, di disagio, di inquietudine delle creature perdute in una galassia irraggiungibile. Una interpretazione di quelle che si definiscono memorabili. Vi sorprenderà e vi richiamerà alla memoria i grandi attori tragici: Raimu, Jannings. La vecchiezza, i vecchi, tutti i vecchi del mondo lo spiano, lo seguono notte e giorno fin dentro il suo letto. Si curvano su di lui, che crede di dormire, infettandolo con i loro aliti nauseabondi».

Ha raggiunto quella che viene chiamata "la pace dei sensi"?

«Ricordate la faccia che faceva Oliver Hardy quando, di fronte ai disastri combinati da Stanlio, cercava con sguardo calmo e lento l'obiettivo in modo da fissare lo spettatore, silenziosamente invitandolo ad essergli vicino come testimone di tanta sciagura? Ecco, a questa domanda io faccio proprio quella faccia lì».

Ha paura della morte?

«Cosa debbo rispondere? Sì, no, dipende, non lo so, non mi ricordo, che tipo? L'inestinguibile curiosità che notte dopo notte ci fa svegliare ogni mattina accompagnando-

ci tutta la vita, non dovrebbe abbandonarci al momento della più inconoscibile delle esperienze, o almeno auguriamoci che sia così. Vedremo».

Crede nell'immortalità?

«Sono portato a crederci e consiglierei a tutti di fare altrettanto, se non altro per una forma di igiene mentale. Il crederci è uno stimolante nutrimento della fantasia, anche se la prospettiva di essere forse intervistato ancora da lei al compimento del settemillesimo anno può lasciarmi qualche perplessità».

Pensa a Dio, come se lo immagina?

«Fino all'età di cinque anni non avevo dubbi: come il Conte Gualtiero Ripa. Era il nostro padrone di casa. Magrissimo, sempre vestito di azzurro, anche la bombetta color del cielo, sul petto una lunghissima barba bianca che a volte apriva delicatamente in due bande come un siparioe sotto appariva un panciotto azzurro con una catenina d'oro che mandava lampi. Passeggiava muto e assorto nel cortile, senza guardare mai in faccia nessuno, tra i denti il bocchino con il sigaro. Mia madre, romana, una volta disse a mezza voce: "E chi sarà mai, il Padreterno?". Più avanti negli anni, all'immagine del Conte Gualtiero Ripa con la sua bombetta azzurra e il bocchino col sigaro si è sostituita quella del potente vecchione della Cappella Sistina, che sopravvive anche ora. C'è stato anche un momento in cui il talento di un disegnatore di *Metal Hurlant* mi aveva suggestionato con l'immagine di un atomo di uranio o di plutonio irradiante un milione di raggi».

Prega?

«Non più come quando eravamo bambini, con la nonna che si affacciava all'improvviso nella camera da letto, in mano la bugia con la candela accesa che illuminava da sotto in su la bellissima faccia da pellirossa. Puntando verso di noi un dito lunghissimo, chiedeva: "Avete detto le orazioni?". Una volta ci sorprese me e mio fratello che canticchiavamo le preghiere sull'aria della "Titina". Minacciò di liberare il cagnone e di metterci al posto suo, dentro la cuccia, nel freddo invernale. Ecco, pregare, inteso però non soltanto come un atto di devozione ma anche come la tecnica di una segreta alchimia psicologica per ottenere prodigi, miracoli, magie».

Di tutti i suoi film, quale considera il più divertente?

«Non so proprio dirlo. In tutti i miei film ho cercato di ricordare e di riproporre il *clown* Pierino. Ad esempio, Richard Basehart, nel personaggio del matto di *La strada*, era un po' un omaggio a quel piccolo "augusto" di circo paesano che, come tutti i veri artisti circensi, era funambolo e cavallerizzo».

Con *La voce della luna*, lei si era prefisso soprattutto di far ridere. Crede di esserci riuscito?

«Far ridere è sempre stata la mia più grande aspirazione sin da quando ero bambino. Alla terza elementare il maestro Giovannini, un omaccione corpulento e baffuto con pretese di baritono, mentre mi esibivo in una sua imitazione, mi afferrò per il collo e, tenendomi sospeso a mezz'aria come un gatto, gridò: "E di questo pagliaccio che ne facciamo?". Mi feci la pipì addosso per la commozione di essermi meritato quel glorioso epiteto. Non credo di aver mai più incontrato nella mia vita qualcuno che mi abbia estasiato, rapito, abbagliato come quel piccolo, tozzo, e aggraziatissimo manovale da circo che era il *clown* Pierino. Nemmeno quando a Parigi, nel buio di un palchetto teatrale, in un rimescolio di tende, cappotti, ombre che si alzavano e si abbassavano, spinte e zittii, mi presentarono Charlie Chaplin».

Non le fece molto effetto il grande Charlot?

«Vedevo solo l'onda candida dei capelli, il biancore rilucente di un sorriso dentuto e aggressivo, eppoi la sua manina piccolissima costellata di efelidi come zecchini, *My God, you are so young,* mi sembrò che dicesse con una voce rauca, metallica. Pareva quasi un rimprovero. Ora però non potrebbe più dirlo, credo di essere un po' più vecchio di quanto non fosse lui allora, in quel primo e unico incontro».

COSTANZO COSTANTINI, *Il Messaggero,* 20 gennaio 1990

A. *Letta l'intervista, individuare le seguenti informazioni a proposito di F.F.*

1. data di nascita e segno zodiacale
2. suoi ideali maschili
3. concezione del tempo, della vecchiaia, dell'immortalità e di Dio
4. forme e significati della preghiera
5. una vecchia aspirazione
6. personaggi che lo hanno influenzato

B. *Per ognuno dei seguenti personaggi formulare con parole proprie una descrizione fisica che corrisponda a quella presentata nell'intervista.*

1. Febo Mari, attore teatrale
2. Gualtiero Ripa, padrone di casa
3. il maestro Giovannini
4. Charlie Chaplin

C. Mettere al passato.

Fellini nasce a Rimini il 20 gennaio 1920. Suo padre, un brav'uomo di stampo antico, lo vuole avvocato, ma a scuola il ragazzo mostra una spiccata attitudine solo per il disegno: fa a malincuore le elementari dalle suore e in un collegio ecclesiastico. Fin da allora, gli spettacoli del circo affascinano Federico che una volta fugge di casa perché vuole vedere da vicino le zebre di un carrozzone ambulante. Termina gli studi ginnasiali a fatica e, come dice lui stesso in una vecchia intervista, a scuola va malissimo. È negato per la matematica e appena passabile in italiano, anche se scrive sempre benissimo, spesso dimostrando addirittura un talento da vero scrittore. Al liceo è appassionato di storia dell'arte, e inventa con i suoi compagni scherzi e burle che portano i professori alla disperazione. Intorno al 1937 fa la vita del «vitellone» e intanto aspira a diventare giornalista o a mettere insieme un negozietto di caricature. Dopo la licenza liceale, nel 1938 parte per Firenze dove la casa editrice Nerbini lo assume come collaboratore di un giornale satirico. Nella primavera dell'anno dopo si trasferisce a Roma per studiare giurisprudenza. C'è la guerra e per campare vende storielle e vignette al giornale *Marc'Aurelio*. Nel 1940 entra fisso al giornale per cui idea storielle umoristico-sentimentali di cui sono protagonisti due sposini, «Cico» e «Pallina». Queste hanno un successo tale che lo chiamano a raccontare le storie alla radio. In questo modo conosce Giulietta Masina, l'attrice che dà la voce a Pallina, e ben presto si sposano. Fellini trova la sua strada proprio attorno agli anni '40 quando comincia a preparare copioni per la radio e sistema soggetti e sceneggiature per il cinema.

D. Inserire, se occorre, la preposizione adatta.

1. Federico Fellini, da ragazzo, continuava ……… far burle e scherzi atroci a tutti.
2. Far ……… ridere la gente è sempre stata la sua più grande aspirazione.
3. A scuola, non riusciva ……… prendere bei voti in matematica.
4. E i suoi amici gli facevano ……… imitare il maestro.
5. Un giorno ha deciso ……… vivere la vita nomade della gente del circo.
6. Gli piaceva infatti ……… guardare gli spettacoli con i pagliacci colorati.
7. Era capace ……… dare spettacolo in mezzo alla strada come un buffone.
8. Poi ha smesso ……… fare follie e, dopo il liceo, si è messo ……… fare l'illustratore.
9. Si è stufato presto però ……… fare questo mestiere e ha cominciato ……… scrivere copioni per il cinema e la radio.
10. Ha cercato ……… raccontare le proprie fantasie in vari film.
11. Inoltre ha spesso aiutato attori e registi famosi ……… sistemare soggetti e sceneggiature.
12. Ancora non ha in programma ……… ritirarsi a vita privata.

E. *Mantenendo il senso, cambiare le frasi usando DA + un'espressione di tempo.*

   Esempio.   *F.F. ha cominciato a fare il regista negli anni '40 e gira ancora film. F.F.*
   fa il regista dagli anni '40. Oppure: F.F. gira film dagli anni '40.

1. F.F. ha incominciato a portare gli occhiali in terza media e li porta tuttora.
2. Ha iniziato a vivere a Roma nella primavera del '39 e ci abita ancora.
3. Si è messo a lavorare sodo quando ha finito la scuola e continua a farlo.
4. F.F. aveva incominciato ad avere l'influenza cinese tre giorni prima dell'intervista. Il giorno dell'intervista ancora aveva la febbre e il mal di mare.
5. Quando si era ammalato F.F. aveva incominciato a vestirsi da vecchio.
6. Hanno cominciato a parlare di F.F. illustratore un paio di anni fa e continuano a farlo.
7. Mi sono messa a collezionare vignette e disegni di F.F. sei anni fa e lo faccio ancora.
8. Che divertimento questo film di Fellini! Abbiamo incominciato a ridere alla prima battuta e ancora non abbiamo smesso.

F. *Completare opportunamente.*

1. Nel primo film a colori che ha girato, anche nella scelta dei colori per il suo pagliaccio, F.F. manteneva completa fede al suo amore per il circo. Infatti gli ha fatto indossare giacca e cravatta giall... .
2. Il clown portava cappello e calze ner... .
3. Le scarpe e i guanti erano verd... oliv... .
4. Attorno al collo aveva una sciarpa a righe arancion... cup..., verd... bottigli... e ross... fuoc... .
5. All'occhiello c'era un enorme fiore con petali e foglie giall... .
6. Inoltre aveva la faccia bianc... latte e sul naso una pallina ross... ciliegi... .
7. Per sé invece F.F. sceglie colori più neutri, con sfumature delicate, tipo il beige pann..., il grigio top..., il marrone castor..., il blu nott..., e tutt'al più un ross... ramat... .
8. Nella mia fotografia preferita F.F. porta una bombetta azzurr... cielo e un panciotto blu scur... .

G. *Scrivere un breve componimento su uno dei seguenti temi.*

1. Un film di Fellini che ti è/non ti è piaciuto. Motiva la tua scelta.
2. Gli attori cinematografici influenzano le mode e i comportamenti dei giovani. Illustra questo punto di vista servendoti di esempi.
3. Molti sostengono che l'avvento delle video cassette finirà col distruggere il piacere di andare al cinema. Esprimi il tuo parere facendo riferimento alla tua esperienza di vita quotidiana.

Lezione 11

SI È APERTA UNA NUOVA FASE DELLA RIVOLTA GIOVANILE!

FA IMPAZZIRE GLI ADULTI IL BAMBINO TELEMATICO

Ora è entrato in scena anche il Fbi e questa volta non per motivi cinematografici. Le ragioni sono molto serie: i ragazzi americani (quelli veramente intelligenti e dotati) hanno inserito i loro personal computer nei terminali alimentati dalla normale rete telefonica e sono riusciti a «leggere» i dati segreti custoditi nelle «memorie» delle banche, dei ministeri e delle direzioni generali dei colossi industriali. Si è parlato perfino di segreti militari e (come era logico) le smentite si sono sussueguite con ritmo frenetico, ma sta di fatto che le autorità di polizia sono in allarme di fronte a un fenomeno che nessuno aveva previsto. Quale? Quello del ragazzino che riesce a manovrare con intelligenza i congegni della microelettronica per ottenere risultati strabilianti.

Strabilianti ma anche potenzialmente pericolosi. È forse fortuita coincidenza che il fatto ricordato «esplode» poco dopo la presentazione del film americano *Wargames* di John Badham? Anche qui un ragazzino manovra i computer e mette in crisi i generali e i ministri che per un soffio riescono a scongiurare la conflagrazione mondiale. Come si vede, l'informatica e la telematica non sono innocenti come le caramelle.

Lo psicologo ritiene che queste notizie dovrebbero farci riflettere su un fenomeno che di regola sfugge alla nostra attenzione. Si tratta, per dirlo in soldoni, del rapporto tra le generazioni e più precisamente tra il mondo infantile e quello degli adulti. Se volessimo tentare una rapida sintesi panoramica di questi rapporti durante l'ultimo secolo, potremmo segnare le seguenti tappe.

All'inizio il bambino veniva rigorosamente escluso dal mondo dei grandi. Erano gli adulti a dominare, a tracciare strade e programmi per lo sviluppo del bambino e dell'adolescente. Solo alle soglie della maturità il giovane conquistava il diritto di allinearsi ai grandi. Nel periodo successivo è successo il contrario: la psicologia e la pedagogia hanno rivalutato l'infanzia e la psicanalisi ha codificato il tutto avvertendo che il destino dell'adulto appare rigorosamente condizionato dalle precoci esperienze infantili. Ecco il bambino sull'altare, ecco l'educazione permissiva e il nostalgico ritorno al paradiso della infanzia perduta e tenacemente sognata.

Ma il terzo atto ha portato scompiglio e panico. Dopo la seconda guerra mondiale *i teen-agers* sono partiti all'attacco e anche allora un film (*L'arancia meccanica*) ha funzionato da sirena d'allarme. L'adolescente crudele, irrispettoso e provocatore di fronte all'adulto sbigottito.

Con il quarto atto la scena cambia rapidamente. Il progresso scientifico e tecnologico mette nuovamente l'adulto in mostra: lo studioso, il programmatore, il tecnico sofisticato, il matematico, lo specialista in elettronica. Non sono e non possono essere ragazzi: ecco la rivincita dei grandi sugli scomodi *teen-agers*.

Ma ecco che con il quinto atto la scena muta d'improvviso. Questo nuovo complesso di dati scientifici e tecnici appare straordinariamente «disponibile» proprio per i ragazzi. Ecco i primi *video-games*, i compagni elettronici che culminano nei personal computers e domani avremo dei congegni che nessuno ora può neppure sospettare. Il risultato? Oggi i ragazzi possono gareggiare con il tecnico adulto, possono «giocare» con infinita abilità e intelligenza, possono suggerire programmi che rendono molto denaro (ci sono già i minori negli Stati Uniti che guadagnano somme favolose).

Il commento psicologico è ovvio. Siamo di fronte a una nuova fase della rivolta giovanile che è diversa da tutte le altre precedenti. Non sono più i ragazzacci tipo *Arancia meccanica* che oggi stanno per prendere il sopravvento. Sono i ragazzi intelligenti, dotati di iniziativa e di pre-parazione tecnica che si affacciano alla ribalta. Sono ragazzi che possono discutere con un ingegnere e con il professore di matematica. Sono i ragazzi che possono certamente combinare dei grossi guai (e valgano per tutte le notizie già ricordate, l'intervento della polizia federale americana, le perquisizioni nei laboratori privati di questi adolescenti).

E domani? Cominciamo con una *mea culpa*. Le menti più «eccelse» non hanno saputo prevedere proprio niente. Ci siamo talmente inebriati di trionfi tecnologici che non abbiamo pensato neppure per un attimo alle conseguenze psico-sociali delle nostre strabilianti invenzioni. E viene perfino da ridere. Siamo nell'epoca dei programmatori e non abbiamo previsto la conclusione dei programmi suggeriti. Purtroppo, è un riso molto amaro. Il meno che si possa dire, è che stiamo assistendo a una nuova e pericolosa rottura tra giovani e adulti. Che faccia faranno i profeti della evoluzione sociale dolce e armoniosa?

ANTONIO MIOTTO, *Giornale di Brescia*, 20 ottobre 1983

A. Rispondere alle domande che seguono.

1. Quali sono i due gruppi di persone che si trovano schierati l'uno contro l'altro in America?
2. Perché sono strabilianti i risultati ottenuti manovrando con intelligenza i congegni della microelettronica?
3. Perché possono essere pericolosi?
4. Nella storia dei rapporti fra adulti e bambini quali sono le cinque tappe individuate dall'articolo ed a quali periodi dell'ultimo secolo corrispondono secondo te?
5. Perché è oggi amaro il sorriso degli adulti?

B. *Spiegare in italiano con l'aiuto del vocabolario le seguenti parole nei significati del testo.*

1. smentite
2. strabilianti
3. scongiurare
4. caramelle
5. soglie
6. tenacemente
7. scompiglio
8. congegni
9. gareggiare
10. si affacciano
11. inebriati
12. rottura

C. *Dare il contrario.*

1. Le ragioni molto <u>serie</u>
2. I ragazzi <u>veramente</u> dotati
3. I dati <u>segreti</u> delle memorie
4. Alcuni risultati <u>pericolosi</u>
5. Le <u>seguenti</u> tappe
6. È successo <u>il contrario</u>
7. L'educazione <u>permissiva</u>
8. Una guerra <u>mondiale</u>
9. I bambini sono <u>rigorosamente</u> esclusi
10. Guadagnano somme <u>favolose</u>
11. Il commento è <u>ovvio</u>
12. Pieni di <u>iniziativa</u>

D. *Collocare al posto opportuno gli avverbi o le locuzioni avverbiali fra parentesi.*

1. (ingegnosamente) - Ragazzini americani abili coi computer sono riusciti a penetrare i segreti delle banche, dei ministeri e delle grosse aziende.
2. (anche) - Oltre che di segreti bancari e industriali si è parlato di segreti militari.
3. (solamente) - Certo che da parte dei ragazzini l'intelligenza non basta.
4. (anche, persino) - Ci vuole determinazione, e ostinazione.
5. (non solo, ma anche) - Nel film americano Wargames e nella realtà un ragazzino manovrando i computer mette in crisi generali e ministri.
6. (di regola) - L'arte imita la vita e non viceversa.
7. (solo, permissivamente) - Si pensava una volta che se i bambini potessero essere inquadrati da una rigida disciplina, tutti i mali del mondo

sarebbero scomparsi. D'altra parte non si può dire che senza disciplina si ottengano risultati migliori.

8. (allora, inevitabilmente) - Qual'è la conclusione che si deve tirare? Viene sempre il momento in cui i grandi devono accettare le conseguenze dell'educazione che hanno dato ai piccoli.

E. *Completare le seguenti proposizioni scegliendo opportunamente fra queste locuzioni avverbiali:*

sodo, a dirotto, assolutamente, pezzo a pezzo, a quattro palmenti, a mano a mano, uscio ad uscio, a due a due, molto, all'improvviso.

1. Oggi i ragazzini non si sfogano più mangiando dolci .... , ma si buttano invece sui video-games. E poi non devono più neppure giocare insieme, almeno .... ; adesso giocano da soli, isolati.

2. Qualche volta magari imparano a smontare .... quegli incredibili aggeggi elettronici, e allora possono anche rendersi utili in casa.

3. .... che aumentano le macchine elettroniche, diminuiscono i posti di lavoro negli uffici.

4. Chi l'avrebbe mai detto che il ragazzetto che viveva .... con noi dove abitavamo prima sarebbe diventato un espertissimo tecnico? Eppure ha studiato .... e lavorato .... e ce l'ha fatta.

5. Si penserebbe che i video-games in casa venissero sfruttati solo quando fuori piove .... , ma non è .... così.

6. L'uso dei video-games è scoppiato ....

F. *Usare il condizionale (presente o passato) per attenuare le affermazioni o rendere più cortesi i suggerimenti e le richieste che seguono.*

Esempio. Voglio comprarmi un videogioco. Che problema! Dovete vedere quanti ce ne sono sul mercato.
Vorrei comprarmi un videogioco. Che problema! Dovreste vedere quanti ce ne sono sul mercato.

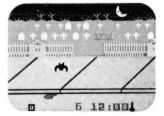  

La videoteca

1. Moltissimi italiani <u>hanno rifornito</u> la loro casa con una ricca videoteca composta dai giochi più sofisticati.
2. Secondo un'inchiesta non meglio identificata, in Italia, almeno trecentomila televisori <u>sono stati attrezzati</u> per i videogiochi e <u>sono stati spesi</u> duecento miliardi. In tutto il mondo <u>si è raggiunta</u> la cifra di quindicimila miliardi.
3. Una folta pattuglia di videogiochi <u>avanza</u> baldanzosa: per costruire infinite varianti di una storia, <u>basta</u> schiacciare un pulsante e trame complesse ed intricate <u>si compongono</u> sullo schermo con immagini sempre mutevoli.
4. Ad ogni nuovo gioco in circolazione, un notevole numero di teledipendenti <u>viene sottratto</u> alla visione di programmi tradizionali e <u>impugna</u> il pulsante magico.
5. <u>Voglio</u> anch'io far parte di questo esercito, e <u>mi arrendo</u> alla nuova moda tecnologica, ormai stanco delle preghiere insistenti dei miei figli: «Papà, ci <u>compri</u> il videogioco degli squali?»
6. A quanto pare, ci <u>hanno giocato</u> a casa di amici, e, secondo loro, <u>hanno vissuto</u> un'appassionante avventura negli abissi degli oceani, che effetti sonori speciali <u>hanno reso</u> addirittura unica.
7. Il giocatore manovra un pesciolino giallo che <u>deve</u> badare a non farsi divorare da un'affollata popolazione di pescecani. Ma, a sua volta, si <u>nutre</u> di pesci della sua grandezza e così <u>diventa</u> sempre più grande, forte e temibile.
8. Così <u>prende</u> il coraggio di affrontare anche il terribile predatore degli oceani che, sullo schermo, <u>ricorda</u> le sequenze più riuscite di «Lo squalo».
9. Non so se mia moglie <u>condivida</u> il loro entusiasmo. Lei <u>preferisce</u> il gioco «Discesa libera in sci», perché, all'inizio, si <u>scrive</u> il proprio nome sul cartello elettronico a fondo campo tra quelli degli sfidanti. Questo le <u>fa</u> sentire i brividi d'emozione che non prova davvero sul suo prudente slittino.

10. Invece a me <u>piace</u> rivivere vecchie emozioni di tifo sportivo e mi <u>compro</u> quello del calcio. Dovete vedere come sono verosimili le partite! Giocando, <u>risentite</u> anche l'urlo della folla e il tonfo della palla contro il piede del giocatore. <u>Sembra</u> di essere allo stadio!

G. *Preparare una discussione sui seguenti argomenti.*

1. Le macchine permettono di risparmiare mano d'opera.
2. Intelligenza e stupidità dei computer.
3. L'industria elettronica, gran livellatrice delle varietà regionali e nazionali.

Lezione 12

NEL MONDO DEI GEPPETTI

Per molti il bricolage è anche riscoprire se stessi.
E il mercato li aiuta

C'è l'avvocato che smette la toga e impugna il trapano, c'è l'attore che fra un ciak e l'altro si rilassa lavorando di pialla, c'è il professore che si ritempra piantando chiodi e c'è perfino la signora-manager che durante la settimana amministra con grinta una società e nei week-end si tuffa nell'arte della falegnameria. Sono gli appassionati del "fai da te", i sacerdoti di uno dei "cult-hobby" più in voga, il bricolage.

Il loro regno sono i negozi di ferramenta e le rivendite di legno, dove si precipitano appena riescono a ritagliare un momento libero, dove si aggirano con competenza quasi professionale, chiamando per nome i commessi, rimbrottando o ringraziando i proprietari per un cattivo consiglio o per un suggerimento prezioso.

Parlano e si muovono con un fare tale da rendere plausibile il sospetto che la loro sia ben più che una passione da week-end, un semplice passatempo. Eppure la differenza rispetto a chi acquista trapani, martelli o legno per uso professionale è abissale. Loro, gli hobbisti convinti, gli inguaribili del bricolage, soprattutto quelli temprati da anni di militanza nel "fai da te", entrano in questo mondo come i bambini entrerebbero nel Paese dei balocchi. Fanno scorrere lo sguardo lungo gli scaffali stracolmi di "delizie" tutte da scoprire, provano piacere ad ammirare il tripudio di utensili elettrici o manuali che trionfano sui ripiani dei grandi magazzini, o si inebriano inseguendo con l'olfatto i profumi del legno.

Con ogni strumento, con ogni oggetto di ferramenta, l'hobbista costruisce una sorta di "storia d'amore". Al "colpo di fulmine" complice l'occhio, il suggerimento di un amico o l'occhiata invidiosa al vicino più esperto, segue una piccola "inchiesta" presso il rivenditore di fiducia, una sorta di corteggiamento, quindi un po' di titubanza e infine l'acquisto, preludio di una vera e propria "luna di miele", la "full immersion", un week-end di "intimità" non-stop.

E tutto questo non sembri una sorta di follia che colpisce pochi. Il bricolage, e in particolare la passione per la lavorazione amatoriale del legno colpisce un numero sempre più elevato di persone in Italia e in tutta Europa.

Uno studio condotto recentemente in otto paesi europei ha rivelato che il mercato del "fai da te" poteva essere valutabile nel 1988 intorno ai 28 mila miliardi e quest'anno addirittura intorno ai 40 mila miliardi. Soltanto in Italia si possono contare circa otto milioni di interessati al settore, con una percentuale abbastanza corposa, e in continuo incremento, di donne.

E se il gradimento italiano nei confronti del bricolage può essere considerato già abbastanza forte, le percentuali europee sono ancora più rivelatrici di una netta crescita di interesse nei confronti del "fai da te". Il che non può che far prevedere anche per l'Italia un'ulteriore crescita negli anni a venire: sempre secondo la stessa indagine, infatti, sembra non si possa escludere che in tempi brevi gli appassionati del bricolage in Italia possano diventare addirittura venti milioni. Un vero esercito dunque.

Ma in quali "armi" militano e militeranno gli "aficionados" del brico? Fra le star del firmamento del "fai da te" una posizione di tutto rispetto è occupata dal legno.

Proprio per venire incontro a quanti amano lavorare il legno, le aziende stanno cercando di studiare migliori tipologie di assortimento che oltre a "tentare" da un punto di vista estetico non esigano da parte del cliente una competenza professionale. Le aziende produttrici, insomma, stanno cercando di offrire, oltre alle materie prime (pannelli, legno massiccio) anche elementi che con piccoli interventi di montaggio possano esaudire le varie richieste di arredamento d'interni e da giardino.

Il mercato insomma si sta facendo sempre più comprensivo verso le esigenze peculiari dell'hobbista italiano che ha bisogni particolari, differenziati rispetto al "collega" nord europeo. Le soluzioni offerte in Italia devono infatti tenere conto della diversa situazione urbanistica dell'Italia rispetto al resto d'Europa. Contrariamente a quanto avviene all'estero, dove le abitazioni monofamiliari sono molto più diffuse, in Italia l'abitazione tipo è quella condominiale dove necessariamente le possibilità di eseguire lavori di bricolage impegnativi sono più limitate a causa delle esigenze di convivenza con i vicini. Ecco allora che il mercato offre delle soluzioni di semplice montaggio, che lascino libero spazio alla creatività senza richiedere competenze troppo professionali e soprattutto senza presupporre condizioni e spazi difficilmente rintracciabili in Italia.

In questa ottica fra le soluzioni più gettonate per quanto riguarda la falegnameria "fai da te" da interni va sicuramente ricordata quella offerta dai sistemi componibili che grazie alla razionalità e alla funzionalità del progetto, consentono una facile realizzazione di arredamenti per tutti gli ambienti della casa e dell'ufficio. La semplice composizione di questi sistemi e il cosiddetto "montaggio invisibile", che offre effetti estetici notevoli, permettono davvero a tutti di progettare e soprattutto realizzare congeniali soluzioni di arredamento.

Uno dei settori da segnalare, sempre nell'ambito del bricolage e della lavorazione del legno, e che negli ultimi anni ha avuto un vero e proprio boom, è l'arredamento del "verde", del giardino, del terrazzo, della veranda. Il mercato offre un assortimento vastissimo di pannelli componibili atti a rispondere a tutte le esigenze di recinzione, e di separazione degli spazi o semplicemente di abbellimento delle aree circostanti le abitazioni. A questi elementi si aggiungono poi pezzi di arredo veri e propri, dai patii alle pergole, fino alle fioriere, alle panchine, ai giochi per bambini. Il tutto rigorosamente componibile e a portata di qualunque trapano.

Servizio a cura delle P.R. Manzoni Pubblicità, *La Repubblica*, 29 marzo 1992

A. *Elencate tutti i mestieri e le professioni che trovate nel testo.*

B. *Elencate le manifestazioni di entusiasmo cui si lasciano andare i cultori del fai-da-te nei negozi di bricolage.*

C. *Date qualche informazione relativa all'Italia.*

Quanti sono gli appassionati del fai-da-te?
Ci sono donne?
Quali sono le previsioni per il futuro?

D. *Individuate le esigenze peculiari dell'hobbista italiano rispetto al collega nordeuropeo.*

E. *Specificate la soluzione offerta dal mercato alle peculiari esigenze italiane.*

F. *Essendo un testo pubblicitario, la lettura riportata qui sopra ovviamente non menziona i lati negativi del fai-da-te. Secondo voi, invece, quali potrebbero essere?*

G. *Secondo voi, perché i praticanti del fai-da-te usano di preferenza il legno e le vernici e solo in misura notevolmente inferiore i metalli e la plastica?*

H. *Con l'aiuto del vocabolario trovate il nome degli attrezzi raffigurati nella figura.*

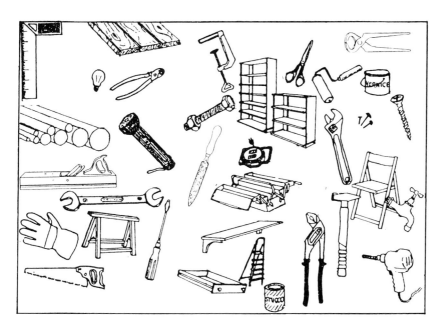

I. *Abbinate le espressioni elencate qui sotto ai consigli e suggerimenti offerti ai clienti da uno zelante commesso.*

> a. *«Per carità, non esageri!»*
> b. *«Magari fosse vero!»*
> c. *«E vada per un kit!»*
> d. *«Purché rimanga dello spazio!»*
> e. *«Ho già provato: sapesse che lavoraccio!»*
> f. *«Che vada meglio qualcosa di più autentico!»*

1. «Signora, per la sala da pranzo, perché non si lascia tentare da questo tavolo componibile da mettere su in quattro e quattr'otto?»
2. «Senta, le suggerisco questa vernice portentosa. È così facile da dare che farà di Lei un grande artista.»
3. «Guardi, avvocato, che comprando questo kit, può farsi un mobile su misura che si addice perfettamente allo studio di un professionista. Glielo raccomando.»
4. «Perché non aggiungete del verde alla vostra terrazza? Non so, abbellitela con delle fioriere e una pergola.»
5. «Il sifone del water perde e non riesce a trovare un idraulico che glielo ripari? Provi a farlo da sé.»
6. «Con pochi tocchi di bricolage, il Suo monolocale diventerà un ambiente raffinato, funzionale e moderno. Dia retta a me.»

L. *Rispondete completando le seguenti frasi.*

Esempio. *«Ti aiuto a cambiare la carta da parati?»*
 «Purché tu sia bravo».

1. «Hai quell'aggeggio che serve a scollare dal muro la carta vecchia?
   Bisogna assolutamente che la cambi in camera da letto. È in condizioni
   pietose».
   Magari …
2. «Ridipingiamo le pareti del salotto?»
   A meno che …
3. «Vieni ad aiutarmi domenica col mio nuovo bagno? Lo vorrei ripiastrellare di
   verde».
   Purché …
4. «Se mi aiuti ad aggiustare la macchina, ti prometto che vengo domani sera ad
   aggiustarti le scarpe».
   Purché …
5. «Prima di passare la prima mano di vernice, metto uno strato di giornali per
   terra».
   A patto che …
6. «Da ragazzina m'hanno obbligata ad imparare a cucire a macchina».
   Magari …

— Non trovate, signora, che al
signore dona molto, quel colore?

M. Inserite BENE, BELLO, BRAVO e BUONO opportunamente accordati.

Quando si entra in un appartamento nuovo si trova, quasi invariabilmente, il
bagno perfettamente piastrellato, ma privo di accessori.

    LUI A LEI: «Sarebbe ………………………………… che tu andassi a vedere
che cosa c'hanno in quel ………………………………… negozio grande di via
Cavour. Mi pareva di averci visto qualcosa di ………………………………… Mi
raccomando d'essere ………………………………… e di prendere anche le
misure di quello che ti pare ………………………………… , altrimenti si finisce

con accessori .... che non stanno affatto ....
.... Oggi non ci sono operai .... a
.... mercato. La mano d'opera, ...
.... o cattiva, non costa meno di 15-20 mila lire all'ora.

Un .... portasapone costa circa 20 mila. Per inserirlo nel muro, fra rottura .... fatta della piastrella, scavo della nicchia, posa e cementatura ci vogliono almeno due ore.

Fai la .... , guarda ....
anche in libreria e comprami un .... manuale. So di non essere .... , ma potremo risparmiare centinaia di migliaia di lire con portacarta, mensole, porta asciugamani, ecc. Senza dire che un .... manuale serve anche per imparare ....
.... a cambiare la guarnizione dei rubinetti che gocciolano.

Che bello! Se diventiamo .... , non spendiamo più come quei .... a nulla dei tuoi fratelli che pagano fior di quattrini per farsi fare tutto.

— Beh, sai, è così difficile, al giorno d'oggi, far venire un idraulico...

N. *Rispondete alla seguente lettera che da una lettrice è giunta ad un settimanale femminile.*

Siamo una giovane coppia trentenne con una bambina di sei anni. Da quando mio marito si dedica all'hobby della falegnameria, la pace è scomparsa dalla nostra casa. Si vive fra trucioli, seghe, chiodi, martelli, eccetera, sparsi un po' dappertutto, sebbene egli abbia una stanza tutta sua, il nostro ex tinello, attrezzato a laboratorio. Mio marito si è messo in testa di rifare gran parte dei nostri mobili e, approfittando di una mia breve assenza , ha venduto il salotto (in bel noce, di Cantù, parte della mia dote) per rimpiazzarlo con dei mobili che va costruendo e che a me sembrano scatoloni a cassetti. Finito questo lavoro, ha già annunciato che provvederà alla coloritura dei suoi capolavori e prevedo un'aggiunta di confusione e sporcizia. Mia madre (indignata per la vendita del salotto) mi consiglia di minacciarlo di andarmene di casa con la bambina (potrebbe ospitarci provvisoriamente). Ma se durante la mia assenza lui ne approfittasse per disfarsi anche della nostra bella camera da letto? Insomma non so decidermi e mi rivolgo al suo ben noto buon senso.

O. NEGRO, *Spotlight on Italian*, Pan Books, London 1981

— Mio marito ha l'hobby dei lavori da falegname!

Lezione 13

TIC & TABÙ

La parola "stronzo", che come gramigna s'è sparsa in tutta Italia, ha come la gramigna distrutto ogni vicina erba lessicale. Sinonimi, voci omologhe, e vocaboli di vaga parentela, sono scomparsi, uccisi da questo termine meridionale e prepotente, aggressivo e offensivo, violento come un pugno. Bambini, anziani, sacerdoti, annunciatrici, tutti semplificano le loro capacità descrittive in quest'unica parola, che non ha sfumature né ironia, e che in fondo non significa nulla, al di fuori della sua etimologia fecale. Desueti ormai "fesso", "frescone" e simili; il dizionario è impoverito.

"Fesso", che ha avuto il suo massimo splendore negli anni Trenta (il "fesso d'oro" del "Bertoldo"), era termine gentile e ironico, rappresentava lo sciocco inoffensivo, il cretino divertente, con una sfumatura di patetico. "Che fesso", si diceva bonariamente. A differenza dello "stronzo", che si manifesta nell'azione (lo stronzo è pragmatico, egli non può non agire, e i suoi gesti lo rivelano) il fesso poteva vegetare chiuso nella sua fessaggine, anche all'insaputa degli altri. Lo stronzo si può definire un fesso allo stato dinamico, ed è figlio dell'epoca nostra; è contemporaneo delle motociclette e delle vetture formula uno, delle discoteche e dei mangianastri, lo si direbbe un prodotto industriale, come il fesso nasceva dalla semplicità contadina.

Il fesso poteva anche frequentare dei non fessi, ed avere per costoro una rispettosa stima; lo stronzo invece tende ad associarsi ai suoi simili per aumentare

la sua potenza (che inconsciamente avverte come fittizia) con più violente azioni, chiassate e oltraggi: in fondo lo stronzo è un nemico della società, che non capisce (non ne comprende i lineamenti storici) e solo nel disordine può sopravvivere. Una comunità di fessi è possibile, anzi ne esistono già, ma una nazione di stronzi è inconcepibile, sarebbe un continuo ribollire senza scopo (e qui si potrebbe fare qualche utile osservazione sull'odierna situazione italiana).

"Frescone" era voce soprattutto romana, eufemismo da "fregnone" (corrispondente al "mona" veneto), e significava un fesso più appariscente, un fesso che fin dalla faccia svelava la sua inadeguatezza: "faccia da frescone". Il frescone era tonto, condannato a prendere fregature. Un fesso poteva anche commettere truffe e soperchierie, ma un frescone non poteva che subirle. Come tutti i predestinati, il frescone sottolineava la sua fresconaggine fin dall'abbigliamento; i suoi abiti preferiti erano quelli da "gagà", cappello a caciottina e scarpe col "carro armato", il suo andamento dinoccolato, un vago sorriso in faccia. Il frescone era inoffensivo, preso più che altro da problemi di moda e simili; poteva essere dannoso col suo comportamento idiota. Chiaro che un impiegato frescone era peggio, per una ditta, d'un impiegato fesso. Si poteva anche non essere sempre fresconi, ma saltuariamente, in certi momenti negativi: «ti sei comportato da frescone»; «scusami, sono stato un frescone», ecc.

La definizione crea l'individuo, la parola determina l'azione. Quando si parlava di "fessi" e di "fresconi", si assisté ad un moltiplicarsi di costoro; il conformismo, l'innata ubbidienza dell'uomo, portarono a un adeguamento, a un'identificazione. Molti, contagiati dal "fesso d'oro" e dal "gagà che aveva detto agli amici", assunsero senza sapere le sembianze e la mentalità di quei prototipi. Oggi, che si urla "stronzo!" ad ogni pie' sospinto, gli stronzi stanno effettivamente diventando legione; forse ogni volta che si grida: "stronzo", ne nasce uno, quasi per diabolica malia. Come per "L'apprendista stregone" edizione Walt Disney si è azionato un meccanismo irreversibile, Topolino non controlla più i secchi d'acqua che si moltiplicano all'infinito. Ma, nel nostro caso, si rischia d'essere sommersi non precisamente dall'acqua.

BERNARDINO ZAPPONI, *L'Espresso*, 19 luglio 1981.

A. Dare il sostantivo.

1. stupido
2. stronzo
3. fesso
4. sciocco
5. cretino

6. idiota
7. tonto
8. frescone
9. imbecille
10. scemo

B. Collocare in ordine crescente i seguenti avverbi o locuzioni avverbiali, incominciando da MAI e finendo con SEMPRE.

costantemente, ad ogni pie' sospinto, assiduamente, alquanto spesso, ogni tanto, saltuariamente, ogni morte di papa.

C. *Dare l'aggettivo.*

1. il lessico
2. le feci
3. l'etimologia
4. la prassi
5. la potenza

6. l'inadeguatezza
7. l'oggi
8. l'offesa
9. il danno
10. l'ubbidienza

D. *Rintracciare nel testo i termini che corrispondano alle seguenti spiegazioni.*

1. malerba
2. corrispondente
3. vincolo che unisce persone discendenti da un ascendente comune
4. passaggio di tono dal chiaro allo scuro
5. prepotenza, atto arrogante
6. istintivo, che si possiede per natura
7. contaminato, corrotto
8. aspetto, lineamenti

E. *Trovare un'espressione equivalente a quella sottolineata.*

1. «Che fesso» si diceva <u>bonariamente</u>.
2. Il fesso poteva vegetare nella fessaggine anche <u>all'insaputa degli altri</u>.
3. È contemporaneo delle motociclette e delle <u>vetture formula uno</u>, delle discoteche e dei <u>mangianastri</u>.
4. Il fesso poteva anche frequentare dei non fessi ed avere per costoro <u>rispettosa stima</u>.
5. Aumenta la potenza con azioni violente, <u>chiassate</u> e <u>oltraggi</u>.
6. Un fesso fin dalla faccia <u>svelava</u> la sua inadeguatezza.
7. Un fesso poteva commettere <u>truffe</u>, ma un frescone non poteva che <u>subirle</u>.
8. Molti, <u>contagiati</u> dal fesso d'oro, assunsero le sue sembianze.

F. Volgere gli infiniti al tempo e modo appropriato.

Lo «stronzo»

Pare proprio che il termine «stronzo» SPARGERSI ....
in tutta Italia e che, come la gramigna, DISTRUGGERE ....
ogni vicina erba lessicale. Sembra anche che sinonimi, voci omologhe,
e vocaboli di vaga parentela SCOMPARIRE .... , che ESSERE
.... uccisi da questo termine meridionale prepotente e
violento.

Pare che «stronzo» INDICARE .... un tipo pragmatico
e attivo e che, nato nella nostra epoca, ESSERE .... il risultato dell'industria moderna.

È probabile che lo stronzo FREQUENTARE .... gente
simile a lui o che ASSOCIARSI .... a loro per essere più
evidente e sembra che VIVERE .... meglio nel disordine.

Si ha l'impressione che d'un tratto il vocabolario IMPOVERIRSI
.... dato che tutti PREFERIRE .... questo termine ad altri e lo USARE .... in tutte le occasioni e a tutti
i livelli. Insomma è una moda che sembra che CONTAGIARE
.... tutti e che si teme che MOLTIPLICARSI ....
senza controllo.

Si nota che il turpiloquio TRASFORMARE .... le abitudini linguistiche degli italiani. È facile osservare che giovani e vecchi,
uomini e donne, personaggi noti e no, PRONUNCIARE ....
parole volgari con estrema disinvoltura. È certo che, fino ad alcuni anni
fa, la gente AVERE .... più inibizioni nello scegliere un lessico licenzioso, soprattutto in pubblico, ma è sicuro che la stessa gente
attualmente SUPERARE .... la vergogna e che, in un prossimo futuro, le regole linguistiche DIVENTARE .... più elastiche.

Tuttavia è chiaro che l'indulgere al turpiloquio IMPOVERIRE
.... le capacità espressive di una lingua ed è ovvio che
BISOGNARE .... intervenire a frenare gli abusi.

Il «fesso»

Non sapevo cosa SIGNIFICARE .... nel passato il termine «fesso» e ignoravo che AVERE .... il suo massimo splen-

dore negli anni trenta. Pensavo che ESSERE ....
semplicemente un termine inoffensivo per indicare uno sciocco. Non
credevo che NASCERE .... dalla semplicità contadina.

    Infine non avevo mai pensato al fatto che il fesso non VIVERE
.... in comunità. Anzi, cro dell'opinione che ESSERCENE
.... sempre tanti e PROLIFICARE .... in colonia.

    In conclusione, quando ho cominciato a leggere il brano non credevo
che POTERE .... essere così illuminante.

G. Inserire nel seguente paragrafo le espressioni sotto elencate.

può darsi che	*è risaputo che*	*è noto che*
pare che	*si sa che*	*è sicuro che*
sembra che	*è probabile che*	*è certo che*

Il «frescone»

.... «frescone» era una voce soprattutto romana.
.... sia un eufemismo di «fregnone» e ....
significasse un fesso appariscente. .... il frescone era tonto, condannato a prendere delle fregature.

    Come tutti i predestinati, ... sottolineava la sua fre-
sconaggine nel modo di vestire. Infatti .... indossava abiti
da gagà, cappello a caciottina e scarpe grosse. .... il suo
andamento fosse dinoccolato a volte, ma .... portava sempre un vago sorriso in faccia. .... si comportasse da frescone non sempre, ma solo a volte.

H. Rispondere alle domande, seguendo l'esempio dato.

Esempio. Hai mai sentito la parola c...? (volgare)
    <u>Sì, è la parola più volgare che abbia mai sentito.</u>

  1. Hai mai usato il termine «stronzo»? (volgare)
  2. Hai mai pronunciato la parola «precipitevolissimevolmente»? (lunga)
  3. Hai mai letto un articolo simile? (insulso)
  4. Avete mai letto la storia di Emanuelle O? (oscena)
  5. Hai mai visto il film porno «Venere nuda»? (di cattivo gusto)
  6. Avete mai sentito il gergo dei giovani? (incomprensibile)

I. *Formulare e motivare la propria preferenza per uno dei tre tipi del brano (stronzo, fesso, frescone), nei seguenti ruoli.*

— come tuo insegnante
— come tuo socio d'affari
— come tuo rivale in amore
— come tuo compagno di stanza

L. *Come pensi si possa comportare e vestire uno stronzo / un fesso / un frescone nelle seguenti situazioni?*

— tradimento da parte della propria donna/partner
— grossa vincita al totocalcio
— bocciatura all'esame di guida
— intervista per un lavoro importante
— incontro importante o galante

M. *Cercare una notizia di cronaca poco convincente o troppo sensazionale e riferirla iniziando con PARE CHE / SI DICE / o simili.*

Lezione 14

«SIAMO GIOVANI DI 60 ANNI»

Spendaccioni e un po' narcisi così i 'senior' si godono la vita

MILANO - Lo spot è bello, realistico ma anche tristissimo: un nonno osserva con dignitosa amarezza la partenza del figlio e soprattutto dei nipotini. Vanno in vacanza, a divertirsi. Lo lasciano solo, a casa. Il vecchio stringe in mano un foglietto, sopra c'è scritto in stampatello, con grafia un poco incerta, «volevamo portarti con noi, ma loro non vogliono». L'auto si allontana, la famiglia si divide. Girato in bianco e nero, lo spot patrocinato dalla presidenza del Consiglio, reclama più attenzione al «pianeta anziani» da parte degli altri. Fra due anni, infatti, gli ultrasessantenni saranno il 15 per cento della popolazione italiana. Ed è fra di essi che cresce il mal di vivere: la terza età è purtroppo anche l'età in cui ci si suicida di più.

Ma quest'immagine da universo perduto, senza speranza, che evoca sensi di colpa collettivi, forse non è più attuale. L'esorcizza tutto un fiorire di inchieste, indagini demoscopiche, ricerche e rapporti in cui si tratteggiano figure di arzilli «nuovi anziani», attivi ed impegnatissimi spendaccioni. Viaggiano, fanno sport, sono narcisi, si divertono, si amano. Tan-

to spendaccioni che le previsioni, secondo la Fondazione Agnelli (l'Atlante di Futurama, *ndr*), parlano di una capacità di assorbimento di oltre il 25 per cento dei consumi nazionali nell'ormai imminente anno Duemila. La mutazione demografica subita dall'Italia ha cominciato a solleticare ovviamente industria e commercio.

Così nascono ricerche come «Viaggio intorno agli anni sessanta» nel senso di età della pensione. Ultimo brillante titolo della più recente indagine «di carattere sociale generale che ha lo scopo di esaminare approfondimenti» le potenzialità del «consumatore *senior*». L'ha presentata ieri sera a Milano la McKann-Erickson, uno dei giganti mondiali della pubblicità. Il solito campione rappresentativo (mille interviste, 45 per cento di celibi o nubili, sensibile equilibrio per le scelte delle fasce d'età, per i criteri geografici e urbani).

Bisogni insoddisfatti

L'analisi della ricerca ha ribadito quel che è già stato rilevato negli Stati Uniti, pionieri del fenomeno, e in Francia (è di qualche mese fa il significativo convegno di Parigi «La miniera d'oro non scoperta»): il gruppo sociale degli anziani ha tutta una serie di bisogni e richieste che sono ancora oggi lontani dall'essere soddisfatti. La stessa difficoltà a dare «un senso alla vita in termini di utilità sociale, produttiva e familiare», scrivono quelli della McKann, «nasce dal fatto che ad un numero sempre maggiore di anziani in buone condizioni di salute, con una prospettiva di vita più lunga che in passato, desiderosi di rapporti sociali ed ansiosi di soddisfare esigenze di carattere culturale, corrisponde un numero sempre maggiore di anziani che non lavorano (per il progressivo abbassamento dell'età pensionistica), spesso privi di una funzione familiare.

Questo malessere sociale si traduce immediatamente nel rinnegare la propria età anagrafica: gran parte degli intervistati afferma di non sentirsi affatto «anziano», di sentirsi ancora come se avesse vent'anni. Lo stereotipo del sessantenne di ieri è fortemente differenziato da quello di oggi. La nonna d'un tempo tutta casa e chiesa, oggi ha «tantissimi interessi». Era poco curata, oggi spende parecchio per apparire giovanile. Se la vita era difficile, una volta, oggi c'è un indubbio benessere diffuso. Così come l'uomo; a sessant'anni, cerca di mantenersi in forma, fa sport, legge, si informa. Unico neo: gli anziani erano più rispettati, nelle nuove generazioni questo rispetto sta mancando. Serenità, maggiori disponibilità economiche, appagamenti di carattere culturale e sociale: godere i «piccoli piaceri della vita quotidiana», l'ipervalutazione dei sessant'anni si concretizza in valori non più strettamente connessi alla necessità di sopravvivere. Non a caso, l'85 per cento degli anziani intervistati ha ammesso che gli piace avere sempre qualcosa da fare (il 25 per cento ha però confessato che a volte non ha nulla da fare) e solo il 13 per cento si annoia, passando la maggior parte del tempo in assoluto riposo.

Socialità, socialità sembra essere lo slogan di questi anziani velleitari: l'84 per cento non ha rimpianti per il passato, «ogni età della vita ha i suoi lati belli», dicono questi ragazzi di ieri, tant'è che il 64 per cento continua a comportarsi come sempre e con lo stesso spirito di sempre. Il 77 per cento ama stare con gli amici, a contatto con le altre persone. I lupi solitari sono soltanto il 18 per cento. Il 28 per cento, tuttavia, constata di «sentirsi spesso triste», forse perché la vita «oggi è troppo frenetica» (60 per cento), forse perché «è difficile capirsi coi giovani di oggi» (40 per cento).

Gli energici e i depressi

Lo scorrere del tempo porta malinconia, eppure il 54 per cento «gode più di un tempo dei piccoli piaceri», anche se c'è un 40 per cento che non fa caso al tempo che passa e un 39 per cento ha improvvisi guizzi faustiani. La tentazione di schedare quest'universo in categorie, la McKann non l'ha saputa dominare. Ecco i nostri vecchi divisi in cinque caste: gli energici (20,9 per cento); gli attivi (19,1); i sereni (14,7); i passivi (22,3); i depressi (22,9). Fra i passivi prevalgono nettamente le donne, di ogni età considerata: e sono di classe sociale media, con diploma elementare o neppure quello, quasi tutte in pensione, con redditi medio-bassi, risiedono nell'Italia del Nord-Ovest. E sono donne, per la maggior parte, i depressi, specie quelle che hanno fra i 65 e i 69 anni, con una forte concentrazione fra le vedove.

Ma l'84 per cento esprime soddisfazione per i rapporti con gli altri. Il 79 non si lamenta dell'abitazione né dei rapporti coi figli, il 77 accetta serenamente quel che passa il convento (il 70 accetta la situazione economica), il 68 per cento è soddisfatto della propria età, il 66 per cento dei rapporti con il coniuge, il 65 per cento apprezza salute e forma fisica.

Basta non essere né rinunciatari, né pigri, né egoisti, spiegano gli *over 60,* per vincere il declino fisico e psichico ci si deve curar molto di come si è e di che cosa si ha in testa. La cura di sé è la prima cosa, dicono in coro le donne, salvo poi scoprire che la vanità colpisce in pari misura uomini e donne, sensibili come non mai al *look.* La strategia del vecchio è in fondo quella di continuare a sentirsi giovane, a non abbandonare né interessi né attività e se non ci sono, ad inventarsene di nuovi. Ed è qui che gli gnomi del commercio intendono dragare.

LEONARDO COEN, *La Repubblica,*
29 novembre 1990

A. *Rispondere alle seguenti domande sul testo.*

1. Lo spot patrocinato dalla Presidenza del Consiglio è attuale? Perché?
2. In quali attività sono impegnati i «nuovi anziani»?
3. Perché l'industria e il commercio si interessano al gruppo sociale degli anziani?
4. Che scopo hanno le ricerche statistiche sugli anziani?
5. Gli studi mostrano un malessere sociale. Da che cosa dipende?
6. Gli anziani di oggi e quelli di una volta sono diversi. Qual è l'attuale volto della terza età?
7. Dare alcune caratteristiche della figura dell'anziano tradizionale.
8. Come sono considerati gli anziani nella società di oggi?
9. La ricerca in questione ha distinto i vecchi in varie categorie. Quali?
10. Qual è il segreto per vincere il declino fisico e psichico degli anziani?

B. Rileggere l'ultimo paragrafo e completare il diagramma con i dati relativi.

La terza età oggi

Si dichiarano molto/abbastanza soddisfatti:

• dei rapporti con gli altri	%
• dell'abitazione	%
• dei rapporti con i figli	%
• della loro condizione di vita in generale	%
• della loro condizione economica	%
• della loro età	%
• dei rapporti con il coniuge	%
• della salute	%
• della forma fisica	%

C. Commentare sulla veridicità delle seguenti affermazioni in base al testo.

1. I nonni sono passivi.
2. I giovani capiscono e rispettano le persone anziane.
3. Gli anziani non incidono sull'organizzazione sociale.
4. Un numero sempre maggiore di anziani continua a lavorare.
5. Molti anziani preferiscono stare da soli.

D. Elencare i vari termini con cui il giornalista si riferisce ai nonni.

E. Formare i nomi dai seguenti aggettivi.

1. bello
2. triste
3. vecchio
4. solo
5. narciso
6. pigro
7. egoista
8. ansioso
9. frenetico
10. malinconico

F. Abbinare ad ogni aggettivo elencato a sinistra il suo contrario elencato a destra.

1. contenti	a. indolenti
2. depressi	b. vivaci
3. attivi	c. deboli
4. energici	d. generosi
5. rinunciatari	e. tristi
6. egoisti	f. apatici
7. velleitari	g. risoluti
8. arzilli	h. accaniti

G. Precisare se le seguenti parole possono riferirsi a donne, uomini o a tutti e due i gruppi.

1. coniuge	5. nipote
2. celibe	6. parente
3. nubile	7. scapolo
4. vedovo	8. *single*

H. Passare dal nome al verbo.

1. viaggio	5. rimpianto
2. spesa	6. cura
3. compera	7. richiesta
4. divertimento	8. esigenza

I.   Ritrovare nel testo dell'articolo le espressioni equivalenti a quelle sottolineate.

1. Molti rapporti e inchieste <u>liberano da considerazioni negative</u> l'immagine triste e malinconica della vecchiaia, tratteggiando figure di anziani arzilli, attivi, impegnatissimi, <u>con le mani bucate</u>.
2. I vecchi, secondo la ricerca della McKann-Erickson, vivono un <u>disagio</u> sociale che <u>si manifesta</u> nell'atteggiamento a <u>non ammettere</u> la propria età anagrafica.
3. Loro affermano di <u>non sentirsi gli anni sulle spalle</u>. «Ogni età ha <u>i suoi aspetti positivi</u>», dicono, e si comportano <u>con lo spirito di ventenni</u>.
4. Coltivano vari interessi, creano nuovi consumi, inventano nuove attività.

Insomma per la maggioranza sono socievoli; infatti solo il 18% dichiara di essere <u>misantropo</u>.

5. Ecco perché gli esperti delle società commerciali pensano a <u>investigare</u> sui mutamenti demografici che interessano la terza età.

L. *Completare le frasi in base all'esempio.*

Esempio.   *CAPIRE IL PROBLEMA*
              Vorrei aggiungere qualcosa affinché voi <u>capiste</u> il problema.

1. APPARTENERE AGLI STRATI PIÚ ABBIENTI
   In passato in Italia le strutture assistenziali erano insufficienti a risolvere il problema degli anziani a meno che (loro) non.........

2. SVOLGERE VARI LAVORI
   In varie città i pensionati sono stati assunti affinché (loro).........

3. CONTROLLARE IL TRAFFICO
   Per esempio, a Torino mandavano i nonni davanti alle scuole perché.........

4. SORVEGLIARE I NIPOTI
   I figli spesso reclutano i nonni affinché.........

5. RICEVERE LA PENSIONE
   I vecchi hanno trovato una nuova occupazione malgrado (loro).........

6. PEGGIORARE LENTAMENTE
   Il ruolo dei nonni può essere attivo nonostante la salute fisica.........

7. AVERE VENT'ANNI
   Si interessano ai piaceri della vita sebbene non.........

8. CONOSCERE LA SITUAZIONE
   A volte le società organizzano incontri affinché la gente.........

9. MOSTRARE I BISOGNI DEGLI ANZIANI
   Gli esperti commerciali promuovono studi affinché le ricerche.........

10. ALLONTANARE LA SOLITUDINE
    Alcuni si sposano perché il matrimonio.........

M. Mettere gli infiniti nelle forme appropriate.

Arrivano i nonni!

A Sesto San Giovanni gli anziani fanno i maestri ai bambini dell'asilo

Il Comune di Sesto S. Giovanni (Milano) ha assunto 7 pensionati affinché FARE .... da nonni a ore ai bambini. Sono assunti proprio a patto che non ESSERE .... più giovani. Infatti il meno vecchio ha 59 anni e il più anziano 87. Sebbene tutti AVERE .... una pensione, saranno pagati 2500 lire all'ora.

Questo è uno degli esperimenti più interessanti che il Comune milanese INTRAPRENDERE .... per favorire l'inserimento degli anziani. Benché l'iniziativa SUSCITARE .... qualche perplessità iniziale, adesso la reazione è generalmente favorevole.

I neo-maestri si dimostrano molto diligenti e sono già ad aspettare i loro alunni prima ancora che questi ARRIVARE .... a scuola e restano in aula finché tutti non FINIRE .... di preparare il loro cestino prima di uscire.

Le loro dichiarazioni: «In classe, ciascuno di noi fa qualunque cosa la fantasia gli DETTARE .... Raccontiamo favole ai bambini, li facciamo giocare affinché non ANNOIARSI .... e naturalmente gli insegniamo a leggere e scrivere perché non PERDERE .... tempo».

«È un piacere stare con questi ragazzi. Senza che noi ACCORGERSENE .... il tempo vola».

«Prima che la scuola APRIRE .... mi sentivo vecchio e solo; adesso sono ringiovanito: con loro gioco a palla, salto, non mi stanco mai di inventare fiabe e racconti».

A meno che non ACCADERE .... qualche impedimento, anche il Comune di Milano riscoprirà la terza età. Sono in progetto una serie di incontri tra generazioni perché nonni e nipoti TROVARSI .... insieme. La manifestazione si chiamerà «Nonni e nipoti in pista» e ovviamente non ci saranno limiti di età che ne IMPEDIRE .... la partecipazione.

N. Completare le parti mancanti nel testo di questa lettera che un arzillo nonnino ha scritto a un settimanale italiano.

Perché .... sono sposato per la quinta ....
.... ad ottant'anni? È presto detto: sono ....
vedovo quattro volte e la solitudine, alla mia .... è una
brutta .... che va cacciata via. Quando mi sono
.... per la prima volta avevo vent'anni, era il 1927,
.... il manovale edile. Mia ....
era mia coetanea e il destino .... me l'ha strappata dopo
solo tre anni di ....

Cosa dovevo fare? Rassegnarmi forse? No, me ne sono fatto una
.... e dopo poco, nel 1933, ho preso............
.... moglie. Ma .... questa volta il destino
.... è accanito, mi ha .... la seconda sposa e .... anche la terza. Eravamo ormai nel 1964,
dopo quasi cinquant'................................. di onorato servizio finisco in un
.... per vecchi. Qui trovo di nuovo l'anima ....
.... con cui vivo fino a quattro anni fa. Ma anche questa volta resto
........................., proprio qui dove mi trovo ora all'Istituto di Riposo del mio
paese. Nel pensionato, la .... è sopportabile, ma senza
una compagna ci si sente ...., tremendamente soli. Quasi
un anno fa, è .... la signora che è diventata la mia
.... moglie, Nunziata. Ci siamo conosciuti al primo
piano dell'................................. dove abitiamo, io nel ....
.... maschile, lei in quello femminile. Un giorno, era marzo, credo, io
.... scendendo le scale che portano alla sala
.... pranzo, quando dalla camicia mi è ....
.... un bottone. Il caso ha voluto che a raccoglierlo ci
.... proprio lei: Nunziata. Io sono un ....
.... e coi bottoni non ho dimestichezza, allora lei si è offerta: «Te lo
.... io», mi ha detto.

Quando mi ha .... la camicia col bottone riattaccato,
per ringraziarla .... ho dato un ....
sulla guancia. Da quel giorno non ci siamo più .... e alla
fine abbiamo deciso di ....

O. Esprimere il proprio parere sulle seguenti affermazioni.

1. La presenza dei vecchi sta modificando la famiglia.
2. I nonni sono elemento di armonia tra le generazioni in contrasto.
3. È bene ospitare un vecchio in una famiglia giovane, evitandogli la solitudine e la noia.

P.   Scrivere le proprie considerazioni dopo la lettura del seguente annuncio.

Lezione 15

DISGUSTOSO EPISODIO D'INCIVILTÀ NEI SALONI DEL GRAND HOTEL DANIELI A VENEZIA

È ormai nota a tutti la crisi che da tempo grava sul settore turistico alberghiero che porta al nostro paese miliardi e miliardi di valuta pregiata. È risaputo come oggi sia arduo reperire un bravo cameriere, un bravo maître d'hôtel, un bravo portiere. Non è difficile vedere, infatti, muratori, manovali, scalpellini nei grandi alberghi, alle prese con preziosi servizi di porcellana e clienti esigenti. L'altra sera gli ospiti del Grand Hotel Danieli, che si affaccia sul Canal Grande a Venezia, si accingevano a pranzare nel salone delle feste. Al conte Speranza della Ghirardella e ai suoi ospiti — il commediografo Roger O'Neal e consorte, la baronessa Francesca Barcaccioli Farseschi e l'ambasciatore Pancal in grande uniforme con feluca e spadino — era stato assegnato un tavolo speciale. Al servizio di questo tavolo erano addetti Porcacci Duilio, di professione scalpellino disoccupato, e Cornacchia Amilcare, di professione manovale, ambedue giunti pochi giorni prima dal Sud.

Inizia la cena. Il Cornacchia, con barba visibilmente lunga, porge il menù scritto in francese. Intanto il Porcacci, addetto alle bevande, porta bicchieri afferrandoli all'interno con le dita. Gli ospiti sono infastiditi dalle unghie nere del Porcacci, che inizia a versare il vino riempiendo i bicchieri sino all'orlo e sgocciolandolo sulla tovaglia. Gli ospiti sono ora costretti a piegarsi e aspirare il vino dai bicchieri per non farlo cadere. Gli ospiti, dopo mezz'ora di sforzi per farsi capire, per non morire di fame sono costretti a ordinare volgarissimi spaghetti, che vengono serviti tra mille schizzi di sugo. L'abito di pizzo bianco della baronessa Barcaccioli presenta vistose macchie. Cresce il nervosismo. Intanto il Cornacchia con ritmo frenetico continua a versare il vino agli ospiti attaccandosi sovente alle bottiglie e bevendo a garganella. Gli ospiti sono infastiditi, poi, dalla tosse secca e insistente del Cornacchia: mentre serve a tavola tossisce senza ritegno, evitando di mettersi la mano sulla bocca. È sorpreso sovente mentre si mette le dita nel naso. Ora i due «camerieri» stanno armeggiando per preparare la banana à la flamme. Una enorme fiammata investe il salone. C'è terrore in sala. Cadono gli stucchi dal soffitto per il calore, i capelli e le sopracciglia dell'ambasciatore Pancal sono bruciacchiati. La mano del Cornacchia è ustionata. Il Cornacchia urla frasi irripetibili. Siamo ora al dolce. Il Porcacci serve il saint-honoré come se maneggiasse la cucchiara da muratore, riempiendo completamente i piatti e portandosi poi le dita alla bocca, sporche di crema, con un rumore fastidioso. Ora il Cornacchia, visibilmente ubriaco, versa lo champagne rivolgendo pesanti complimenti alla baronessa Barcaccioli Farseschi. Si sta esagerando. Si alza l'ambasciatore, che minaccia i due con lo spadino. Il Porcacci, sghignazzando, fa cadere con una scoppola la feluca dalla testa dell'ambasciatore e, infilandosela a sua volta in testa, emette una pernacchia. Ora l'ambasciatore insegue il Porcacci per i saloni, tentando di riprendersi la feluca e ingaggiando con i due una furibonda colluttazione.

Vengono avvertiti i C.C. che accorrono con le gondole, i sottogola e sciabole sguainate e ingaggiano con i due energumeni una furibonda colluttazione, al termine della quale vengono denunciati per: rissa aggravata, molestie, minacce, boicottaggio, turpiloquio, ingiurie, oltraggio a P.U., violenza a P.U., resistenza alla F.P., devastazione (banana à la flamme), saccheggio (si era messo una banana in tasca durante la traduzione in carcere), turbamento della Q.P. (quiete pubblica), atti osceni in luogo pubblico, incapacità professionale manifesta, delitto concernente il duello (spadino), calunnia, atti ostili verso uno stato estero che espongono lo stato italiano in pericolo di guerra, sfratto. L'A.G. ha aperto un'inchiesta.

ARBORE e BONCOMPAGNI, *Il meglio di Alto Gradimento*, Rizzoli, Milano 1975

C.C.   = Carabinieri
P.U.   = Pubblico Ufficiale
F.P.   = Forza Pubblica
A.G.   = Autorità Giudiziaria

Brevi notizie sui due autori:

Renzo Arbore ha conseguito la licenza elementare nel 1948 con la media del sei e mezzo a Foggia.
È stato scartato alla visita militare per deficienza toracica.
Colleziona francobolli dal 1948 e porta la pancera di lana.

Gianni Boncompagni terminata la terza elementare nel 1943, viene cresimato nel 1948 e nel 1950 si trasferisce dal nativo Molin Nuovo nel capoluogo di Arezzo dove contrae, nel 1951, il morbillo.

A. *Il comportamento decisamente scorretto e maleducato del Cornacchia e del Porcacci si articola in vari modi che si riferiscono, gli uni precipuamente all'incompetenza da cameriere, gli altri genericamente al mancato rispetto delle convenzioni da persone civili. Distinguere le due categorie elencando prima gli esempi di incompetenza professionale e poi quelli di maleducazione generica reperibili nel testo appena letto. Infine allungare i due elenchi usando la propria fantasia.*

— Sì, questo vino va benone con la bistec-
ca bruciacchiata ed i piselli rinsecchiti!

B. *Gli avvenimenti accaduti durante il pranzo provocano un notevole numero di esclamazioni da parte di tutti i protagonisti. Nominarne alcune di CAUTA INDIGNAZIONE che possono aver pronunciato la baronessa e l'ambasciatore e altre VOLGARITÀ IRRIPETIBILI che invece avrebbero sciorinato i camerieri.*

C. *Reperire nel testo le parole che corrispondono alle seguenti spiegazioni.*

    1. caricare, opprimere, incombere
    2. molto rigoroso nel richiedere l'osservanza di doveri
    3. disporsi a fare qualcosa
    4. destinato, assegnato, incaricato
    5. fuoriuscire o cadere a gocciole
    6. getto improvviso e violento di un liquido
    7. ridere sguaiatamente in segno di scherno
    8. dare inizio, attaccare (soprattutto detto di battaglia)

D. *Scrivere i comandi o le richieste che gli ospiti possono aver rivolto al "came-riere" usando le seguenti espressioni.*

Esempio. prendere i soprabiti
        Per favore ci prenda i soprabiti.

    1. indicare il tavolo prenotato
    2. mostrare il menu
    3. preparare una zuppa di tartaruga
    4. fare degli spaghetti

5. servirli con la salsa di pomodoro
6. cuocere bene la carne
7. riportare le polpette in cucina
8. accendere le candele
9. aprire la bottiglia di vino
10. portare il caffè

— Al cliente del tavolo numero tre, non sono piaciute le polpette...

E. *Esprimere desiderio, speranza, augurio, ecc. da parte degli illustri ospiti nei confronti dei due camerieri usando MAGARI, PURCHÈ, CHISSÀ, SE SOLO, ecc.*

Esempio. la barba visibilmente lunga
<u>*Magari se la tagliassero.*</u>

1. le unghie nere
2. le dita dentro il bicchiere
3. la tosse secca e insistente
4. le dita nel naso
5. la lentezza nel servizio
6. il bere a garganella
7. i versi volgari
8. i pesanti complimenti alla baronessa
9. i capelli unti
10. il naso gocciolante

— Vi dispiace regolare il vostro conto, signore? Stiamo chiudendo. Se non siete stato ancora servito, c'è il coperto da pagare.

F. *Esprimere le maledizioni che possono aver pronunciato gli ospiti all'indirizzo dei due energumeni.*

G. *Scrivere le esclamazioni di disgusto e di orrore che può aver usato la baronessa nel raccontare l'episodio alla sua amica del cuore il giorno dopo.*

Esempio. vedere / sporco e confusione
<u>*Avessi visto / vedessi che sporco e che confusione!*</u>

1. vedere / ignoranti i camerieri
2. sapere / situazione imbarazzante

3. sentire / complimenti volgari
4. sapere / vergogna
5. ascoltare / insulti
6. vedere / furibonda colluttazione

H. *Esprimere diversamente i dubbi e le perplessità che gli ospiti potrebbero aver avuto nel corso della serata.*

Esempio. Deve essere un buon vino...
Che sia un buon vino? ...

1. Quelli del tavolo accanto devono essere arabi.
2. I camerieri, saranno avanzi di galera!
3. Il direttore forse non saprà quello che stanno combinando.
4. I camerieri non devono fare apposta.
5. Loro scherzeranno.
6. Noi dobbiamo aver sbagliato locale.
7. Il direttore deve ignorare chi siamo.
8. Forse l'incubo non finisce più.
9. Questa sera sarà la fine del mondo?

— Dev'essere un buon vino, se costa dodicimila lire alla bottiglia!

I. *Combinare le seguenti frasi, ricorrendo all'uso appropriato dei pronomi relativi.*

Esempio. Il settore turistico è in condizioni critiche.
La crisi economica grava maggiormente sul settore turistico.
Il settore turistico, su cui grava maggiormente la crisi economica, è in condizioni critiche.

1. Gli ospiti si accingevano ad entrare nel Grand Hotel Danieli.
   Il Danieli si affaccia sul Canal Grande.

2. Il Direttore aveva riservato per gli illustri ospiti il tavolo migliore.
   Il tavolo era stato accuratamente preparato vicino al balcone.
3. Il servizio era veramente disastroso.
   Due disoccupati, senza esperienza, erano addetti al servizio.
4. Uno dei "camerieri" versava il vino riempiendo i bicchieri fino all'orlo.
   L'abilità professionale del "cameriere" era inesistente.
5. Gli ospiti erano a disagio.
   Gli ospiti erano costretti a piegarsi e a succhiare il vino dai bicchieri per non farlo cadere sulla tovaglia.
6. Il "cameriere" beveva a garganella il vino ed era ubriaco fradicio.
   Il vino era destinato ai signori ospiti.
7. L'ambasciatore si è alzato a difendere l'onore della baronessa.
   Alla baronessa il "cameriere" aveva rivolto pesanti apprezzamenti.
8. L'ambasciatore insegue il "cameriere" per i saloni dell'albergo.
   Il "cameriere" aveva fatto cadere la feluca dell'ambasciatore e se l'era infilata in testa.
9. La furibonda colluttazione non era stata interrotta dall'arrivo delle Forze dell'Ordine.
   Nella colluttazione erano coinvolti l'ambasciatore e il "cameriere".
10. Anche i carabinieri intervengono nella colluttazione.
    Al termine della colluttazione i due "camerieri" vengono denunciati per una lunga serie di accuse.
11. Le Autorità Giudiziarie hanno aperto un'inchiesta per stabilire la veridicità delle accuse.
    I due "camerieri" sono stati denunciati per varie accuse.

— Lasciate perdere, cameriere: non le voglio più, le coscette di rane!

L. *Combinare le seguenti frasi usando delle relative e ricorrendo all'indicativo o al congiuntivo come opportuno.*

Esempio. Apprezzo i camerieri svelti.
Non tutti sono accurati e cortesi, però.
<u>*Apprezzo i camerieri svelti che siano accurati e cortesi.*</u>

1. Cameriere, potrebbe portarci un menu, per favore?
   Ce lo porti solo se è aggiornato.
2. Mi piacciono i piatti piccanti.
   I piatti piccanti sono molto saporiti.
3. Vorrei prendere degli spaghetti.
   Ma li voglio se sono cotti al dente.
4. Ordiniamo del pesce.
   Contiene fosforo e fa bene alla salute.
5. Come contorno, prendiamo dei piselli.
   Solo se non escono da una scatoletta.
6. Prendiamo del vino bianco.
   Si accompagna perfettamente con il pesce.
7. Non voglio bevande alcoliche.
   Le bevande alcoliche fanno male alla salute.
8. Non prendere bevande alcoliche.
   Alcune di esse fanno male alla salute.
9. Preferisco lo champagne francese.
   Lo champagne francese è particolarmente frizzante.
10. Ci porti anche un caffè.
    Quello che contiene caffeina, mi raccomando.

— Mi piace un cameriere svelto, ma...

M. Completare la lettera seguente con il congiuntivo o l'indicativo al tempo opportuno.

HOTEL DANIELI
VENEZIA

Al Direttore dei Programmi
Radio-Televisione Italiana
ROMA

Gentile Signore,

La trasmissione di Alto Gradimento che la RAI 1 MANDARE
.... in onda domenica scorsa è il programma più cretino
che io mai ASCOLTARE .... o VEDERE .... Nessuno che non ESSERE .... uno sciocco potrebbe inventare delle idiozie simili. È assurdo insultare il Grand Hotel Danieli che, tra tutti gli alberghi, è il più bello che io CONOSCERE ....
Ed il servizio è decisamente il più raffinato che io INCONTRARE
.... in tutta la mia vita. Il personale, dai portieri al direttore, è assolutamente il più cortese e preparato che io mai VEDERE
.... Senza contare i clienti che sono gli ultimi veri aristocratici che ancora ESISTERE .... Veramente, ci sono dei ricchi turisti stranieri che sono tra i pochi che PERMETTERSI ....
.... di pagare tariffe così esorbitanti. Infatti, l'unico inconveniente è che l'ospitalità COSTARE .... così salata. Ma, nella mia esperienza, non ho incontrato nessun ospite che non AMMETTERE
.... di aver ricevuto in cambio dell'alta spesa un trattamento di prima qualità.

Mi auguro vivamente che sia la prima e l'ultima volta che una trasmissione PERMETTERSI .... di ironizzare su una delle migliori strutture alberghiere che tuttora SOPRAVVIVERE ....
su tutto il territorio nazionale.

In attesa di sentire le dovute scuse in proposito, invio questa lettera per esprimere tutto il mio rammarico per la trasmissione.

Un radioascoltatore profondamente indignato

N. *Trasformare le seguenti frasi in relative con congiuntivo esprimenti capacità o disponibilità.*

Esempio. È difficile trovare personale alberghiero capace di svolgere bene il proprio lavoro.
   È difficile trovare personale alberghiero che svolga bene... .

1. Voglio un cameriere capace di servire bene a tavola.
2. Voglio reperire un portiere capace di fare un buon lavoro.
3. Cerco un maitre d'hotel capace di dirigere l'albergo con efficienza.
4. Qui bisogna trovare individui capaci di finire il lavoro al più presto.
5. Ci vuole un direttore capace di liberarsi degli incompetenti.
6. Lo sceicco arabo cerca un albergo capace di ospitare le sue 70 mogli.
7. Vorrebbe poi mogli incapaci di litigare fra loro, ma ciò sembra impossibile.
8. Il barone, sibarita ma tirchio, vorrebbe un ospite generoso disposto a pagargli per almeno un mese alloggio, vitto ed altri piaceri al Grand Hotel di Taormina.
9. La vecchia contessa squattrinata cerca un duca disposto a sposarla.
10. Ma il duca vorrebbe una sedicenne bionda con gli occhi azzurri disposta a sposare lui e capace di rimanergli fedele.

O. *Sostituire con l'infinito le relative che seguono i verbi di percezione.*

I lamenti della baronessa

È stata una serata allucinante, anzi bestiale.

Tanto per cominciare, ho visto i camerieri che si avvicinavano con un'andatura pigra e indolente e per nulla sollecita nei nostri confronti. Durante il pranzo sentivo uno di loro che tossiva in continuazione, senza mai mettersi le mani davanti alla bocca.

L'ho colto più volte che si infilava le dita nella narice con estrema disinvoltura e per di più, con orrore, l'ho sorpreso che toccava gli angoli della tovaglia subito dopo quella disgustosa operazione.

Per tutta la cena li sentivi che parlavano tra di loro in turco, o in arabo, non so. Ho pensato: «Saranno stati assunti per la clientela del Medio Oriente». Si vedono tanti sceicchi arabi che arrivano al Danieli di questi tempi.

Alla prima portata ho visto gli spaghetti che cadevano dal vassoio e il cameriere <u>che li rimetteva</u> sopra con le dita dalle unghie nere, anzi nerissime.

A un certo punto, pensavo di svenire, vedendo gli schizzi <u>che pio-vevano</u>, macché <u>diluviavano</u>, sul mio povero vestito. Non so davvero come abbiamo potuto resistere fino al dolce. Il resto l'avrete sentito da Arbore e Buoncompagni. Certo quando abbiamo visto che cadeva il lampa-dario, <u>si sviluppavano</u> le fiamme e ho sentito quell'uomo <u>che mi rivolgeva</u> complimenti osceni, ho pensato che fosse veramente una situazione intol-lerabile.

Per fortuna in quel momento abbiamo visto <u>che arrivavano</u> i carabi-nieri e l'incubo è finito.

— È lui, quello al quale dovete rivolgervi se avete qualche recla-mo da fare.

P. *Riscrivere il seguente annuncio inserendo il verbo* POTERE *opportunamente coniugato nelle frasi relative con l'infinito.*

AAA cercasi

Cerco un gruppo di amici con cui <u>fare</u> il giro del mondo, a novembre-dicembre, p.v. Prendete un atlante su cui <u>studiare</u> insieme l'itinerario e prendete tutte le informazioni in base alle quali <u>scegliere</u> i paesi più interessanti. Voglio una macchina su cui <u>viaggiare</u> in sei persone e cerco una tenda dentro cui <u>stare</u> in piedi senza abbassare la testa e davanti alla quale <u>mangiare</u> tranquillamente protetti dal sole.

Cerco anche persone a cui <u>affidare</u> il mio pastore tedesco durante i mesi di assenza e soprattutto a cui <u>chiedere</u> un prestito per sovvenzionare il viaggio.

Eccovi l'indirizzo a cui <u>scrivere</u> per ulteriori informazioni.

Q. *Immaginate di essere i malcapitati ospiti dell'albergo Danieli e reclamate per il trattamento di cui siete stati vittime scrivendo al direttore una lettera e chiedendo il risarcimento spese.*

Lezione 16

FUMO: «NIENTE LEGGI, SO SMETTERE DA SOLO»

*Una vasta indagine svela l'identikit dei fumatori italiani:
uomini e donne che vogliono godersi la vita
ma che, di fronte ai rischi per la salute, sanno rinunciare
al loro «vizio» con un atto di buona volontà*

Sei fumatori su dieci dichiarano di non poterne più. Gli altri, irriducibili, giurano che nulla potrà spingerli a cambiare idea, neanche lo spettro del tumore. E minacciano di diventare feroci se qualcuno decidesse di imporre loro una brusca «conversione». Tutti o quasi, però, sono d'accordo che abbandonare il fumo dipenda solo dalla propria volontà.

Da quando il ministro De Lorenzo ha messo sotto l'albero di Natale degli italiani il disegno di legge del governo che imporrà drastiche limitazioni, il «chi è» dei fumatori e dei pentiti è l'interrogativo all'ordine del giorno. Un profilo aggiornato di chi è dedito alla frequentazione delle «bionde», e di chi invece ha avuto la forza di tradirle, è emerso dalla ricerca «Fumo da abbandonare - Identikit dell'italiano che vorrebbe smettere», che l'agenzia scientifica Hypothesis ha commissionato a Intermatrix, una società specializzata in inchieste demoscopiche. I risultati, elaborati da un campione significativo della media nazionale, sono stati presentati questa settimana a Roma, presso il Cnr patrocinatore dell'iniziativa che rimette in discussione alcuni punti fermi sull'immagine degli «schiavi» del tabacco.

Contrariamente a quanto si potrebbe credere, il disagio verso gli altri, i condizionamenti, le pressioni esercitate nei locali pubblici o sul luogo di lavoro rappresentano fattori praticamente ininfluenti nella decisione di abbandonare il fumo; questo vale tanto per chi ha smesso quanto per chi vorrebbe farlo: i fumatori non si sentono discriminati (62,8 per cento), e quasi mai a disagio nei confronti dell'ambiente circostante (73,4 per cento).

È la salute, o comunque la ricerca del benessere fisico, il motivo principale che ha convinto al gran passo il 69,1 per cento di chi oggi non fuma più o di chi vorrebbe farne a meno.

L'opinione di amici e parenti ha inciso infatti solo nel 7,3 per cento dei casi, il disagio psicologico per il 3,3. Le lamentele dei colleghi di ufficio, invece, non hanno praticamente avuto effetto: solo lo 0,7 per cento del campione si è dichiarato vittima delle intimidazioni subite durante l'orario di lavoro.

Altrettanto interessante è scoprire che chi ha smesso deve il risultato quasi esclusivamente alla propria volontà. Così ha risposto il 71,7 per cento dei circa 1.000 intervistati da Intermatrix. Insomma, per smettere lo si deve volere veramente.

L'analisi della sfera relazionale mostra risultati decisamente singolari. Il sesso, ad esempio, sembra non essere un problema per il forte fumatore. Alla domanda se il fumo abbia in qualche modo diminuito il livello della libido o dell'attività sessuale l'85,2 per cento degli intervistati risponde: «Poco o nulla». Ma la maggior parte bara; anche se non viene ammesso in modo esplicito, la statistica dimostra che coloro i quali sostengono che il fumo non fa male all'amore sono proprio quelli che hanno tentato di smettere il maggior numero di volte. Molto più facile invece, e i dati qui concordano, ammettere che la sigaretta compromette la prestanza atletica, come dichiarano 7 fumatori su 10 che, senza vergogna, non nascondono di faticare addirittura a fare le scale.

CLAUDIO CARLONE, *Europeo*,
24 gennaio 1992

A. *Spiegare le seguenti espressioni usate nell'articolo.*

   1. non poterne più
   2. irriducibili
   3. inchieste demoscopiche
   4. il Cnr, ente patrocinatore dell'iniziativa
   5. fattori ininfluenti
   6. la maggior parte bara

B. *Dire in maniera più semplice.*

   1. Il «chi è» dei fumatori e dei pentiti è l'interrogativo all'ordine del giorno.
   2. Il ministro De Lorenzo ha messo sotto l'albero di Natale degli italiani il disegno di legge che imporrà drastiche limitazioni.
   3. L'indagine riguarda chi è dedito alla frequentazione delle «bionde» e chi invece le ha tradite.
   4. È la salute il motivo principale che ha convinto al gran passo.
   5. L'analisi della sfera relazionale mostra risultati singolari.
   6. La sigaretta compromette la prestanza atletica.

C. Continuare nella lettura dell'articolo.

Quella del pentito è una carriera costellata di insuccessi, il 57,8 per cento del campione ci ha provato per una volta almeno, il 4,7 lo vorrebbe, ma non ha trovato ancora il coraggio necessario. Solo il 36,3 per cento dei fumatori dichiara che non smetterà neanche a cannonate. «Attenzione però a interpretare i dati», avverte Emilio Cimadori, responsabile della ricerca di Intermatrix. «Basta guardare alle risposte ottenute a un'altra domanda del nostro questionario. Quando abbiamo chiesto se chi ha smesso c'era riuscito dopo molti tentativi, il 65 per cento degli intervistati ha detto: «Ho smesso non appena ho voluto». Il che significa che le altre volte queste persone avevano tentato senza particolare convinzione».

Quasi un terzo degli italiani (14 milioni di persone tra 14 e 79 anni) ogni giorno non può fare a meno di avere un pacchetto di sigarette in tasca, o ha smesso di fumare da meno di tre anni, un periodo non significativo per dichiararsi del tutto «fuori pericolo». Dei fumatori (di cui il 61,3 per cento è di sesso maschile), la maggior parte (68,8 per cento) consuma più di 10 sigarette al giorno. Si tratta della fascia d'età tra i 25 e i 64 anni, che comprende i tre quarti dei viziosi «in servizio» distribuiti pressoché uniformemente.

Nel 1986 i fumatori rappresentavano il 36 per cento della popolazione; lo scorso anno si sono ridotti al 30 per cento con un calo di circa 2,8 milioni nell'ultimo quinquennio. Ma è anche vero che nel 1988 i «mai fumatori» rappresentavano il 46,4 per cento della popolazione, contro l'attuale 47 per cento. «Nell'ultimo periodo il fenomeno fumo ha subìto una consistente radicalizzazione», afferma Emilio Cimadori. «Sono diminuiti i fumatori medi e deboli (meno di 15-20 sigarette al giorno) e si è consolidata la categoria dei forti fumatori, che nel 1986 rappresentavano solo il 15,9 per cento del totale, e oggi superano il 20,1. Segno tra l'altro, che l'emergere di una diffusa intolleranza ha prodotto principalmente il consolidarsi delle rispettive convinzioni.

Il fumo ha sempre avuto un connotato trasgressivo, tipico dell'età più giovane: il bisogno di affermare il proprio piacere nei confronti del mondo degli adulti, una specie di passaporto da esibire alla frontiera della maturità. «L'abitudine alla sigaretta ha per tutti radici nell'adolescenza, sia per chi ha poi smesso, sia per chi ha scelto di non abbandonare il fumo», dice Laura Mazzeri, la psicologa di Intermatrix che ha condotto l'analisi dei «gruppi», in pratica una serie di interviste collettive che hanno messo a nudo la vera anima di viziati e non, in parallelo con l'indagine sul campione nazionale.

Da questa indagine emergono tre ritratti, tre categorie principali di tipi psicologici, tre modi di affrontare i problemi connessi con il tabagismo.

CLAUDIO CARLONE, *Europeo,*
24 gennaio 1992

D. Rispondere alle seguenti domande.

1. Come si scopre che gli italiani hanno barato nel dare le risposte?
2. Dopo quanti anni ci si può dichiarare completamente fuori pericolo da tentazioni di ricadute?
3. Risulta vero, come spesso si dice, che ormai siano le donne le fumatrici più accanite?
4. In che cosa consiste la «radicalizzazione» del fumo?

I tre modi principali per affrontare i problemi connessi col tabagismo

E. Inserire le preposizioni che mancano, con o senza articolo come opportuno.

Gli sfrenati

Sono quelli che sostengono fino . . . . fondo la scelta . . . . fumare. Rappresentano il 6% . . . . popolazione italiana (cioè circa 5 milioni . . . . italiani). La maggior parte fuma 20 o più sigarette . . . . giorno. Fumare è una passione turbinosa, ... loro opinione: fumano . . . . rabbia, tensione, relax o compagnia. Fumare non fa parte . . . . vita. E lo dimostrano . . . . conflitto . . . . salute fisica e salute psichica. Sanno che il fumo danneggia la salute, ma . . . . il bene corporale e quello spirituale scelgono quello . . . . spirito. Smettere li farebbe impazzire. Refrattari . . . . consigli . . . . medico, solo uno chock li può convincere che il momento . . . . abbandonare è arrivato. Sono coloro che, ... compenso, più volentieri accettano i divieti . . . . ristoranti, cinema e aerei. Ma, attenzione: non tanto . . . . rispetto . . . . leggi, ma soprattutto perché il controllo . . . . piacere garantisce loro una supposta indipendenza . . . . vincoli . . . . vizio e consente loro . . . . esibire un'immagine autorevole . . . . sé e . . . . altri: «Quando voglio, posso farne . . . . meno».

F. Inserire le parole che mancano.

I «saggi» nostalgici

Sono il 60% dei fumatori (oltre 8 milioni di persone) quelli che
.... smettere. In genere non superano le 15-20
.... al giorno, e quando tentano di ....
............, ci riescono. Sono oggetto di pulsioni, ma il
predominio finale del controllo. .... smettono non rinne-
gano un passato di trasgressione. Si dichiarano .... di aver
combattuto una battaglia che ha visto .... la volontà. In
genere il gran passo ha .... con cambiamenti gratificanti
nella .... , ma oggi ricordano i bei tempi con ....
.... Smettere è stato .... perché accanto al
piacere hanno sempre .... un fastidio per quel senso di
«sporco» .... dall'odore che impregna l'ambiente, gli
.... o le dita. Una volta abbandonato il ....
........, vivono con conflittualità il rapporto con chi, ...,
prosegue. Generalmente non .... aggressivi, ma quelli
che lo sono, ... sono veramente perché sentono ancora
forte il .... di ricominciare.

G. Come sopra.

Gli indifferenti

Questa categoria raccoglie quanti .... incominciato a
fumare senza successo e comprende prevalentemente i giovani che non hanno
attribuito al .... significati sociali e trasgressivi o le persone che hanno piuttosto .... il non fumare come il miglior
esercizio di trasgressione. Per .... fumare è un sintomo di
grande .... Vivono il piacere che il partner .... per il
fumo come un'esclusione dalla sua .... di affetti. Uno
degli intervistati ha dichiarato: «................................ due anni ho tentato di
.... la mia ragazza a smettere. Ogni volta che ....
.... una sigaretta le domandavo .... lo facesse,
sperando che in questo modo .... il fumo». Pare che lei
non abbia minimamente abbandonato la sua .... , ma
piuttosto abbia piantato il suo................................ .

H. Modificare il significato delle seguenti frasi accentuandone l'idea di possibilità; apportare quindi le modifiche necessarie.

Esempio.   Se *volete* smettere di fumare, *potete* andare in una clinica.
                Se *voleste* smettere di fumare, *potreste* andare in una clinica.

1. Se <u>siete</u> fumatori sfrenati ed irriducibili, <u>fumate</u> sia per rabbia e per tensione, sia per relax e per compagnia.
2. <u>Fumate</u> almeno un pacchetto di sigarette al giorno.
3. Nella vita <u>ostentate</u> un atteggiamento libero, <u>vi dimostrate</u> insofferenti nei confronti dell'autorità.
4. Anche se <u>siete</u> coscienti che il fumo danneggi la salute, non <u>smettete</u> di fumare.
5. Solo uno choc vi <u>convince</u> che è arrivato il momento di abbandonare il vizio.
6. Se <u>siete</u> uno dei «saggi nostalgici», <u>vi tenete</u> al di sotto delle 15-20 sigarette al giorno.
7. Se <u>smettete</u> di fumare, non <u>rinnegate</u> il passato di trasgressione.
8. Ma vi <u>dichiarate</u> felici di aver combattuto una vittoriosa battaglia.
9. <u>Siete</u> i veri «pentiti» della sigaretta, pur conservando una leggera frustrazione per il condizionamento ricevuto dall'ambiente.
10. Se non <u>avete</u> un ricordo mitico della prima sigaretta, se non l'<u>avete caricata</u> di significati trasgressivi, <u>siete</u> invece uno degli «indifferenti».
11. Però se in passato <u>siete stati</u> modesti fumatori, oggi non <u>ammettete</u> di esserlo stati.
12. Se <u>avete</u> un partner che fuma, <u>cercate</u> di convincerlo a smettere perché <u>vivete</u> il suo piacere del fumo come un'esclusione dalla sua sfera affettiva.

I.   Rispondere o all'una o all'altra serie delle seguenti domande.

Contro il fumo ...

1. Se viveste con un partner che fuma come un turco, come vi comportereste per farlo smettere?
2. Se condivideste l'ufficio con un collega che senza sigarette non riesce a lavorare, come vi difendereste se la legislazione e il regolamento dell'ufficio non vi aiutassero?
3. Se in treno non ci fosse più posto negli scompartimenti riservati ai non fumatori, che cosa fareste?
4. Se foste medici che consigli dareste?
5. Se foste legislatori, che leggi proporreste?

A favore del diritto di potersi avvelenare ...

1. Se foste fumatori accaniti e viveste con un partner a cui il fumo dà fastidio, come vi comportereste per proteggerlo?
2. Se condivideste l'ufficio con un collega che non sopporta le vostre numerose sigarette, come gli risparmiereste gli eccessi peggiori?
3. Se in un lungo viaggio in treno non ci fosse più posto negli scompartimenti riservati ai fumatori, che cosa fareste?
4. Se foste medici, e voi stessi fumatori sfrenati, che consigli dareste?
5. E se foste proprietari di una fabbrica di sigarette?

L. Discutere.

La salute è un piacere. Ma se diventa obbligo allora che piacere è?

Nel numero scorso l'*Europeo* segnala il paradosso d'una società che dopo essersi liberata, forse con disinvoltura eccessiva, dei vecchi tabù (Dio, patria, famiglia) si è andata a rinchiudere in un'altra gabbia: quella dei divieti che riguardano la salute.

(...)

Norbert Bensaid, in quel suo splendido libro che è *Le illusioni della medicina,* racconta la storia di M.L., un suo paziente. M.L. era un grassone, allegro e amante della vita, aveva una pressione un po' più alta del normale, e un tasso di colesterolo lievemente fuori dalla norma, ma non se ne preoccupava. Un giorno lesse su *Le Monde* che era un individuo «a rischio»

(lessico tipico del terrorismo medico), che poteva venirgli l'infarto. Andò da Bensaid. Insieme predisposero un piano di cura: dieta, niente fumo, antipertensivi, controlli. M.L. perse il suo buonumore, si incupì, divenne amaro, aggressivo. Morì a 44 anni per un melanoma. Scrive Bensaid: «Io non potevo saperlo, ma gli avevo avvelenato, inutilmente, gli ultimi anni della sua vita».

(...)

È ovvio che vivendo si muore. Ma poiché la vita uccide, bisogna per ciò uccidere la vita?

MASSIMO FINI, *Europeo,*
27 dicembre 1991

M. Rispondere per esteso alle domande usando i dati delle tabelle.

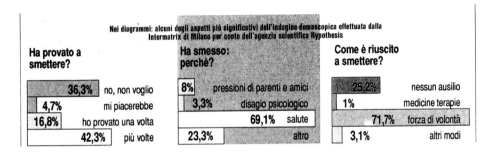

Quanti anni ha?

6,9%	14-19 anni
11,1%	20-24 anni
23,6%	25-34 anni
21,8%	35-44 anni
26,9%	45-65 anni
9,8%	oltre 65 anni

IDENTIKIT DEL FUMATORE ITALIANO

Quante sigarette fuma ogni giorno?

	meno di 5 sigarette
	5 - 9 sigarette
36,3%	10 - 19 sigarette
32,5%	più di 20 sigarette

Prova disagio se fuma in pubblico?

56,3%	mai
17,1%	a volte
12,5%	spesso
14,1%	solo con non fumatori

Europeo, 24 gennaio 1992

Nei diagrammi: alcuni degli aspetti più significativi dell'indagine demoscopica effettuata dalla Intermatrix di Milano per conto dell'agenzia scientifica Hypothesis

Ha provato a smettere?

36,3%	no, non voglio
4,7%	mi piacerebbe
16,8%	ho provato una volta
42,3%	più volte

Ha smesso: perchè?

8%	pressioni di parenti e amici
3,3%	disagio psicologico
69,1%	salute
23,3%	altro

Come è riuscito a smettere?

25,2%	nessun ausilio
1%	medicine terapie
71,7%	forza di volontà
3,1%	altri modi

Lezione 17

E QUESTA QUI SAREBBE ROMA?

*Il turismo straniero
diserta l'Italia e
soprattutto la sua capitale.
Per capire perché,
basta un piccolo esperimento
dal vivo. Eccolo*

Foto Pauline Gummer

ROMA. Nel 1976, anno del «pieno» turistico, negli alberghi romani soggiornarono un milione e seicentomila americani più, per fare un solo esempio, 600 mila giapponesi. L'anno scorso le presenze americane a Roma si sono ridotte a un milione, quelle giapponesi a 180 mila, cioè circa un quarto. Quest'anno è ancora presto per dare i numeri. Certo è che gli alberghi di lusso e prima categoria sono vuoti al 40-50 per cento, con punte del 70-80 per cento. Negli alberghi minori va meglio, ma di poco. Perché, cosa è successo, come mai proprio ora? Travestito da turista straniero, ho fatto un'indagine sull'argomento. Vediamo.

Aeroporto. Ecco qua questa americanina giovane e bella. Perché dunque ha lo sguardo inebetito, da deportata in attesa del merci per Dachau? Perché sono quattro ore che aspetta invano la sua valigia, con dentro tutto per le sue vacanze. Fortunata, nonostante tutto. Infatti potevano anche rubargliela: la valigia scomparsa è sempre più una regola a Fiumicino, te la restituiscono mesi dopo, alleggerita degli eventuali preziosi. C'è una specie di cooperativa «Svaligiamenti & Spiombamento» al Leonardo da Vinci internazio-

nale. Due mesi fa, dopo abili appostamenti, beccarono in flagrante l'addetto a rubare il corallo sardo in transito per Napoli. Confessò i nomi di tre suoi complici abituali, i quattro furono velocemente licenziati, carcerati, dimessi e riassunti dalla società Aeroporti Romani, ricominciarono a trafficare tra merci e bagagli, con la patente dell'impunità.

Taxi. Ecco qua una coppia anziana, deambulazione faticosa, i classici tipi da non fare in tempo a prender posto negli autobus per Roma, le vittime predestinate dei tassisti abusivi di Fiumicino. Sotto gli occhi di una coppia di poliziotti in divisa antiproiettile, l'abusivo li aggancia dicendo: «taxi, taxi!», i due lo scambiano per un vero tassista più gentile degli altri, lui li infila nella sua auto, e una volta a Roma la tariffa che pretenderà può arrivare anche a 70 mila. Per ragioni intimidatorie i tassisti veraci subiscono questa concorrenza mafiosa, rifacendosi poi sulle tariffe urbane. Roma è infatti l'unica città d'Italia dove la cifra segnata sul tassametro non vale, va moltiplicata per una complicatissima tabella d'aggiornamento in possesso del tassista. Chi scrive è un pedone che fa molto uso dei taxi. Negli ultimi cinque anni, una sola volta ne ho trovato uno col tassametro «aggiornato», c'era scritto 3.800 e pagai veramente quella cifra lì. Non me lo dimenticherò mai. Fu il pomeriggio di martedì 2 giugno scorso, S. Albina Vergine, e luna nuova. Ero emozionato, e lasciai un mille di mancia. Il tassista (un giovane simpatico) mi richiamò, credendo che mi fossi sbagliato. New York ha 8 milioni d'abitanti, Tokio 9, Roma neanche 3. Perché quelle megalopoli là riescono a tenere aggiornate le tariffe dei loro taxi e Roma invece no? Io credo che anche questa faccenda del taxi selvaggio aiuti a indurre la gente a stare lontana da Roma.

Stazione. Dopo l'aeroporto, il secondo biglietto di presentazione di una città è la sua stazione ferroviaria. Roma Termini è l'unica stazione d'Italia che di notte va a letto. Si risveglia, ufficialmente, alle sei. Ma il bar, i giornalai, i tabaccai, ancora no (i tabaccai di Termini fanno un orario speciale dalle 7 alle 21, e di domenica niente) e l'altra mattina i bagni e i cessi del diurno, alle 8, erano ancora chiusi, con davanti una coda di gente scalpitante. Una coda da ridere, comunque, confronto a quella che c'è, interminabile,

davanti alla banca dove si cambia la valuta. Anche questo, mi sembra, è un modo di dire al forestiero: «ma tu, babbeo, a Roma, chi sei venuto a disturbare?».

Fontana di Trevi. Sarebbe il vero biglietto da visita di Roma turistica, esisteva da molto prima di Termini e Fiumicino, ma adesso praticamente non c'è più. Affacciandomi da via dei Crociferi, infatti, invece della sorprendente fontana, ho visto un incredibile motobar alto tre metri. Da via del Lavatore la fontana era ostruita da barricate di bancarelle che vendono lupe romane di finto alabastro, artigianato arabo, cappelli di paglia da mondina, cartoline e plastici di Fontana di Trevi, com'essa era prima che le suddette bancarelle ne impedissero il godi-

Foto Pauline Gummer

mento visivo. Il turista con la sua monetina in mano resta lì sbigottito, e tradito nell'intimo dei suoi programmi. Il bazaar, lui, va a cercarlo a Smirne. Qui c'era venuto per vedere Fontana di Trevi, e invece non può. Anche questo, secondo me, gioca la sua parte nel dissuadere il forestiero dal visitare Roma, ed è anche emblematico di ciò che, venendoci, lo aspetta.

Trasporti pubblici. La coppia francese è salita sul 4 alla stazione. Giovanissimi, magri e scattanti: ma giunti dalle parti di San Giovanni i due francesini si fanno nervosi, aggrappati a ciò che possono consultano carte, salta fuori che credevano essere sul 3. «Trois, trois, trois!», grida lui, indicando l'ingresso, ed è vero: vicino alla portiera di questo 4 c'è inequivocabilmente scritto 3. Come spiegarglielo, eccitato com'è, che i bus romani hanno spesso più di un numero, e quello più affidabile è l'anteriore? Mentre il nostro 4 travestito da 3 caracolla verso piazza Zama, anche la ragazza comincia a gridare, e così torrenzialmente che il suo francese si capisce poco. Ciò che capisco è che non sembra felice di essere venuta in vacanza a Roma: un errore che si propone di non ripetere più.

Ristoranti. Domenica, colazione a Trastevere, da Corsetti in piazza S. Cosimato. È una piazza che nei '50 quando la vidi, subito mi incantò, enorme, irregolare e senza monumenti come era, e laggiù, in fondo, sembrava quasi che Roma finisse. Un ristorante (Corsetti, appunto) dove si mangiava pesce buono e la miglior carbonara di Roma. Le spigole di Corsetti sono ancora discrete, i prezzi accessibili. Ma perché, in un posto con quattro camerieri per venti clienti, la mia bottiglia di minerale è imbrattata di pomodoro? Perché il piatto di penne della mia commensale, quando lo portano via, lascia sulla tovaglia un vistoso cerchio di fuliggine?

Oggi è lunedì e andiamo per bar e caffè, cominciando da via Veneto, il cimitero della dolce vita. Al Café de Paris (strano reperto della dolce vita) siedo, chiedo un rabarbaro e insieme al medesimo mi portano un bicchiere di ghiaccio e una bottiglietta di minerale. Taglia di 3.600 lire, non sarebbe neanche tanto (la dolce vita, specie quando è antiquariato, va pagata in proporzione) senonché, per avidità di fare il «pieno» di clienti, questo bar che in questa sera di fine luglio con clima perfetto è giustamente semivuoto, ha moltiplicato sedie e tavolini, riducendo lo spazio per i passanti a due metri scarsi contro il muro, e il mio rabarbaro a prezzi da uranio debbo berlo guardando per l'appunto un muro, e ben attento che non mi pestino i piedi, tanto più che ho i sandali. Vado dentro per telefonare. «Il telefono non c'è» mi informa, con disprezzo, un barman biondastro che sarebbe piaciuto a Visconti.

E questa qui del silenzio telefonico dei bar romani è veramente il colmo. Mai provato ad esempio, ad aver bisogno di telefonare mentre vi trovate in piazza Venezia? Ci sono tre bar, il telefono ce l'ha solo quello di mezzo, e nel suo giorno di riposo niente, bisogna emigrare a via Nazionale, o ben dentro via del Corso. Meucci scoprì il telefono nel 1871. Nel 1981 i caffettieri romani si accingono ad estinguere questa invenzione, non potendo farti pagare mille lire un gettone telefonico. Un'amministrazione seria potrebbe obbligarli a tenere il telefono pena la licenza. Ma nessuna, a cominciare da quella dc per finire a quella comunista, si è mai azzardata a farlo: la corporazione dei bottegai è troppo potente.

Varie. E perché tanti bar chiudono alle 20, trasformando Roma in un deserto ap pena vien scuro? E perché, anche per questo agosto, non è stato risolto il problema dei turni negli esercizi alimentari, che chiuderanno (come sempre da alcuni anni) tutti insieme? Possibile che uno che viene a Roma in agosto non possa essere sicuro di procurarsi un panino imbottito? Possibile che dopo tre scioperi del personale alberghiero in 40 giorni sia già cominciato, mentre scriviamo, il quarto? Pensate di essere uno straniero venuto a Roma dopo averci risparmiato su una vita, e adesso vi tocca di farvi il letto, avendo pagato la tariffa del primo albergo di lusso della vostra esistenza. Ci ritornereste? Le agenzie americane che organizzano i tours d'Europa, hanno ridotto da quattro giorni a due la sosta a Roma. C'era una volta una canzone intitolata «Arrivederci Roma». Va aggiornata. Quella nuova potrebbe chiamarsi «Roma mai più».

PAOLO PERNICI, *L'Espresso*, 18 agosto 1981

A. *Rispondete.*

1. Che cosa potrebbe succedere all'aereoporto?
2. Perché è insoddisfacente il servizio dei taxi?
3. Perché alla stazione termini ci si lamenta del bar, del diurno e della banca?
4. Che cosa è cambiato ultimamente alla Fontana di Trevi?
5. A che cosa bisogna badare andando in autobus, per non finire dal lato opposto della città?
6. Di che cosa ci si lamenta nei ristoranti? E al bar?
7. Su che cosa si ripercuote la potenza dei bottegai?
8. Che cosa non funziona con i turni di riposo settimanali dei negozi?

B. *Date il contrario*

1. l'anno scorso
2. lo sguardo inebetito
3. la valigia alleggerita
4. abili appostamenti
5. complici abituali
6. tassisti abusivi
7. gente scalpitante
8. il numero anteriore
9. prezzi accessibili
10. un vistoso cerchio di fuliggine

C. *Sostituite le espressioni sottolineate con espressioni equivalenti.*

1. Due mesi fa beccarono in flagrante l'addetto a rubare il corallo sardo.
2. Una coda da ridere, confronto a quella che c'è davanti alla banca dove si cambia valuta.

3. I due francesini si fanno nervosi e <u>salta fuori</u> che credevano di essere sul 3.
4. Per avidità di <u>fare il pieno di clienti</u>, questo bar ha moltiplicato sedie e tavolini.
5. E questa qui del silenzio telefonico dei bar romani è <u>veramente il colmo</u>.
6. Un'amministrazione seria potrebbe obbligarli a tenere il telefono <u>pena la licenza</u>.
7. E perché tanti bar chiudono alle 20, <u>trasformando Roma in un deserto</u> appena vien scuro?
8. E adesso <u>vi tocca</u> farvi il letto.

D. *A Roma, le cose vanno male per i turisti; tenendo presente l'articolo, unite i due concetti formando un periodo ipotetico.*

Esempio. Le cose andare meglio / esserci più stranieri
Se le cose andassero meglio ci sarebbero più stranieri.

1. Uno, travestirsi da turista / capire cosa non va agli stranieri
2. Tu, arrivare in aereo / aspettare ore per i bagagli
3. Tu, essere fortunato / ricevere subito le valigie

    4. Qualcuno, voler prendere il taxi / dover stare attento

    5. Voi, salire su un taxi / pagare una cifra diversa da quella sul tassametro.

    6. I turisti, trovarsi alla stazione di notte / non potere bere, né mangiare né fare la pipì.

E. *Elencate la serie di disastrose esperienze a cui SARESTE ANDATI incontro se VI FOSTE TROVATI a Roma al tempo in cui è stato pubblicato l'articolo.*

F. *Ora, forti della vostra esperienza, provate a dare consigli ad un amico in procinto di partire per Roma in vacanza.*

    Esempio. <u>*Se fossi in te, eviterei di andare a Roma.*</u>

G. *Roma: ore 17,15. Con un vostro amico piuttosto indeciso siete davanti al cartellone «Treni in partenza» alla Stazione Termini. Il vostro amico deve andare a Pescara e ci sono due treni in partenza per questa città. Quale prendere? Formulate consigli opportuni ricorrendo a frasi ipotetiche di 1° tipo, secondo l'esempio.*

Foto Pauline Gummer

Esempio. «*Non so se prendere il treno tra 8 minuti o quello dopo...*»
        SBRIGARSI
        Se prendi il treno tra 8 minuti, sbrigati / devi sbrigarti.

1. «Corro in biglietteria o faccio il biglietto in treno?»
NON ESSERE VALIDA LA RIDUZIONE

2. «Compro il biglietto di 1ª o di 2ª classe?»
RISPARMIARE SOLDI

3. «Prendo il locale delle 17,23 o l'espresso delle 18,05?»
METTERCI UN SACCO DI TEMPO

4. «L'altoparlante ha annunciato ritardo. Chissà se il treno recupererà il tempo perduto?»
ARRIVARE NEL CUORE DELLA NOTTE

5. «È meglio aspettare all'aperto o andare al bar della stazione?»
PRENDERE UN RAFFREDDORE

6. «Andiamo in sala d'aspetto o cerchiamo il treno al binario?»
LEGGERE TRANQUILLAMENTE

7. «Sala d'aspetto di 1ª o di 2ª classe?»
STARE SEDUTI PIÙ COMODAMENTE

8. «Laggiù c'è il nostro vecchio professore di latino. Speriamo non salga nel mio stesso scompartimento.»
PARLARE TUTTO IL TEMPO DI SCUOLA

9. «Cerco di nascondermi dietro gli occhiali da sole o lo saluto?»
NON LIBERARSENE PIÙ

10. «Non trovo gli occhiali: li ho messi in valigia o li ho lasciati al bar?»
PERDERE

H. *Pensate ad una lista di inconvenienti che POTREBBERO capitare a un turista nella vostra città o paese e, per ognuno di essi, imitando il testo, provate a costruire una situazione.*

Lezione 18

LETTERE AL CARLINO

SONO UNA TOSSICA DI VENT'ANNI (E MI FACCIO DA TRE)

Inserendosi nel dialogo aperto su queste colonne dal dolore di tante mamme che piangono un figlio tossicomane, una ragazza di Bologna, che nel retro della busta si è qualificata come "la tossica di Piazza Maggiore, Bologna", ci ha scritto questa lettera che pubblichiamo quasi integralmente come contributo alla comprensione di una tragedia nazionale cui tutti assistiamo con crescente angoscia e costante impotenza.

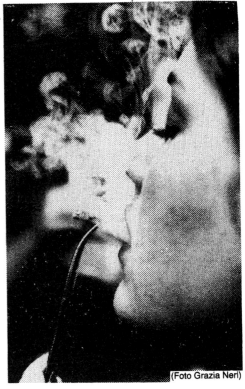

(Foto Grazia Neri)

Caro direttore, sono una tossica di vent'anni e mi faccio da tre. Ieri pomeriggio mio padre mi ha cacciato dopo avermi riempito di botte e io ho preso la mia roba e me ne sono andata che nevicava da matti e ero così incavolata che volevo andare in Questura poi invece sono andata in piazza per farmi e smetterla di piangere e di pensare. Mio padre e mia madre sanno solo tirare la carretta e non sanno come fare per aiutarmi e si fidano di quello che dicono i medici anche se fino ad oggi non ne hanno mai imbroccata una con noi tossici e anche io non so più cosa fare dopo disintossicazioni varie, a scalare, a psicofarmaci, a cura del sonno per 54 giorni e 10 mesi di comunità terapeutica e così penso che la Teresa abbia risolto (morendo) il problema con la terapia più sicura che ci sia. Sai direttore io ho studiato fino alla seconda liceo e volevo fare il giornalista o il medico. Ti sei tolto un bel concorrente, mi pare. Di fare il medico non mi interessa più adesso che ne ho conosciuti tanti e mi fanno anzi un po' paura perché vedi che per loro non conti un c... e se parli non ti ascoltano e se ti ascoltano ti guardano come se fossi un deficiente o un pazzo e se ti parlano ti deridono o fanno i compagni e i compagnoni. Perché loro sono partiti come missionari per distruggere l'eroina e sono inchiodati in quella idea che non si accorgono che l'ero è dentro le persone. A mio padre l'ultima spinta per sbattermi via l'ha data la lettera al Carlino di quella che si firma una madre qualunque che poi fa capire che invece è una madre favolosa e che ha quindi il diritto di dire che tutti i genitori dei tossici sono dei pezzi di m... come i loro figli. Scusami, ma mi sono fatta da poco e il pensiero rallenta, e anche la mano, e presto si fermeranno e allora per un po' non penserò più a medici, a giornalisti, a genitori e me ne fregherò anche di me e starò in pace per qualche ora. Ma cerco di dire qualcosa anche a quella brava persona di Reggio che dice che ci sta bene quello che ci succede perché *ce la siamo voluta*. Chissà come gli va bene a lui la sua vita che certo *non ha mai voluto* niente di sbagliato: chissà come è perfetto e che moglie perfetta ha e che figli angeli.

Noi tossici siamo proprio molto fortunati a trovarci attorno tante brave persone che ci dicono come farebbero se fossero in noi o nei nostri genitori per tirarci fuori dal buco, e sono anche più bravi di Aniasi. Siamo noi cretini delinquenti che non vogliamo tirarci fuori. Aiuta molto sentirsi addosso l'odio e il disprezzo di tutti, aiuta molto a bucare di più. A me mi aiuta a cercare sempre più spesso il mio spacciatore che almeno non finge di essere una brava persona virtuosa e mi pesta se non pago. E così per pagarlo e per trovare un letto per stanotte oggi mi sono fatta scopare da un'altra brava persona che ha fatto il possibile per curarmi e riabilitarmi in 20 minuti. Lui era un altro esperto per figli studiosi e lavoratori che non si vendono per una dose. Mi ha sberlata perché gli ho detto che le brave persone come lui dovevano ringraziare l'ero e i nostri genitori di m... se potevano farsi quasi gratis ragazze giovani e carine. E così ci siamo lasciati con parolacce varie.

Ciao direttore. Non mi firmo per non sputtanare di più i miei genitori davanti a tante brave persone.

Una tossica

* * *

Sono uno studente di sedici anni amante dello sport che pratico attivamente con discreti risultati ed anche molto affezionato alla mia famiglia che fa tutto per aiutarmi a risolvere i miei piccoli problemi quotidiani. Volevo esprimere un mio modestissimo parere sul grave problema della droga che tanti dolori provoca alle famiglie che hanno un giovane tossicodipendente e tanto male fa agli stessi interessati. Possibile che questi giovani, ed anche meno giovani, non trovino di meglio in questa meravigliosa vita che il Signore ci ha dato, di usare quella micidiale droga assassina? Possibile che non sentano il bisogno di avvicinarsi attivamente allo sport che ha certamente il duplice vantaggio di far dimenticare certe pazze novità e di portare tanti vantaggi al fisico e alla mente?

Il «Carlino» riporta ogni giorno il grido di dolore di povere mamme disperate — anche oggi due ragazzi morti a Ferrara — per figli drogati forse irrecuperabili, ma io desidero rivolgermi ai giovani sani e spero vivamente che queste poche righe vengano tenute presenti prima che possa accadere l'irreparabile.

Gabriele Certi (San Lazzaro di Savena)

Il Resto del Carlino, febbraio 1981

A. *Alle seguenti espressioni del testo, estremamente colloquiali e da usare con dovuta parsimonia solo in contesto adatto, sostituire espressioni più neutre che risultino più sicure, anche se forse più blande e meno efficaci.*

1. Sono una tossica di vent'anni e <u>mi faccio</u> da tre.
2. Mio padre mi ha cacciata dopo avermi <u>riempito di botte</u>.
3. Me ne sono andata via che nevicava <u>da matti</u>.
4. Ero così <u>incavolata</u> che volevo andare in Questura.
5. Mio padre e mia madre sanno solo <u>tirare la carretta</u>.
6. I medici fino ad oggi non <u>ne hanno mai imbroccata una</u>.
7. Per i medici <u>non conti un c....</u>
8. I medici sono partiti come missionari per distruggere l'eroina e <u>sono inchiodati in quella idea</u>.
9. L'ultima spinta per <u>sbattermi via</u>, a mio padre l'ha data una lettera al Carlino.
10. Una madre che si firma 'qualunque' crede di avere il diritto di dire che tutti i genitori dei tossici sono dei <u>pezzi di m...</u> come i loro figli.
11. Per un po' <u>me ne fregherò</u> anche di me stessa e starò in pace.
12. Noi tossici siamo fortunati perché ci sono tante brave persone che ci dicono come farebbero se fossero in noi per <u>tirarci fuori dal buco</u>.
13. Sentirsi addosso l'odio e il disprezzo di tutti aiuta molto a <u>bucarsi di più</u>.
14. Il mio spacciatore <u>mi pesta</u> se non pago.
15. E così per pagarlo oggi mi sono fatta <u>scopare</u>.
16. L'altra brava persona <u>mi ha sberlata</u>.

17. Le brave persone come lui dovevano ringraziare l'eroina, se potevano <u>farsi</u> quasi gratis ragazze giovani e carine.
18. Non mi firmo per non <u>sputtanare</u> di più i miei genitori.

B. *Rispondere alle domande.*

1. A che età ha cominciato a far uso di droga la ragazza?
2. Cosa faceva prima e quali erano le sue aspirazioni?
3. Prova a fare un ritratto socio-economico dei genitori.
4. Quali tentativi di «cura» ha fatto la ragazza?
5. Come vive attualmente?
6. A cosa aspira?
7. Con chi ce l'ha, in particolare?
8. Che critiche muove ad ognuna delle persone con cui ce l'ha?

C. *Esprimere la propria opinione sulle seguenti affermazioni iniziando con PEN-SO / RITENGO / SONO DEL PARERE / CREDO / HO L'IMPRESSIONE CHE.*

1. La tossica di Bologna è semplicemente una povera stupida.
2. I suoi genitori sono assolutamente normali, ottimi genitori.
3. La ragazza ha avuto grossi aiuti e consigli dai medici, ma non li ha voluti seguire.
4. Quello che le succede è tutta e solo colpa sua.
5. Questa ragazza riuscirà a disintossicarsi.

D. *Secondo voi, come ci si dovrebbe comportare con una persona tossicodipendente? Completare le seguenti frasi.*

1. Bisogna che la famiglia...
2. Occorre che la scuola...
3. Bisogna che gli amici...
4. Bisognerebbe che la società...
5. Sarebbe necessario che i servizi medico-sanitari...
6. Bisognerebbe che le leggi...
7. È bene che i giovani...
8. Sarebbe meglio che la droga leggera...
9. È giusto che gli spacciatori...
10. È ingiusto che il perbenismo...

E. Coniugare come necessario.

1. Se i giovani ESSERE .... più informati sulle conseguenze negative della droga, forse PENSARCI .... su due volte prima di provarla.
2. Se la tossica di Piazza Maggiore non CEDERE .... alla eroina, ora STUDIARE .... medicina all'Università.
3. Se non ABBANDONARE .... la scuola qualche anno fa, adesso ESSERE .... iscritta a qualche corso superiore.
4. Per procurarsi la droga, la ragazza PROSTITUIRSI .... per quattro soldi, se le sue tasche ESSERE .... vuote.
5. Secondo la ragazza, la gente per bene è troppo pronta a dire che cosa FARE .... o non FARE .... , se ESSERE .... nei panni di un drogato.
6. Infatti Gabriele Certi, il ragazzino per bene della seconda lettera, dice che questi giovani VIVERE .... felici se non USARE .... la micidiale droga assassina.
7. Secondo lui, ESSERE .... meglio che i giovani PRATICARE .... lo sport e DIMENTICARE .... la droga, se VOLERE .... vivere bene.
8. Però non è assolutamente detto che se uno ESERCITARSI .... regolarmente nello sport, DIMENTICARE .... la droga.
9. È probabile che i giovani tossicomani PERSISTERE .... nel loro vizio, anche se qualcuno DARE .... loro questo tipo di consigli.
10. Se la gente VOLERE .... veramente aiutare i drogati, DOVERE .... dimostrare molta più comprensione. Infatti occorre soprattutto che i problemi di fondo VENIRE .... capiti.

F. Leggere la lettera che segue mettendo gli infiniti alla forma appropriata.

Carissimi genitori,
ho deciso di andarmene perché non voglio che voi PREOCCUPARSI .... più per me e SOFFRIRE .... ancora come avete già tanto sofferto, né che VERGOGNARSI .... di me.
Vorrei però che voi CAPIRE .... il mio gesto e PERDONARMI ....

Avrei voluto che voi ESSERE .... fieri di me e che tutto ANDARE .... diversamente. Purtroppo non è stato così ed è per questo che me ne vado. Ho voluto, prima di lasciarvi, che voi SAPERE .... cosa provo e non voglio che voi PENSARE .... che io ANDARMENE .... senza aver pensato prima a voi.

Vorrò sempre che voi RICORDARMI .... come la vostra affezionatissima figlia.

G. *In una breve composizione scrivere la propria opinione sul problema della liberalizzazione della droga leggera.*

Lezione 19

È GIUSTO CHE ANCHE I PESCI PICCOLI CADANO NELLA RETE

Quando torno al parcheggio, non trovo più il signore cui avevo affidato la macchina. È sparito, lasciandomi un biglietto pieno di maiuscole: «Le Chiavi Stanno Dal Giornalaio. Lire Mille». Pago il riscatto al complice edicolante, e mi basta un'occhiata alla compatta distesa di auto in sosta per constatare (senza invidia) che il custode assenteista è un uomo ricco. Il quale, soprattutto, considera il proprio impiego abusivo come una rendita di posizione, cioè come un piccolo feudo che gli consente di riscuotere tributi senza ammazzarsi di lavoro. Non mi scandalizzo: molti, in Italia, ragionano e agiscono come lui. Molti rispettabili dirigenti, funzionari e impiegati vedono lo stipendio come un reddito «dovuto», non come un compenso per ciò che producono. Per costoro il «posto» non è che un luogo di minime garanzie: l'assegno clientelare-assistenziale, la mutua, le ferie pagate, la pensione. Il resto, eventualmente, si cerca altrove: nel mondo del doppio lavoro, delle consulenze, dei duri cottimi e delle «catene di montaggio esterne».

A Roma è leggendario l'assenteismo nel pubblico impiego. E contro questa antica piaga si è abbattuta una gigantesca inchiesta giudiziaria: centinaia di avvisi di reato, qualche arresto, parecchie sospensioni. In un ministero si è scoperto che, se tutti andassero puntualmente al lavoro, non ci sarebbero sedie né scrivanie sufficienti, e che dunque l'assenteismo fa parte della regola del gioco. Dal gran mare delle denunce, le cronache hanno estratto immagini grottesche. L'ufficio postale di Fiumicino: presenze previste 42, presenze effettive 4. La signora che in sei mesi si è fatta vedere sei volte: per ritirare lo stipendio, naturalmente. Gli «stati febbrili» e i «disturbi psicomotori» che consentono a un impiegato di lavorare cinque giorni su trenta. La ragazza che, ogni settimana (sic!), produce il certificato medico che prescrive «riposo per disagi da mestruazioni». Eccetera.

L'esercito è vasto e variegato. Ci sono i ritardatari cronici, giustificati perché devono far la spesa o accompagnare i figli a scuola. E quelli che arrotondano facendo i rappresentanti di commercio, gli imbianchini, gli elettricisti, i ristoratori. Spiccano quelli puntualissimi, che però vanno al ministero essenzialmente per vendere uova, lamette, radioline. Ci sono i consumatori intensivi di cappuccini, gli addetti alle parole crociate, gli animatori di approfonditi dibattiti sul ruolo strategico di Falcao. E ci sono le signore che sulla scrivania puliscono verdure, confezionano golfetti, montano giocattoli, trasportando nel cuore dello Stato la cultura del basso napoletano.

Spiegazioni, volendo, se ne trovano. Tutti i modelli sociali indicano che è tramontata e vergognosa la vecchia «etica del sacrificio» e che il superfluo è indispensabile. L'esercito ministeriale si adegua, scavalcando i giovani rivoluzionari che volevano «lavorare meno, lavorare tutti». In qualche ufficio la rivoluzione è superata: gli impiegati lavorano meno, lavorano in pochi e, quando possono, offrono l'opera loro al libero mercato (nero). Con gran vantaggio dei neoliberisti committenti, che risparmiano, tra l'altro, gli oneri sociali. Sarebbe ingiusto generalizzare le accuse, è ovvio. Molti statali lavorano con serietà e dignità, non si risparmiano. E tuttavia mi sembra interessante un'indagine Censis del 1980, secondo la quale tra i dipendenti dei ministeri romani il 57,2 per cento ha un doppio lavoro, il 32,6 per cento vende merci in ufficio, il 44,7 per cento non è «quasi mai» al suo posto per assenza di controllo e il 27,4 per cento è disponibile per lavoretti a domicilio.

Attenuanti? Ce ne sono parecchie. Dirigenti incapaci o distratti, medici complici, assunzioni clientelari, carriere appiattite, assenza di incentivi, incarichi noiosi o umilianti. E disorganizzazione del lavoro, e difficoltà obiettive: scomodi i trasporti, gli orari dei negozi e delle scuole... È facile capire come e perché nasca questa Italia demotivata da un lato

e cottimista dall'altro. E la caccia alle streghe contro gli statali sarebbe, in ogni caso, ridicola e vile.

Ma sarebbe vile anche l'eccesso di indulgenza. E è sconcertante, oggi, l'arroganza che qualche impiegato esprime nel respingere le accuse. Uno degli arrestati ha reagito gridando: «Questa non è democrazia, polizia fascista!». Altri hanno insinuato che «il polverone fa certo comodo a qualcuno». Una sindacalista ha parlato di «scandalismo qualunquistico», sollevato per coprire «i veri scandali e gli interessi reazionari». Molti hanno ricordato che bisognerebbe colpire, piuttosto, le fughe di capitali e gli evasori.

Eh, no. I criminali in doppiopetto vanno scovati e puniti, ma non può certo scagliare la prima pietra il ladro (sì, il ladro) che ruba uno stipendio e occupa un posto di lavoro senza svolgere il compito per il quale è pagato. La (grande) disonestà dei potenti non è affatto un'attenuante per la (piccola) disonestà di massa. Non è vero che i colpevoli stiano sempre altrove e sempre in alto. Né si può protestare in eterno contro la corruzione del cosiddetto Palazzo mentre si costruiscono piccoli palazzi fatti di privilegi e di diserzioni sui feudi intoccabili delle proprie scrivanie.

Giulio Zincone, *L'Europeo*, 8 febbraio 1982

A. Discutere se, in base all'articolo, le seguenti affermazioni sono VERE o FALSE.

1. Gli assenteisti del pubblico impiego sono pochi.
2. A loro avviso, il posto ideale deve garantire un buon compenso anche implicando un notevole carico di lavoro.
3. L'assenteismo è leggendario in Italia settentrionale.
4. Gli assenteisti sono tollerati e perdonati da sempre.
5. L'assenteista è solo chi non va a lavorare per riposarsi.

6. Non ci sono attenuanti per un assenteista.
7. La caccia alle streghe contro gli statali è ridicola e vile.
8. Bisogna assolutamente chiudere un occhio sul fenomeno degli assenteisti.
9. La piccola disonestà è resa meno grave dalla grande disonestà.

B. *Riportare alcune delle cifre menzionate nell'articolo riguardo ai dipendenti dei ministeri romani.*

C. *Descrivere l'IMPIEGATO MODELLO, modificando opportunamente le espressioni che descrivono quello assenteista.*

1. È ritardatario
2. Non si ammazza di lavoro
3. Perde tempo in ufficio
4. Si assenta spesso
5. Il lavoro lo annoia

6. Lavora con indolenza
7. Ha una doppia attività
8. Ruba lo stipendio
9. Ha una salute delicata
10. È il solito raccomandato

D. *Trovare un sinonimo dei seguenti termini o espressioni.*

1. dipendenti dei ministeri
2. posto

3. stipendio
4. rendita

5. riscuotere (i tributi)
6. colpire (le fughe di capitali)
7. ammazzarsi di lavoro

8. svolgere il compito
9. scavalcare (i rivoluzionari)
10. scagliare la prima pietra

E. *Per le seguenti parole ed espressioni desunte dal testo dare quelle che ad esse si oppongono.*

1. pesci piccoli
2. reddito «dovuto»
3. altrove
4. presenze effettive
5. disorganizzazione del lavoro

6. Italia demotivata
7. assenza
8. ladri
9. in alto
10. grande disonestà dei potenti

F. *Completare il brano aggiungendo gli aggettivi che mancano.*

A Roma, l'assenteismo nel pubblico impiego è ....
Contro questa .... piaga si è abbattuta una ....
inchiesta giudiziaria dai cui risultati le cronache hanno estratto immagini
....

Tutti i modelli .... indicano che è tramontata e
.... la vecchia etica del sacrificio e, perciò, gli impiegati
lavorano poco offrendo la .... opera al ....
mercato, con gran vantaggio dei .... committenti che risparmiano gli oneri ....

Ci sono parecchie attenuanti: dirigenti ...., medici
....................................., assunzioni ...., carriere
....................................., incentivi ...., incarichi ....
e difficoltà .... Sarebbe .... e
.... la caccia alle streghe contro gli statali, ma sarebbe
.... anche l'eccesso di indulgenza.

G. *Trovare i mestieri o le professioni descritti dalle seguenti definizioni.*

Mestieri e professioni

1. Chi lavora il legno.
2. Chi ripara orologi.

3. Chi cuce vestiti.
4. Chi monta l'impianto delle tubature dell'acqua e ripara tubi e rubinetti.
5. Chi fa l'impianto dell'illuminazione e ripara i guasti dei fili e degli apparecchi elettrici.
6. Chi imbianca o dipinge i muri.
7. Chi prepara panini o roba da mangiare in genere.
8. Chi cura gli ammalati.
9. Chi interviene in casi gravi e opera.
10. Chi prepara il progetto della costruzione e dirige i lavori.
11. Chi dipinge.
12. Chi scolpisce.
13. Chi scrive.
14. Chi possiede un chiosco per la vendita di giornali e riviste.
15. Chi guarda le macchine posteggiate.
16. Chi crea.

H. Inserire le preposizione (semplici o articolate) che mancano.

Da Gerardino si parcheggia bene ma niente garanzie per le multe

È una caratteristica che molti amano o detestano ... Roma, ... seconda ... sentimenti che si nutrono ... questa città: l'arte ... arrangiarsi, ... ricavare guadagni ... situazioni impossibili o disagiate ricorrendo ... fantasia.

Esempio tipico ... quest'antichissima tradizione è certo il signor Gerardino: ha una cinquantina ... anni, l'aria molto riservata e una giacca ... vento blù che lo difende ... attacchi ... tramontana. Egli si è autoeletto parcheggiatore ... quel piccolo quadrato che circonda l'obelisco ... piazza ... Popolo.

La sua inventiva è arrivata fino ... decisione ... emettere, ... proprio, piccoli tagliandini ... distribuire ... clienti. ... sommità ... foglietto campeggia il suo nome,

la sua «qualifica professionale», la tariffa applicata ... ogni ora. ... fondo, un avvertimento: «senza responsabilità ... multe».

Una vera e propria società ... responsabilità limitata, dunque. Sicché piazza ... Popolo è ora lottizzata: ... una parte l'Automobile Club che occupa l'emiciclo destro ... diritto. ... altra, il signor Gerardino che, ... fatto, governa quel piccolo lembo ... terra. Il bello è che le vetture tutelate ... ineffabile signor Gerardino non intralciano minimamente il traffico, mentre quelle gestite ... ACI spesso raggiungono la metà ... piazza rallentando bus e altre auto.

Corriere della Sera, 22/1/83

I. *Inserire negli spazi gli indefiniti appropriati.*

L'esercito è vasto e variegato. Ma, ... dipendente
statale ha una propria fisionomia: c'è .... ritardatario cro-
nico, giustificato perché deve fare la spesa .... mattine.
E ce ne sono anche .... che arrotondano lo stipendio facendo commercio privato.

C'è chi, ... giorno, si presenta puntualissimo per vendere .... radioline e articoli vari. Oppure, in
.... ufficio, si pulisce l'insalata o si fanno golfetti;
.... impiegati discutono di politica, ... di
calcio ed .... infine prendono il caffè al bar vicino. Insomma .... hanno un'attività «alternativa».

Prendete un impiegato .... e scoprirete che sicuramente ha un doppio lavoro.

.... potrebbe pensare che l'elenco sia uno scherzo,
ma è la verità. Tuttavia, pare che adesso ci sia una ....
volontà di cambiare registro. Non spontaneamente, però: ....
tempo fa, un .... giudice ha deciso di moralizzare lo stato. Con il suo intervento, ... è stato già arrestato,
.... è sotto inchiesta, ... hanno paura di
punizioni.

Finirà il malcostume? .... dice che «quando il polverone sarà terminato, ... continuerà come prima».

L. *Come sopra.*

1. Il giudice dell'inchiesta è un tipo battagliero e ....
   ammirano la sua decisione.
2. È giovane, ma ha .... pelo bianco nella barba.
3. Scoperta la faccenda, lui e i suoi colleghi hanno esaminato
   .... situazione coscienziosamente.
4. Erano animati da buoni propositi, ma non riuscirono a combinare
   ....
5. Però le loro affermazioni stupirono ....
6. Le loro punizioni .... severe colpirono l'opinione
   pubblica.
7. Al primo segnale d'allarme, ... si precipitarono in
   ufficio.
8. .... quella gente, bloccò gli uffici in .... giorni.

9. Gli impiegati decisero che si doveva fare subito .... per uscire da quel pasticcio.

M. *Sostituire TUTTI/E con OGNI/OGNUNO o QUALUNQUE/CHIUNQUE e ALCUNI/E con QUALCHE/QUALCUNO, apportando i cambiamenti necessari.*

Il palazzo della Farnesina, sede del ministero degli Affari Esteri.

1. Roma è un po' il regno dell'impiegato. Come <u>tutte le</u> grandi capitali ospita <u>tutti i</u> tipi di edifici e servizi che danno alla città un aspetto particolare.
2. <u>Alcuni dei</u> fatti più importanti della storia italiana hanno avuto luogo a Roma e <u>tutte le</u> cose che sono accadute a Roma hanno influenzato il resto d'Italia.
3. Roma attira turisti di <u>tutti i</u> paesi e in modo speciale gli intellettuali tanto che senza esagerazioni si può dire che <u>tutti i</u> grandi intellettuali europei ne hanno subito il fascino.
4. <u>Tutte le persone</u> concordano nell'affermare che l'anima di Roma è varia: <u>alcuni</u> aspetti attirano i romantici, <u>alcune</u> sue qualità sono umane, e <u>alcune</u> sono piene di fantasia.

5. Ma non <u>tutti i</u> romani possiedono queste buone qualità: <u>alcuni</u> sono esuberanti, <u>alcuni</u> sono pigri e <u>alcuni</u> infine sono maleducati.

6. Sbagliano però <u>tutte le persone</u> che considerano <u>tutti i</u> romani rozzi e indolenti.

7. <u>Alcuni</u> vedono in Roma una continua vitalità, <u>alcuni altri</u> vi scoprono <u>alcuni</u> aspetti di arretratezza e inefficienza.

8. L'inefficienza forse è dovuta al «dolce far niente» di <u>alcuni</u> romani.

9. Ma se <u>tutti</u> leggessero attentamente le vicende di Roma, scoprirebbero che <u>tutti i</u> guai di Roma dipendono dalla presenza dell'amministrazione e dalla burocrazia.

N. *Scrivere una composizione dal titolo «Se tu fossi un impiegato statale, quale sarebbe il tuo comportamento e quali sarebbero le tue abitudini?»*

Lezione 20

FALSIFICAVANO "CARTIER" NEI VICOLI DI NAPOLI

E li vendevano a Nizza, Cannes e Montecarlo

NAPOLI - Dai laboratori sotto i vicoli di via Tribunali alle boutique di Nizza, Cannes, Montecarlo. Così i napoletani vendevano ai francesi i prodotti delle loro grandi firme. Falsi «magnifique» di Cartier e Chanel. Pelle pregiatissima, marchi in metallo dorato, campionari completamente rifatti, carta di fedeltà con lettura magnetica, certificato di garanzia in quattro lingue e numero personalizzato. Gli uomini della Criminalpol di Napoli sono arrivati ieri mattina al cuore di questa catena di montaggio. Sfondando cinque porte, una dietro l'altra, sotto un antico palazzo del centro storico della città.

Il bilancio, per ora, è di dodici aziende chiuse, trenta persone fermate dalla polizia, 30mila borse sequestrate insieme ad altri 15mila accessori in pelle e 70 marchi per punzonare e certificare l'autenticità. Ieri pomeriggio, da Milano e Ginevra, sono volati a Napoli gli esperti legali di casa Cartier. L'indagine è scattata dopo la lettera infuocata di Marc Frisanco, dipartimento legale della «Cartier». Nel messaggio indirizzato alla Criminalpol campana c'era l'ultimo resoconto di una «terrible» stagione di falsi, il trend negativo dell'azienda contro gli affari d'oro della falsa «Maison» napoletana. I due milioni del costo di una «Cartier», «Vuitton» o «Chanel» originale, contro le 300mila del francese *made in Naples*.

A. Dopo aver letto l'articolo di cronaca apparso su La Repubblica *il 9-5-1991, compilare la seguente scheda.*

Accusa di reato: ....
Numero di persone fermate: ....
Oggetti sequestrati: ....
Costo di un originale: ....
Costo di un'imitazione: ....
Luogo di produzione: ....

B. *Leggere il discorso che l'avv. Tanucci (personaggio uscito dalla fantasia dello scrittore Luciano De Crescenzo e presentato in un libro intitolato* Storia della filosofia greca) *ha pronunciato in tribunale in difesa di un suo cliente fermato in circostanze simili a quelle descritte dall'articolo di cronaca.*

Signori del tribunale, siamo qui a difendere l'onorabilità del signor Esposito Alessandro, detto *'a Rinascente,* dall'accusa di truffa e di falsificazione di marchio d'impresa.

È nostra intenzione dimostrare che la truffa non sussiste nel primo capo d'accusa e che il fatto non costituisce reato per quanto riguarda la falsificazione del marchio d'impresa. Ciò premesso, esponiamo i fatti:

Domenica 27 marzo, domenica delle Palme, in una bella mattinata di sole, quando tutto lasciava presumere che gli animi delle persone fossero rivolti a desideri di pace, il vigile urbano Abbondanza Michele <u>elevava</u> contravvenzione a carico del mio cliente Esposito Alessandro per vendita senza licenza di borse e borsoni di varia foggia, sul marciapiede <u>antistante</u> la chiesa di Santa Caterina a Chiaia. Il giorno seguente, un sopralluogo eseguito da agenti della Guardia di Finanza, in un terraneo sito al numero 25 di Vico Sergente Maggiore, dove appunto ha domicilio il mio cliente, portava alla scoperta di una modesta <u>catena di assemblaggio</u> delle predette borse, eseguita esclusivamente da membri della famiglia Esposito, e di 28 orologi perfettamente funzionanti, imitazioni delle seguenti marche: Rolex, Cartier, Porsche e Piaget.

Per giungere al <u>nocciolo dell'accusa,</u> è necessario precisare che il materiale plastico, acquistato e non fabbricato dall'Esposito per confezionare le borse, riportava in sequenza, sia verticale che orizzontale, una serie di lettere «L» e «V» intrecciate <u>a guisa</u> di monogramma e intervallate da fiorellini. Dette lettere sarebbero le iniziali di tale Louis Vuitton, cittadino francese, non presente in aula e che non abbiamo il piacere di conoscere.

Nel caso che i signori del tribunale non fossero aggiornati sui prezzi praticati dalla ditta Louis Vuitton di Parigi, ci preghiamo informarli che una borsa di media grandezza, costruita in ottima plastica francese, viene venduta intorno alle 400.000 lire, laddove l'imitazione italiana, prodotta dal mio cliente, costa solo 25.000 lire e, in casi particolari, quando l'<u>incasso</u> a fine giornata lascia a desiderare, perfino lire 20.000. Dettaglio fondamentale: su tutta la merce era esposto un cartello con la scritta:

AUTENTICHE BORSE LOUIS VUITTON
PERFETTAMENTE IMITATE.

A questo punto ci si chiede: ha commesso una truffa Alessandro Esposito? Ma che vuol dire «truffa»? Chiediamolo al codice. Dunque... articolo 640... «chi con artifici e raggiri induce taluno in errore, procurandosi ingiusto profitto, è punito, a querela della persona offesa, con la pena da tre mesi a tre anni di reclusione e con la multa da lire 40.000 a lire 400.000». Dal che si deduce che per esserci truffa è indispensabile, come prima cosa, che ci sia una persona offesa che è stata indotta in errore; e chi potrebbe essere questa persona offesa? Il cliente di passaggio? E no, signori del tribunale, perché qui due sono i casi: o il cliente di passaggio ha letto il cartello fino alla fine, e allora era a conoscenza che si trattava di semplici imitazioni, o per disattenzione ha letto solo: «AUTENTICHE BORSE LOUIS VUITTON», e allora il vero truffatore è lui che con sole 25.000 lire voleva arraffare un oggetto valutato sul mercato quasi mezzo milione! E poi, alla fin fine, quale sarebbe questo ingiusto profitto? Quelle nove o diecimila lire a borsa che l'Esposito portava a casa agli operai familiari in attesa? No, signori del tribunale: la difesa sostiene con fermezza che, non essendoci truffati, non esiste nemmeno la truffa.

È veniamo al secondo capo d'accusa: alla falsificazione del marchio d'impresa. I grandi maestri della pittura, i Giotto, i Cimabue, i Masaccio, non erano soliti apporre la firma ai loro capolavori, e questo perché ritenevano, giustamente, che le opere d'arte dovevano essere apprezzate per il loro valore intrinseco e non perché erano firmate da Tizio o da Caio. La <u>fregola</u> della firma, infatti, può essere considerata una degenerazione consumistica del nostro secolo. Oggi la fessaggine umana, chiedo scusa per la crudezza del termine, arriva ad acquistare qualsiasi cosa purché debitamente firmata.

Negli anni Cinquanta, il pittore Piero Manzoni effettuò un esperimento volutamente provocatorio: riuscì a vendere le proprie feci, dopo averle chiuse (speriamo) ermeticamente in scatola, con la dicitura «merda di artista». Ebbene, con questo stesso principio, il signor Louis Vuitton di Parigi un bel giorno ha pensato: «Io adesso costruisco migliaia di borse di plastica, ci scrivo sopra le mie iniziali, e poi me le vendo a una decina di volte il loro valore: vuoi vedere quanti fessi trovo che se le comprano?». Io qui sto parlando di Vuitton, ma il discorso vale naturalmente per tutte le altre fabbriche di firme: Gucci, Fendi, Armani, Rolex, eccetera eccetera. Ormai non ci sono più limiti: anche stando seduti sul gabinetto può far piacere essere circondati da mattonelle firmate Valentino!

Qualcuno potrebbe obiettare: «Louis Vuitton non costringe nessuno a comprare le sue borse. Perché il tuo cliente, invece di <u>rubacchiare</u> i marchi altrui, non prova a lanciare sul mercato un suo prodotto originale?». E già: ve la immaginate voi una signora che dice all'amica: «Ieri mi sono comprata un Esposito, devi vedere come mi sta bene!»

A questo punto mi chiedo: esiste una legge che pone dei limiti ai profitti di un privato? Sì che esiste, ma è la comune legge del mercato: se un'azienda alza troppo i prezzi di vendita non riuscirà mai a <u>smerciare</u> il prodotto a causa della concorrenza. E se quest'azienda plagia i suoi clienti e li convince che il prodotto caro Vuitton! Articolo 603: delitto di plagio. «Chiunque sottopone una persona sotto il proprio potere, in modo da ridurla in totale stato di soggezione, è punibile con la reclusione da 3 a 15 anni.» Ora io affermo che, se un individuo è riuscito a convincere migliaia di persone che una borsa di plastica, seppure coperta di monogrammi, è migliore di una borsa di pelle, vuol dire che costui ha ridotto in totale stato di soggezione i propri clienti, e pertanto, forte di questa deduzione, io oggi accuso il signor Louis Vuitton di Parigi di plagio. Accuso altresì i trafficanti di firme, i <u>venditori di fumo</u>, italiani e stranieri, di assoggettare al loro potere le nostre mogli e i nostri figli. Accuso le riviste «FMR» e «CAPITAL» di propagandare i falsi idoli di un nuovo feticismo. Accuso i mass-media, i pubblicitari, i commercianti e tutti i loro complici di profitti illeciti. A voi signori del tribunale, il compito di fare giustizia: su un piatto della bilancia avete Louis Vuitton, Grande Furbo Internazionale, e sull'altro piatto Esposito Alessandro, piccolo <u>furbo</u> napoletano, colto in flagrante mentre tentava di <u>piluccare</u> una briciola di pane sulla tavola della grande abbuffata!

C. *Con le informazioni appena lette compilare la seguente scheda.*

Accuse di reato - (a):   ....
                 - (b):   ....
Persona fermata: ....
Oggetti sequestrati: ....
Costo di un originale: ....
Costo di un'imitazione: ....
Luogo di produzione: ....
Luogo di vendita: ....
Attenuanti - (a):   ....
            - (b):   ....

D. *Rispondere alle seguenti domande formulate dall'avv. Tanucci.*

1. «Ha commesso una truffa Alessandro Esposito?»
2. «Ma che vuol dire "truffa"?»
3. «E chi potrebbe essere questa persona offesa? Il cliente di passaggio?»
4. «E poi, alla fin fine, quale sarebbe questo ingiusto profitto?»
5. «Perché il tuo cliente, invece di rubacchiare i marchi altrui, non prova a lanciare sul mercato un suo prodotto originale?»
6. «Esiste una legge che pone dei limiti ai profitti di un privato?»

E. *Spiegare le argomentazioni con cui l'avv. Tanucci dimostra che la firma è "una degenerazione consumistica del nostro secolo".*

F. Completare il riquadro individuando le persone (o classi di persone) e precisando le accuse che l'avv. Tanucci muove loro alla fine della sua arringa.

ACCUSATI	ACCUSE
....	....
....	....
....	....
....	....

G. Trovare dei sinonimi delle seguenti parole sottolineate nel testo.

1. elevava
2. antistante
3. catena d'assemblaggio
4. nocciolo dell'accusa
5. a guisa
6. incasso

7. fregola
8. rubacchiare
9. smerciare
10. venditori di fumo
11. furbo
12. piluccare

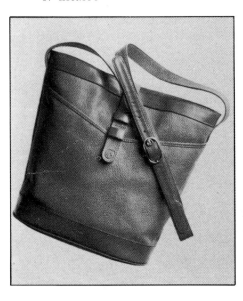

H. *Immaginando di essere tra il pubblico presente nell'aula del tribunale, formulare frasi usando il congiuntivo.*

Esempio. *Auguratevi la vittoria dell'avv. Tanucci.*
Vinca Tanucci / Faccia vedere chi è il vero truffatore!

1. Fate raccomandazioni all'avvocato.
2. Esprimete cattivi auguri alle case delle grandi firme.
3. Gridate ai signori del tribunale di assolvere Alessandro Esposito.
4. Fate supposizioni su come la polizia ha scoperto il laboratorio clandestino.
5. Siete davanti a una borsa: fatevi domande sulla sua autenticità.
6. Cercate scusanti per chi non ha letto tutta la scritta esposta sugli oggetti in vendita.
7. Vi accorgete di essere stati truffati: insultate il venditore.
8. Ordinate al negoziante di restituirvi i vostri soldi.
9. Esprimete un caloroso augurio all'inventività napoletana.
10. Esprimete la vostra meraviglia per la precisione di un oggetto contraffatto.

I. *Inserire il pronome relativo appropriato e se necessario aggiungere la preposizione.*

Esempio. *Gli agenti sono arrivati all'alba nei vicoli di Napoli in cui c'era una vera e propria catena di montaggio.*

1. Truffa e falsificazione sono i capi di accusa .... alcuni venditori sono finiti in tribunale.
2. Antonio Tanucci è un avvocato napoletano .... motto è: «La giustizia è come una scarpa stretta: bisogna sempre usare un calzatoio per poterla infilare».
3. L'arringa .... l'avvocato ha difeso il suo cliente è un capolavoro di arte oratoria.
4. Bisogna fare attenzione ai venditori .... vendono merce a metà prezzo.
5. Sulla bancarella c'era un cartello .... si leggeva un messaggio bizzarro.
6. Sono colpevoli anche i compratori disattenti .... obiettivo è il forte risparmio.
7. I capolavori .... i grandi pittori del passato non mettevano la firma erano apprezzati per il loro valore intrinseco.

8. È facile da contraffare il marchio .... simbolo è solo una serie di «L» e di «V» intervallate da fiorellini.

9. Una signora portava un abito con una enorme cintura metallica con l'intero nome dello stilista .... l'aveva comprata.

10. Vorrei regalare un orologio autentico a una persona .... voglio fare un'impressione molto positiva.

L.   Mettere i verbi indicati al tempo e al modo opportuno.

Falsissimi quasi veri

1. Pare che negli ultimi quindici anni l'Italia (più prolifica di Hong Kong) DIVENTARE .... un immenso laboratorio del falso.

2. Secondo sondaggi recenti, la regione più attiva e copiona ESSERE .... la Toscana dove prospera l'industria della pelle.

3. A rifare pari pari tessuti e stampati sembra che METTERSI .... Piemonte, Lombardia e Veneto, mentre la Campania produce fibbie e cinture.

4. Si calcola che questa fiorente industria RENDERE .... circa 5 miliardi l'anno: ogni due veri, dall'Italia si esporta un falso.

5. Gli imitatori imperversano. Non c'è *status symbol* che non TROVARE .... oggi sul mercato solerti falsari.

6. Sono molti i proprietari delle grandi marche che, per tutelarsi dal mare dilagante delle imitazioni, RIUNIRSI .... in un «comitato per la lotta contro le contraffazioni».

7. Inoltre sarebbe una buona idea che tutti i legali delle varie case sparsi nel mondo FORMARE .... un comitato per tenere sotto controllo la situazione negli altri paesi.

8. «Il fenomeno è così devastante che si calcola ESISTERE .... ormai due industrie parallele», ha affermato il presidente del comitato.

9. Il prezzo di un orologio, di un foulard, di una borsa è molto inferiore a quello dell'oggetto originario perché i produttori non PAGARE .... le tasse, LAVORARE .... in clandestinità e USARE .... materiali scadenti.

10. Ma i numerosi sequestri effettuati finora hanno rivelato che oggi, accanto a prodotti imitati alla meno peggio, ESSERCENE .... altri che VENIRE .... fuori dai laboratori specializzati, a volte

11. I membri del comitato hanno deciso di chiedere che la Guardia di Finanza COSTITUIRE .... una squadra speciale simile a quelle che si occupano delle frodi alimentari e del recupero delle opere d'arte.

12. Secondo quanto afferma uno degli avvocati del comitato, bisogna inoltre che la giustizia SVELTIRE............................ i processi.

13. «Sapeste quante cause cadono in prescrizione sebbene l'articolo 473 del codice penale PREVEDERE............................ la reclusione fino a tre anni per falsificazione».

14. Per salvaguardare il buon nome della «maison», il presidente della Cartier ha ordinato che una squadra speciale SEQUESTRARE .... a Tokyo mille copie perfette dei celebri orologi prodotti dalla sua casa.

15. Sotto gli occhi allibiti di migliaia di giapponesi, un rullo compressore DISINTEGRA............................ gli esemplari falsi che venivano venduti a metà prezzo.

M. Completare le frasi dicendo come reagireste o avreste reagito voi nelle seguenti situazioni.

1. Se mi avessero regalato un oggetto di cui non ho nessuna necessità.
2. Se dovessi comprare un regalo importante per una persona speciale.
3. Se avessi speso un sacco di soldi e scoprissi di essere stato truffato.
4. Se fossi l'inventore di un profumo eccezionale e qualcuno me lo copiasse.
5. Se il negoziante a cui ho chiesto di cambiare un oggetto, mi dicesse che l'articolo in questione è solo una riuscitissima imitazione.

N. Scrivere una risposta ai mittenti della seguente lettera.

Caro amico,
per le feste di Natale abbiamo ricevuto un portaghiaccio di argento e pelle presentato in scatola e carta siglata di una nota gioielleria. Non avendo nessuna necessità di tale oggetto, siamo andati al negozio per chiedere di cambiarlo con qualche altra cosa. Ci siamo sentiti rispondere: primo, l'oggetto non era d'argento bensì di metallo; secondo, non era stato acquistato in quel negozio.

Ora devi sapere che per sdebitarci di quel dono, che avevamo ovviamente sopravvalutato, abbiamo a nostra volta acquistato per questi amici un portasigarette da tavolo d'argento «vero». E siamo stati ringraziati solo distrattamente. Cosa ne pensi?

(P. & C. Varese)

Lezione 21

IL CALVARIO DELL'UNIVERSITÀ

Nelle nostre università si studia male. E certo non per colpa dei docenti e degli studenti. Anzi gli allievi (soprattutto) e i professori meriterebbero un applauso: in gran parte degli atenei italiani la «qualità dello studio» è estremamente bassa, mentre l'indice di sopportazione da parte degli utenti è altissimo.

Soprattutto le sedi delle grandi città (Roma, Napoli ma ora anche Bologna, Firenze), sono insufficienti rispetto alla massa degli iscritti che continua a gonfiarsi. Le strutture sono superate, talvolta fatiscenti; le aule delle lezioni spesso sono superaffollate (e chissà, forse arriveremo alla prenotazione del posto a sedere), le sessioni di esame non si adeguano al numero degli studenti. Frequentare l'università è una fatica quotidiana che va ben al di là del dovere. La passione per lo studio, la fame di cultura e la speranza della laurea invece di essere incentivate, vengono punite.

E poi gli addetti ai lavori si lamentano se sono pochi gli universitari che riescono a conquistare il «pezzo di carta»: appena ottantamila l'anno, contro i 124mila della Germania, i 106mila dell'Inghilterra e i 164mila della Francia. La bassa «qualità dello studio» provoca conseguenze gravi per un paese moderno e preoccupanti per lo sviluppo futuro dell'Italia. Ciò non toglie che nel conto delle disfunzioni organizzative e strutturali vi siano anche responsabilità diffuse, come dimostra il recente studio del «Mulino» intitolato «Il mandarinato residuale. Note sul collasso dell'università». La ricerca è un'accusa precisa ai docenti: i professori a tempo pieno devono essere presenti in ufficio 350 ore l'anno (in media sette, otto ore a settimana!) per uno stipendio tra i quattro e i cinque milioni al mese; ai ricercatori invece (il primo livello dell'attività accademica) si richiedono tre ore di lavoro la settimana, in cambio di uno stipendio di 3 milioni e mezzo. A questo non piccolo privilegio, aggiungiamo il fatto che nessuno controlla la «produttività» dei docenti.

Comunque la vita dell'universitario è difficile anche per altre ragioni. Il nostro sistema d'insegnamento post-secondario è ingiusto, profondamente iniquo perché non mette gran parte degli studenti nelle condizioni di poter completare gli studi, senza dover ricorrere a salti mortali (magari un lavoretto a metà tempo) o ai sacrifici della famiglia. Altro che storie: l'università di massa, «santificata» dalla liberalizzazione degli accessi, è rimasta sulla carta. È oggi l'università seleziona come e più di prima. Rendendo vano quello che si pensava fosse un principio democratico, di «eguaglianza», e cioè che tutti hanno diritto allo studio. Se questo diritto non ha il supporto di strutture e soldi, rimane soltanto nel libro dei sogni. E la buona volontà non basta più per riuscire ad arrivare in fondo al percorso, perché se uno studente non dispone dei mezzi necessari abbandona l'università già un anno dopo l'iscrizione. Così si spiega perché su cento universitari appena trenta conquistano la laurea.

L'iniquità del sistema è stata per molti anni al centro di dibattiti e di scontri diciamo «vivaci». E solo chi non voleva capire ha interpretato il movimento della «Pantera» unicamente come una scopiazzatura di antiche proteste. In realtà l'università italiana ha troppe falle. Proprio per iniziare a tappare qualche buco, nei giorni scorsi è stata finalmente approvata in via definitiva dal Senato la legge sul diritto allo studio. Sappiamo che una legge non risolve i problemi, ma nel vuoto di iniziativa dei nostri atenei c'è almeno un ministero che si muove. Con questa riforma, a piccoli passi, si stanno introducendo innovazioni che cambieranno alcune regole del sistema universitario.

Il diritto allo studio, operativo fra qualche giorno, elimina il vecchio «presalario» (che veniva attribuito in base al reddito), e introduce il «prestito d'onore». Che cos'è? I giovani più «poveri» potranno appunto chiedere un prestito (tra i venti e i venticinque milioni) che gli permetterà di studiare senza dover pesare sui genitori. E dopo la laurea, con la sicurezza di un lavoro (sempre che riesca ad averlo), l'ex studente restituirà i soldi ottenuti in «prestito». Inoltre la legge prevede che documentando la condizione finanziaria della famiglia, lo studente «indigente» potrà chiedere una borsa di studio, la cui entità verrà decisa dai singoli atenei. Borse di studio andranno anche agli universitari con i migliori voti. E per chi è veramente in una situazione disagiata, è prevista la frequenza gratuita degli studi. Insomma potremmo chiamarla «operazione fiducia»: fiducia nei confronti degli studenti capaci e meritevoli privi di mezzi.

Resta la domanda: chi paga? Secondo alcuni calcoli, per garantire il diritto allo studio come previsto dalla legge approvata, servirebbero almeno cinquecento miliardi. Una cifra lontana, lontanissima dai 50 miliardi stanziati per il '91 e dai 25 miliardi per il '92. Ma da qualche parte i soldi dovranno uscire. Il ministro per l'Università, Antonio Ruberti, ha già detto qual è, secondo lui, la strada da seguire: un aumento delle tasse d'iscrizione. E in proposito qualcuno ha parlato di «ticket universitario».

Slogan a parte, è indubbio che un aumento ci sarà e anche il criterio indicato - chi ha di più paga tasse più alte - è sicuramente da prendere in considerazione. Tuttavia non si comprende per quale motivo lo Stato non debba «investire» con risorse significative nel diritto allo studio. Settantacinque miliardi in due anni sono una cifra irrisoria, che oltretutto deresponsabilizza lo Stato rispetto a un «settore» sul quale dovrebbe puntare. Invece bisogna pensare ad una pluralità delle fonti di finanziamento: intervento pubblico, famiglie, privati. D'altronde l'università (intesa come fabbrica della didattica e della ricerca) non appartiene all'intera società?

GUGLIELMO PEPE, *La Repubblica,*
1 novembre 1991

A. *Rispondere alle seguenti domande.*

1. Quali sono i mali dell'università italiana reperibili nell'articolo appena letto?
2. Quali sono i cambiamenti positivi che si prefigge la nuova legge sul diritto allo studio?

B. *Dare il contrario dell'espressione sottolineata.*

1. Nelle università si studia <u>male</u>.

2. Non è <u>colpa</u> dei docenti e degli studenti.
3. Gli allievi e i professori meritano un <u>applauso</u>.
4. L'indice di sopportazione da parte degli utenti è <u>altissimo</u>.
5. La massa degli iscritti continua a <u>gonfiarsi</u>.
6. Le strutture sono <u>superate</u> e spesso <u>fatiscenti</u>.
7. Frequentare l'università è una <u>fatica</u> quotidiana.
8. La passione per lo studio e la fame di cultura non vengono <u>incentivate</u> ma <u>punite</u>.
9. Per le disfunzioni organizzative e strutturali ci sono responsabilità <u>diffuse</u>.
10. Il nostro sistema d'insegnamento post-secondario è profondamente <u>iniquo</u>.
11. L'università di massa <u>è rimasta sulla carta</u>.
12. Oggi l'università seleziona come prima <u>rendendo vano</u> il principio che tutti hanno diritto allo studio.

Università di Pavia - Cortile

C. *Dare l'aggettivo corrispondente al sostantivo, e viceversa il sostantivo corrispondente all'aggettivo, seguendo gli esempi.*

1. L'<u>iniquità</u> del sistema   *Il sistema iniquo*
2. Dibattiti <u>vivaci</u>   *La vivacità degli scontri*
3. Una <u>scopiazzatura</u> di antiche proteste   ....
4. Le funzioni <u>organizzative</u>   ....

5. La <u>sicurezza</u> di un lavoro ....
6. Lo studente <u>indigente</u> ....
7. Una situazione <u>disagiata</u> ....
8. Risorse <u>significative</u> ....
9. La <u>responsabilità</u> dello Stato ....
10. La <u>pluralità</u> delle fonti di finanziamento ....

D. *Trasformare le seguenti frasi usando la costruzione passiva come indicato nell'esempio.*

    Esempio.   *Nella tradizione medievale e moderna si designa col nome di «università» l'istituzione che abbina l'insegnamento alla ricerca scientifica.*
                    <u>*Nella tradizione medievale e moderna è designata col nome di «università» l'istituzione che abbina l'insegnamento alla ricerca scientifica.*</u>

L'università nella storia: genesi e caratteristiche fondamentali

1. Si è soliti dire che l'università moderna si forma alla fine del Medioevo.
2. Ma anche nell'antichità classica si trovano istituzioni che, per la profondità della ricerca scientifica e il metodo della trasmissione del sapere, si possono già considerare vere e proprie università.
3. Infatti all'università il sapere si trasmette attraverso l'insegnamento e il dibattito.
4. In questo senso l'«università» antica si può paragonare a quella medievale.
5. Però l'università antica (così ci piace chiamarla) si distingue da quella medievale per il suo assetto giuridico.
6. Cioè, nell'università antica non si conferiscono gradi accademici.
7. Mentre nell'università medievale, sia privata sia pubblica, si concede il riconoscimento giuridico a chi ha approfittato del suo insegnamento.
8. Questa caratteristica fondamentale e costitutiva dell'università medievale si mantiene intatta anche nell'università moderna.

E. *Trasformare le seguenti frasi usando la costruzione passiva come indicato nell'esempio.*

    Esempio.   *L'università, sia medievale sia moderna, concede gradi accademici come sua caratteristica costitutiva.*
                    <u>*I gradi accademici sono concessi dall'università come sua caratteristica costitutiva.*</u>

L'università nella storia:
sua duplice funzione sociale e culturale

1. Corporazioni private di insegnanti da una parte e di studenti dall'altra costituivano le prime università medievali.
2. La corporazione dei docenti, come ogni corporazione artigiana, stabiliva le norme che autorizzavano ad esercitare quell'arte.
3. Così l'*universitas* dei *doctores*, dopo congruo esame, concedeva la *licentia*, che era essenzialmente l'assunzione dello scolaro nell'ambito stesso dei docenti.
4. Quindi la corporazione di docenti crea nuovi docenti.
5. Cioè, l'università realizza la ricerca scientifica in una scuola.
6. I suoi maestri addestrano una schiera di scolari, eletta e perciò esigua, a proseguire la loro opera.
7. Più tardi nuovi scolari formeranno altri scolari che a loro volta continueranno la ricerca.
8. In realtà la grande maggioranza degli scolari, che pure conseguono il grado di *doctores*, usano quello che hanno imparato nelle professioni.
9. Ecco allora il grande problema storico: l'università prepara i suoi studenti per la docenza entro se stessa o per la professione al di fuori?
10. Questa duplice funzione sociale e culturale ha spesso creato tensioni.

Università di Padova - Teatro anatomico

F. Cominciare ogni frase con «*NEL 1949 L'ENCICLOPEDIA ITALIANA SCRIVE /
AFFERMA CHE*», e continuare come indicato facendo attenzione alla sequenza
dei tempi dell'indicativo.

Esempio.   Le prime università / non sorgere da un momento all'altro.
             Nel 1949 l'Enciclopedia Italiana scrive che le università non sono sorte da
             un momento all'altro.

L'università nella storia:
le prime università

1. Lo *studium generale* / nascere a poco a poco da una scuola ecclesiastica,
    da una tradizione di studi, talora dall'influsso intellettuale di una singola
    personalità.
2. Dal punto di vista strettamente cronologico, la prima università medievale
    / essere senza dubbio quella di Salerno.
3. La famosa scuola di medicina / sussistere infatti in tale città fin dalla metà
    del sec. XI, / e rimanere per circa due secoli il più illustre centro europeo
    di scienza medica.
4. Seguire poi nel sec. XII Bologna e Parigi.
5. Bologna / già esistere da qualche tempo come scuola specializzata di diritto
    romano.
6. E presto / svilupparsi fino a comprendere anche medicina e filosofia.
7. Tipica università di *docenti* / essere Parigi, che / avere la consuetudine
    di rilasciare *licentiae* attestanti l'attitudine ad insegnare quanto / essersi
    appreso.
8. Immediatamente dopo Bologna e Parigi / nascere la tradizione inglese, che
    / accentrarsi intorno alle due università di Oxford e Cambridge.

G. Cominciare ogni frase con «*NOI L'AVEVAMO DETTO GIÀ TEMPO FA CHE*», e
continuare come indicato, badando che nelle prime 4 frasi si tratta di fatti/
azioni/opinioni contemporanei all'enunciazione, nelle successive 4 anteriori, e
nelle ultime 4 posteriori.

Esempio.   La situazione ESSERE drammatica.
             Noi l'avevamo detto già tempo fa che la situazione era drammatica.

Dichiarazioni, reazioni, polemiche
«Noi l'avevamo detto»

1. Nelle università italiane si STUDIARE .... male.

2. I professori BOCCIARE .... molti studenti.

3. Gli studenti PROTESTARE .... troppo.

4. Nessuno IMPEGNARSI .... veramente a migliorare la situazione.

5. L'università ormai da tempo non RICHIAMARE .... più i migliori ricercatori.

6. Ormai da tempo nessuno più CONTROLLARE .... la produttività dell'università, né quella della ricerca né quella dell'insegnamento.

7. Da parecchio tempo, pochi studenti RIUSCIRE .... a conquistare il «pezzo di carta» finale.

8. Il diritto democratico allo studio RIMANERE .... sulla carta.

9. La nuova legge sul diritto allo studio AIUTARE .... poco gli studenti privi di mezzi.

10. Con il «prestito d'onore» SORGERE .... il problema del finanziamento.

11. Quindi con il «prestito d'onore» certamente AUMENTARE .... le tasse d'iscrizione.

12. Il «prestito d'onore» DERESPONSABILIZZARE .... lo Stato nei confronti dell'istruzione post-secondaria, settore sul quale invece DOVERE .... puntare.

H. *Inserire le richieste, gli ordini o le risposte nelle rispettive frasi apportando i dovuti cambiamenti.*

1. Gli studenti scioperano e chiedono al Rettore che ...
   «Dateci un'università migliore!»

2. Il Rettore ordine agli studenti in sciopero che...
   «Tornate a lezione!»

3. Il Rettore chiede ai politici che...
   «Dateci più soldi!»

4. I politici rispondono al Rettore che...
   «Arrangiatevi da soli!»

5. Anni fa la società chiedeva ai politici che...
   «Non mandate all'università solo i figli dei ricchi!»

6. I politici hanno risposto che...

«Naturalmente ci vadano tutti i bravi!»
7. Gli studenti chiedevano alle facoltà che...
«Dateci piani di studio più liberi!»
8. Le facoltà ordinavano agli studenti che...
«Fate quello che diciamo noi!»

9. Nel duemila la società chiederà all'università che...
«Sfornate studenti meglio preparati!»
10. L'università risponderà che...
«Metteteci in condizioni di poterlo fare!»
11. I professori chiederanno all'università che...
«Alzateci lo stipendio!»
12. L'università ordinerà ai professori che...
«Non scioperate!»

I. *Sistemare i verbi nei tempi e modi opportuni.*

1. A Napoli l'università non funziona. Se gli studenti SAPERE
.... dove parcheggiare le macchine, ANDARE
.... più spesso a lezione.
2. Se tutti gli studenti ANDARE .... sempre a lezione, non
ci STARE .... nelle aule.
3. L'università è già troppo grande. Non è giusto che CRESCERE
.... ancora. Sarebbe molto meglio invece che si DECI-
DERE .... a costruirne un'altra e che si STANZIARE
.... fondi a quello scopo.
4. Non si capisce come gli studenti di Napoli TOLLERARE
.... finora una situazione del genere. Forse col tempo
essi ABITUARSI ...., ma i primi mesi da matricola
ESSERE .... piuttosto duri. Non solo bisogna che essi
ABITUARSI .... ad un nuovo tipo di studio, ma DOVERE
.... anche affrontare problemi di carattere pratico e
logistico.
5. Nonostante le autorità accademiche ora FARE il
possibile per migliorare la situazione, è difficile prevedere che ACCADERE
.... miracoli a breve scadenza.
6. Per quanto finora gli studenti AGITARSI .... in continuazione e PROTESTARE .... con occupazioni, RIUSCI-
RE .... ad ottenere ben poco.
7. Gli studenti minacciano il rettore: «Se Lei non ci ASCOLTARE

............................., noi OCCUPARE....................................... gli istituti e RICORRERE .... alla forza: ormai ESSERE .... stufi di promesse e PASSARE............................ ai fatti».

8. Date le condizioni in cui sono obbligati a studiare, non fa meraviglia che ogni tanto gli studenti RIBELLARSI .... e COMPORTARSI .... male.

9. Che poi ESSERCI .... alcuni studenti che ne APPROFIT-TARE .... è purtroppo ovvio, come è evidente che ESSERCI .... anche docenti che FARE .... la stessa cosa.

10. ESSERE .... probabile che nell'immediato futuro la situazione non CAMBIARE ....

E Napoli non è certo la sola università che non funziona.

L.   *Dare il proprio parere.*

1. Secondo voi come dovrebbero essere

   a. le aule dell'Università Ideale
   b. i parcheggi
   c. i giardini
   d. le mense
   e. le sale di ricreazione
   f. la biblioteca

2. A proposito del personale, come vorreste che fossero

   a. i docenti
   b. il personale tecnico
   c. i bidelli

3. Riguardo all'insegnamento, come vorreste che fossero

   a. le lezioni
   b. le esercitazioni
   c. i seminari
   d. gli esami

M.   *Descrivete brevemente l'università o la scuola che frequentate e le sue strutture.*

Lezione 22

BUROCRAZIA

LA PATENTE

Storia di un cittadino che ha perso la licenza di guida e cerca disperatamente di procurarsene un'altra

MILANO. Che io scriva queste righe e che «L'Espresso» me le pubblichi è l'ultima conferma del fatto che sono un privilegiato, come sarà messo in chiaro da questa storia. Se fossi un cittadino comune non solo sarei stato sottoposto alle angherie di cui rendo ora testimonianza, ma ben altre ne avrei subite, e non potrei neppure parlarne. Se sono ancora qui a scrivere è perché sono stato aiutato da molte società segrete, come oggi si usa. Il lettore quindi mi perdonerà se nel narrare questa vicenda altererò i nomi e le funzioni di molte persone, per non coinvolgerle nella mia rovina.

Dunque, nel maggio dell'ottantuno, di passaggio ad Amsterdam, perdo (o mi viene rubato in tram — perché si borseggia persino in Olanda) un portafoglio che conteneva pochi soldi ma varie tessere e documenti. Me ne accorgo al momento della partenza, all'aeroporto, e vedo subito che mi manca la carta di credito. A mezz'ora dalla partenza mi butto alla ricerca di un posto dove denunciare lo smarrimento, vengo ricevuto in cinque minuti da un sergente della polizia areoportuale, che parla un buon inglese, mi spiega che la cosa non è di loro competenza perché il portafoglio è stato smarrito in città, comunque acconsente a stendere a mac-

china una denuncia, mi assicura che alle nove, quando aprono gli uffici, telefonerà lui stesso all'American Express, e in dieci minuti risolve la parte olandese del mio caso. Rientrato a Milano telefono all'American Express, il numero della mia carta viene segnalato in tutto il mondo, il giorno dopo ho la carta nuova. Che bello vivere nella civiltà, mi dico.

Poi faccio il conto delle altre tessere perdute e sporgo denuncia alla questura: dieci minuti. Che bello, mi dico, abbiamo una polizia come quella olandese (e dire che non avevano ancora liberato Dozier). Tra le tessere ce n'è una dell'ordine giornalisti, e riesco a riaverne un duplicato in tre giorni. Che bello. Ahimé, avevo anche smarrito la patente. Mi pare il guaio minore. Questa è roba da industria automobilistica, c'è una Ford nel nostro futuro, siamo un paese di autostrade. Telefono all'Automobile Club e mi dicono che basta che io comunichi il numero della patente smarrita. Mi accorgo che non l'avevo segnato da nessuna parte, se non sulla patente, appunto, e cerco di sapere se possono guardare sotto il mio nome e trovare il numero. Ma pare che non sia possibile.

Io devo guidare, è cosa di vita o di morte, e decido di fare ciò che di solito non faccio: andare per vie traverse e privilegiate. Di solito non lo faccio, perché mi spiace seccare amici o conoscenti e odio quelli che fanno lo stesso con me, e poi abito a Milano, dove se si ha bisogno di un documento in Comune non occorre telefonare a Tognoli, si fa prima a mettersi in fila allo sportello, dove sono piuttosto efficienti. Ma tant'è, l'automobile ci rende tutti un po' nervosi, e telefono a Roma a un'Alta Personalità dell'Automobile Club, la quale mi mette in contatto con un'Alta Personalità dell'Automobile Club di Milano, la quale dice alla sua segretaria di fare tutto quello che può. Può ahimè, pochissimo, malgrado la sua gentilezza. Mi insegna alcuni trucchi, mi spinge a ricercare una vecchia ricevuta di un noleggio Avis, su cui appare in carta carbone il numero della mia patente, mi fa sbrigare in un giorno le pratiche preliminari, poi mi indirizza dove si deve andare, e cioè all'ufficio patenti della Prefettura, un immenso androne pullulante di una folla disperata e puteolente, qualcosa come la stazione di Nuova Dehli nei film sulla rivolta dei Cipays, dove i postulanti, che raccontano storie terribili («io sono qui dal tempo della guerra di Libia»), campeggiano con thermos e panini, e arrivano alla fine della fila, come accade a me, quando lo sportello ormai si chiude.

In ogni caso, devo dire, è cosa di pochi giorni di coda, nel corso dei quali, ogni qual volta si arriva allo sportello ci si accorge che bisognava riempire un altro modulo o comperare un altro tipo di marca da bollo, e si ricomincia la fila; ma questo si sa, è nell'ordine delle cose. Tutto bene, mi si dice, torni tra una quindicina di giorni. Per intanto, taxi.

Quindici giorni più tardi, dopo aver scavalcato alcuni postulanti che ormai hanno ceduto e sono in coma, apprendo allo sportello che il numero che avevo ricuperato sulla fattura Avis, vuoi per errore alla fonte, vuoi per carenza di carta carbone, vuoi per deperimento dell'antico documento, non è quello buono. Non si può far nulla se non denuncio il numero giusto. «Bene», dico, «voi non potete certo cercare un numero che non vi so dire, ma potete cercare sotto "Eco" e lì trovate il numero». No: vuoi cattiva volontà, vuoi sovraccarico di lavoro, vuoi che le patenti siano solo archiviate sotto il numero, questo non è possibile. Provi, mi dicono, là dove ha fatto originalmente la patente, e cioè ad Alessandria, tanti anni fa. Là dovrebbero poterle rivelare il suo numero.

Non ho tempo di andare ad Alessandria, anche perché non posso guidare, e ricorro alla seconda scorciatoia: telefono ad un compagno di liceo che è ora una Alta Personalità della finanza locale e gli chiedo di telefonare all'Ispettorato della motorizzazione. Costui prende una decisione altrettanto disonesta e telefona direttamente a un'Alta Personalità dell'Ispettorato della motorizzazione, la quale gli dice che non si possono comunicare dati del genere se non ai carabinieri. Penso che il lettore si renda conto di quale pericolo correrebbero infatti le istituzioni se il numero della mia patente venisse comunicato a cani e porci: Gheddafi e la KGB non aspettano altro. Dunque, top secret.

Rivado al mio passato e trovo un altro compagno di scuola che ora è un'Alta Personalità di un Ente Pubblico, ma gli suggerisco di non rivolgersi ad alte personalità della motorizzazione, perché la cosa è pericolosa e si potrebbe finire sotto commissione parlamentare. Piuttosto, opino, bisogna trovare una bassa personalità, magari un guardiano notturno, che possa essere corrotto e metta il naso nottetempo negli archivi. L'Alta Personalità dell'Ente Pubblico ha la fortuna di trovare una media personalità della motorizzazione, la quale non deve neppure essere corrotta, perché è abituale lettore dell'«Espresso», e decide per amore di cultura di rendere questo pericoloso servigio al suo corsivista prediletto (che sarei io). Non so cosa faccia l'ardimentosa persona, fatto sta che il giorno dopo ho il numero della patente, numero che i lettori mi permetteranno di non rivelare, perché ho famiglia.

Col numero (che ormai annoto dappertutto e celo in cassetti segreti in vista del prossimo furto o smarrimento) supero altre code alla motorizzazione milanese e lo sventolo davanti agli occhi sospettosi dell'incaricato. Il quale, con un sorriso che più nulla ha d'umano, mi comunica che devo anche palesare il numero della pratica con cui, nei lontani anni Cinquanta, le autorità alessandrine hanno comunicato il numero della patente alle autorità milanesi.

Ricominciano le telefonate ai compagni di scuola, la sventurata media personalità, che già tanto aveva rischiato, torna alla carica, commette alcune dozzine di reati, sottrae una informazione di cui pare i carabinieri siano ghiottissimi, e mi fa sapere il numero della pratica, numero che celo anch'esso, perché come si sa anche i muri hanno orecchie.

Ritorno alla motorizzazione milanese, me la cavo con pochi giorni di coda, ottengo la promessa di un documento magico entro una quindicina di giorni. Siamo ormai a giugno avanzato, e finalmente mi trovo tra le mani un documento in cui si dice che io ho presentato domanda per il rilascio della patente. Non esiste evidentemente un modulo per smarrimenti, e il foglio è di quelli che si rilasciano per esercitarsi alla guida, quando non si ha ancora la patente. Lo mostro a un vigile, chiedendo se con quello potrei guidare e l'espressione del vigile mi deprime: il buon ufficiale mi fa capire che se lui mi sorprendesse al volante con quel foglio mi farebbe pentire di essere nato.

In effetti me ne pento, e torno all'ufficio patenti...

UMBERTO ECO, *L'Espresso*, 7 marzo 1982

A. *Raccontare i fatti come risultano dal testo appena letto seguendo le indicazioni date.*

1. In Olanda.
2. A Milano in un primo tempo.
3. Risposta dell'Alta personalità di Roma.
4. Risposta dell'Alta Personalità di Milano.
5. Suggerimenti della sua segretaria.
6. In Prefettura.
7. Ad Alessandria.
8. Reazione del 1° ex-compagno di scuola.
9. Interessamento del 2°, in un primo momento.
10. In un secondo momento.

B. *Descrivere con gli aggettivi adatti lo stato in cui sarebbero le seguenti persone / cose, secondo il giornalista.*

    1. la polizia olandese, che pare sia ...
    2. la civiltà di oggi, ...
    3. la Prefettura di Milano, ...
    4. la stazione di Nuova Dehli, ...
    5. le Alte Personalità, ...
    6. le basse personalità, ...
    7. le medie personalità, ...
    8. la burocrazia italiana ...

C. *Spiegare.*

    1. ... anche in Olanda si borseggia ...
    2. ... ma tant'è, la macchina rende tutti un po' nervosi ...
    3. ... una folla puteolente fa la coda in Prefettura ...
    4. ... vuoi per cattiva volontà, vuoi per troppo lavoro ...

D. *Rispondere.*

    — Quali altre professioni hanno un «ordine» proprio?
    — Che altre pratiche amministrativo-burocratiche si vanno a fare in Questura?
    — E all'Ispettorato della Motorizzazione?

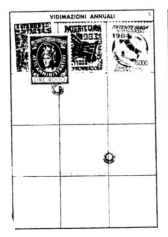

E. Inserire le forme verbali che mancano.

T.U. DELLE NORME SULLA CIRCOLAZIONE
D.P.R. 15 giugno 1959, n. 393

Articolo 80 — (omissis) ... Il titolare di patente di guida deve, nel termine di 20 giorni, comunicare alla Prefettura, nella cui circoscrizione si trova il comune di residenza, il trasferimento di residenza perché .... annotato sulla patente.

(Omissis) ... Il titolare di patente di guida che omette di comunicare il trasferimento di residenza nel termine stabilito .... punito con l'ammenda da lire 4.000 a lire 10.000. La patente .... ritirata immediatamente da chi accerta la contravvenzione, e .... inviata alla Prefettura presso la quale l'interessato dichiara di voler chiedere l'annotazione del trasferimento di residenza e .... restituita dopo l'adempimento della prescrizione omessa.

Articolo 87 — (Omissis) ... Chiunque munito di patente per autoveicoli e motoveicoli, guidi un autoveicolo o motoveicolo di categoria diversa da quelle per le quali la patente è valida, ovvero pur guidando veicolo della stessa categoria in servizio pubblico è munito di patente a uso privato ... (omissis) .... punito con l'arresto fino ad un mese o con l'ammenda da lire 10.000 a lire 40.000 ... (omissis) ...

Articolo 90 — (Omissis) ... Il conducente di veicoli a motore deve avere con sé la patente di guida o l'autorizzazione per l'esercitazione. Chiunque viola le disposizioni del presente articolo .... punito con l'ammenda da lire 4.000 a lire 10.000.

F. Ripassando alcune norme di circolazione, trasformare le frasi secondo l'esempio.

Esempio. Si deve rispettare la segnaletica stradale.
        La segnaletica va rispettata o deve essere rispettata.

1. Davanti al cartello numero 1, si deve dare la precedenza.
2. Con il secondo non si deve fare la svolta a destra.
3. Se c'è il terzo, non si deve suonare il claxon o comunque non si debbono usare segnali acustici.
4. Se c'è il cartello numero 4, non si dovranno superare i 50 km all'ora.
5. «Lei è in contravvenzione! Doveva rispettare lo stop!»

6. Se vedete il cartello numero 5, dovete fermare completamente il mezzo e dare via libera agli altri veicoli.
7. Con il sesto cartello non è possibile invertire la marcia: si deve mantenere la stessa direzione.
8. Attenzione alle cunette o ai dossi: bisogna mantenere un'andatura moderata.
9. Qua non si può parcheggiare, ma si deve mettere la macchina negli spazi previsti.

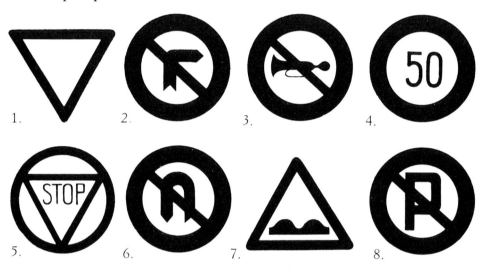

G. *Mettere al passivo.*

1. In Olanda, avevano rubato il portafoglio al giornalista.
2. Pare che là in brevissimo tempo gli abbiano consegnato tutte le informazioni necessarie.
3. In Italia invece non gli hanno procurato il duplicato della patente.
4. L'autore avrebbe dovuto comunicare il numero della patente smarrita all'ACI.
5. Per avere quel numero U. Eco ha dovuto fare una lunga serie di telefonate a persone importanti.
6. La segretaria dell'Alta Personalità dell'ACI ha insegnato qualche trucco al giornalista.
7. Alla Prefettura gli hanno dato la notizia che il numero era sbagliato.
8. A quanto pare gli impiegati comunicherebbero dati personali solo ai carabinieri.
9. Infine, una media personalità rivela ad Eco il numero della sua patente.
10. Alla fine, daranno al giornalista il duplicato della patente?

H. *Sostituire il SI alle altre forme.*

Abito a Milano, dove, se <u>hai</u> bisogno di un documento in Comune, non <u>devi</u> telefonare al Sindaco; <u>fai</u> prima a metter<u>ti</u> in fila allo sportello, dove sono piuttosto efficienti ... Per avere la patente <u>vai</u> all'ufficio Patenti della Prefettura e quando ci <u>arrivi</u>, <u>ti metti</u> in fila, <u>campeggi</u> con thermos e panini e, a volte, quando <u>finisci</u> di stare in coda, lo sportello è ormai chiuso.

In ogni caso è cosa di pochi giorni, ogni qualvolta <u>tu arrivi</u> allo sportello, <u>ti accorgi</u> che <u>dovevi</u> riempire un altro modulo o che <u>dovevi</u> comprare un altro tipo di marca da bollo. Così <u>ricominci</u> la fila, ma questo <u>la gente lo sa</u>, è nell'ordine delle cose. «Tutto bene», mi <u>dicono gli impiega-ti</u>, «torni fra una quindicina di giorni». Per intanto non <u>puoi</u> guidare liberamente, ma se <u>devi</u> girare, <u>devi</u> andare in taxi e <u>spendi</u> un bel po' di quattrini. Oppure <u>fai</u> finta di niente e <u>rischi</u> di far<u>ti</u> sorprendere al volante dai vigili ...

I. *Come sopra.*

All'Ufficio Patenti <u>passate</u> ore interminabili. <u>Incontrate</u> molti poveri postulanti che, disgraziati, aspettano in un immenso androne. <u>Sentite</u> storie terribili e alla fine <u>potete</u> scavalcare postulanti ormai in coma.

Se non <u>volete</u> spendere cifre vertiginose in taxi e non <u>volete</u> pagare multe inutilmente, che soluzioni <u>potete</u> prendere? <u>Dovrete</u> rispettare le leggi inesorabili della burocrazia oppure <u>potrete</u> seguire i suggerimenti del giornalista per accelerare le pratiche?

<u>Qualcuno dice</u> che la soluzione è una sola: «<u>Potremmo</u> impiegare i brigatisti pentiti agli Uffici Patenti (loro sanno come produrre patenti false con estrema rapidità). I brigatisti hanno quelle che <u>la gente chia-ma</u> le abilità tecniche, dispongono di molto tempo libero e, come <u>dicono i moralisti</u>, il lavoro redime». Così in un sol colpo <u>vengono liberate</u> molte celle nelle carceri, <u>vengono rese</u> socialmente utili persone che l'ozio coatto potrebbe ripiombare in pericolose fantasie, e un servizio è <u>reso</u> sia al cittadino a quattro ruote, sia al cane a sei zampe.

Simbolo dell'Ente
Nazionale Idrocar-
buri

L. *Continuare come suggerito nell'esempio, usando il verbo appropriato.*

   Esempio. Gli articoli, li si scrive o li si legge.

   1. Le angherie, le ...
   2. La fattura, quando la si riceve, ...
   3. Una denuncia, ...
   4. La coda allo sportello, la .... se si è disciplinati
                               la .... se si è prepotenti
   5. I moduli, ...
   6. Le telefonate, ...
   7. Le pratiche vecchie non le si butta via, ma ...
   8. Un segreto, non ...

M. *Scrivere un memorandum contenente almeno cinque provvedimenti che VAN-*
   NO (o ANDREBBERO) PRESI per evitare la spiacevole esperienza racconta-
   ta da U. Eco.

Lezione 23

SUI MONTI DEL BIELLESE: SI TRATTEREBBE DI UN MILIARDO IN OGGETTI D'ORO

ARMATO DI PENDOLINO UN «MAGO» CERCA IL TESORO DI FRA DOLCINO

VERCELLI — Un mago guida la caccia a un miliardo in oro sui monti del Biellese. Lo avrebbe nascosto Fra Dolcino, predicatore ribelle nato in Valsesia nel 1200, prima di finire sul rogo.

I cercatori hanno deciso di partire oggi da Gattinara e da Pray con il veggente Luciano Zamarchi di Pratrivero. *«Ho la mappa — assicura il mago — non ci saranno sorprese: si va a colpo sicuro. L'oro è come averlo già in tasca».* Luciano Zamarchi, 45 anni, cardatore in una filatura del Biellese, da tempo si occupa di occultismo, e all'inizio di quest'anno aveva fatto due previsioni che hanno poi sbalordito per la loro precisione: l'attentato al Papa e il terremoto al Sud. Adesso dice di avere in mano la mappa che lo guiderà fino alla galleria del Colle di Caulera, dove da 700 anni è sepolto il tesoro.

«È stato un pescatore a rivelarmi il segreto — spiega Zamarchi —. *Lo stavo curando per una grave malattia. Mi ha detto di aver trovato dei pezzi di candelabro d'oro. Un terremoto aveva spaccato la roccia ed erano venuti fuori i frammenti. Finora non ho potuto far niente perché mi aveva detto: "Non parlarne con nessuno finché non muoio". Forse aveva paura delle tasse».*

Adesso comunque il primo scopritore del tesoro è morto e il mago è pronto a partire con pala, piccone e tre pendolini. *«Il pescatore* — dice — *sarebbe servito a poco senza questi miei preziosi strumenti di lavoro».* Uno dei pendolini di Zamarchi è di ferro. *«Con questo* — sostiene — *trovo petrolio, carbone e minerali preziosi».* Gli altri due, di legno, a forma di uovo e cavi, vanno «farciti» del materiale che si vuole scoprire: in particolare, oro, platino, argento.

«Ho parlato troppo, però, di questa storia — si preoccupa il veggente —: *dovevano seguirmi una decina di amici, e invece in questi giorni si son fatte vive centinaia di persone per partecipare alla spedizione. Ho un po' di paura, alla partenza potremmo essere più di mille».*

Oltre al timore di scatenare una colossale zuffa per la spartizione del tesoro, Luciano Zamarchi deve stare in guardia anche per la sua incolumità. Dice con aria spaventata: *«Io avevo promesso di dividere in parti uguali. La mia quota sarebbe andata ai poveri. Ma adesso come me la caverò? Ormai non posso più muovermi. Se mi avvio verso il Colle di Caulera, dopo pochi minuti mi trovo alle spalle un corteo di una cinquantina di persone».*

«Siamo arrivati alle minacce — aggiun-

ge —: *l'altra sera ho ricevuto una strana telefonata. Una voce profonda mi ha detto: "Non cercare il tesoro altrimenti ti colpirà la vendetta di Clemente V"*».

Questo Papa fu il persecutore di Fra Dolcino. È stato lui a scatenare la crociata contro il celebre personaggio valsesiano e la sua compagna Margherita, rifugiatisi con un «numero grande di raminghi e fuorilegge» sulle alture biellesi.

Chi era Fra Dolcino? Un ribelle, un eretico, un saccheggiatore? O un precursore di Martin Lutero, un riformatore, che proclamava la fratellanza e lotta contro i tiranni? Nel 1300 il minimo che potesse capitare a uno che andava predicando contro l'eccessivo potere politico della Chiesa, la corruzione e la ricchezza del clero romano era di finire arso vivo. Fra Dolcino, infatti, catturato il Giovedì Santo del 1307, fu messo al rogo a Vercelli dopo che il boia, con tenaglie arroventate, gli aveva strappato il naso e i genitali.

«*Questo Clemente V* – dice impaurito Zamarchi – *non scherzava affatto. La minaccia di una sua vendetta mi ossessiona*». Ma alla gente di Pray, Borgosesia, Trivero, Ponzone e Crevacuore non importa niente delle paure del mago. Oggi vuole il tesoro. Il veggente, ieri sera, aveva qualche ripensamento. Forse progetta un rinvio «diplomatico». «*Il maltempo* — afferma — *mi disturba il pendolino*». Ma c'è di più: «*Mi son dimenticato di chiedere il permesso al proprietario del terreno. Inoltre dove il pendolino oscilla sicuro c'è l'antenna di una televisione privata*».

Eros Mognon, *La Stampa*, 3 ottobre 1981

A. Rispondere alle seguenti domande.

1. Che informazioni presenta il brano su Luciano Zamarchi?
2. Quali previsioni aveva fatto il «mago» all'inizio del 1981?
3. Qual è l'ammontare del tesoro?
4. Chi è stato il primo scopritore del tesoro?
5. Chi era Fra Dolcino?
6. Chi era Clemente V?
7. Cosa capitava a chi criticava la Chiesa nel Trecento?
8. Quali sono le paure del mago?

B. Trovare nel testo i sinonimi o i termini che corrispondono alle definizioni date.

1. Chi fa lunghi o pesanti discorsi d'ammonimento.
2. Colui che, ispirato dalla divinità, predice il futuro o rivela verità nascoste.
3. Pieno di stupore, meraviglia.
4. Imbottito, ripieno, riempito.
5. Baruffa, rissa, litigio.
6. Nomade, profugo, vagabondo.
7. Luogo alto, elevato.

8. Catasta di legno ardente, di forma pressoché piramidale, su cui si mettevano i cadaveri per bruciarli.

9. Strumento di ferro, formato da due leve incrociate, che serve per afferrare o stringere o sconficcare.

10. Proroga, rimando.

11. Uscire da un impiccio con poco o niente dramma.

12. Strumento di ferro a due punte lunghe, con lungo manico, per sfondare terreni, rompere o smuovere macigni.

C. *Passare a discorso indiretto i seguenti enunciati.*

1. «*Ho la mappa, non ci saranno sorprese: si va a colpo sicuro. L'oro è come averlo già in tasca*».

   Il mago ha assicurato che ...

2. «*È stato un pescatore a rivelarmi il segreto. Lo stavo curando per una grave malattia. Mi ha detto di aver trovato dei pezzi di candelabro d'oro. Un terremoto aveva spaccato la roccia ed erano venuti fuori i frammenti. Finora non ho potuto far niente perché mi aveva detto: "Non parlarne con nessuno finché non muoio". Forse aveva paura delle tasse*».

   Zamarchi ha spiegato che ...

3. «*Il pescatore sarebbe servito a poco senza questi miei preziosi strumenti di lavoro*».

   Zamarchi ha detto che ...

4. «*Con questo trovo petrolio, carbone, e minerali preziosi*».

   Lui sosteneva che ...

5. «*Ho parlato troppo, però, di questa storia: dovevano seguirmi una decina di amici, e invece in questi giorni si son fatte vive centinaia di persone per partecipare alla spedizione. Ho un po' di paura, alla partenza potremmo essere più di mille*».

   Il veggente si preoccupava di ...

6. «*Io avevo promesso di dividere in parti uguali. La mia quota sarebbe andata ai poveri. Ma adesso come me la caverò? Ormai non posso più muovermi. Se mi avvio verso il Colle di Caulera, dopo pochi minuti mi trovo alle spalle un corteo di una cinquantina di persone*».

   Lui ha detto con aria spaventata che ...

7. «*Siamo arrivati alle minacce: l'altra sera ho ricevuto una strana telefonata. Una voce profonda mi ha detto: "Non cercare il tesoro altrimenti ti colpirà la vendetta di Clemente V"*».

   Ha aggiunto che ... e ha spiegato che ...

8. «*Questo Clemente V non scherzava affatto. La minaccia di una sua vendetta mi ossessiona*».

Ha detto impaurito lo Zamarchi che...

9. «*Il maltempo mi disturba il pendolino*».

Ha affermato che

10. «*Mi son dimenticato di chiedere il permesso al proprietario del terreno. Inoltre dove il pendolino oscilla sicuro c'è l'antenna di una televisione privata*».

Ha concluso che...

D. *Fare dipendere i seguenti interrogativi dalle espressioni contenenti i verbi di domanda suggeriti e usare il congiuntivo o l'indicativo.*

Esempio. «*Come si chiama questo mago?*»
   Mi chiedo...
   <u>*Mi chiedo come si chiami / si chiama questo mago.*</u>

1. «*Perché il mio incantesimo non è riuscito?*»
   Il mago non capisce...
2. «*Non ha funzionato la mia formula magica o io ho sbagliato qualcosa?*»
   Il mago si domanda...
3. «*Dove è andato a finire il mio potere paranormale?*»
   Lui non sa...
4. «*Come può succedere che un errore di sintassi vinca la sua magia?*»
   Non capisco...

5. «*Adesso lui farà una stregoneria speciale, butterà il suo intruglio troppo sensibile alla correttezza linguistica o inventerà un'altra formula anti-incidenti?*»

    Non si sapeva...

6. «*Quanti altri errori ha già fatto questo cialtrone di mago?*»

    Qualcuno si è chiesto...

7. «*Cosa farebbe un mago serio davanti a un errore da lui commesso: ammetterebbe la sua colpa e ripeterebbe il suo incantesimo?*»

    Mi ero domandato tante volte...

8. «*Voi veggenti non sapete prevedere i vostri errori di calcolo nella scienza dell'occulto?*»

    È troppo banale domandarsi...

9. «*Qual è stato il tuo incantesimo di maggior successo?*»

    Chiedete al mago...

10. «*Perché non ti trasformi in un rispettabile professionista invece di essere tanto maldestro?*»

    Viene proprio voglia di domandargli...

E. *Modificare il seguente brano usando la variante al congiuntivo.*

La moda del paranormale

Una volta alcune persone andavano dal mago o dalla chiromante per domandare cosa riservava il futuro, prima di prendere una decisione importante.

Adesso molti ci vanno per chiedere cosa si deve fare per trovare la fortuna negli affari, nel gioco, nello sport, ecc. Oppure cercano di sapere chi è la propria anima gemella, quali caratteristiche ha e domandano agli esperti se l'hanno già incontrata o quando la potranno incontrare.

Soprattutto giornali e televisione mettono il mago alla portata di tutti con articoli e trasmissioni rivolti a tutti quelli che vogliano scoprire in anticipo quale futuro la sorte ha destinato loro.

Ci sono pure maghi assunti da parrucchieri per intrattenere le clienti che interrogano, prima o dopo la messimpiega, se i tarocchi prevedono cose buone o cattive.

Ci sono poi i tifosi sportivi che vogliono sapere da chiromanti specializzati se la propria squadra vincerà o perderà la partita imminente.

Un giorno ho visto perfino ad una festa «Gina, maga sopraffina» che, guardando dentro una palla di vetro, scopriva se gli astri sorridevano amichevolmente oppure si rovesciavano con catastrofi sul futuro degli ospiti.

Alcune aziende si sarebbero rivolte, in periodi di crisi finanziaria, a maghi e veggenti per domandare quale personale era da licenziare, allegando tutti i dati dei dipendenti interessati.

Senza parlare dei malati che si rivolgono a guaritori, e non a medici, per domandare quali pratiche sono da seguire per curare i propri disturbi fisici.

Non è il caso di domandarsi perché la mania dell'oroscopo ha finora ossessionato tanta gente e perché i mezzi di comunicazione hanno assecondato questa ossessione. Insomma non so cosa aspettano le persone di scienza a prendere posizione contro gli eccessi di credulità che dominano i giornali, la radio e la tivú.

F. Riportare in discorso indiretto quello che l'oroscopo aveva predetto per il vostro segno zodiacale.

Gente, 2/3/1992

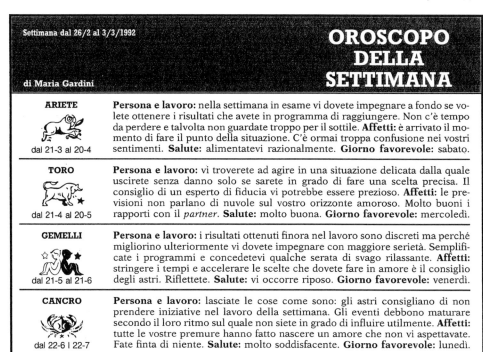

Settimana dal 26/2 al 3/3/1992 di Maria Gardini	**OROSCOPO DELLA SETTIMANA**
ARIETE dal 21-3 al 20-4	**Persona e lavoro:** nella settimana in esame vi dovete impegnare a fondo se volete ottenere i risultati che avete in programma di raggiungere. Non c'è tempo da perdere e talvolta non guardate troppo per il sottile. **Affetti:** è arrivato il momento di fare il punto della situazione. C'è ormai troppa confusione nei vostri sentimenti. **Salute:** alimentatevi razionalmente. **Giorno favorevole:** sabato.
TORO dal 21-4 al 20-5	**Persona e lavoro:** vi troverete ad agire in una situazione delicata dalla quale uscirete senza danno solo se sarete in grado di fare una scelta precisa. Il consiglio di un esperto di fiducia vi potrebbe essere prezioso. **Affetti:** le previsioni non parlano di nuvole sul vostro orizzonte amoroso. Molto buoni i rapporti con il *partner*. **Salute:** molto buona. **Giorno favorevole:** mercoledì.
GEMELLI dal 21-5 al 21-6	**Persona e lavoro:** i risultati ottenuti finora nel lavoro sono discreti ma perché migliorino ulteriormente vi dovete impegnare con maggiore serietà. Semplificate i programmi e concedetevi qualche serata di svago rilassante. **Affetti:** stringere i tempi e accelerare le scelte che dovete fare in amore è il consiglio degli astri. Riflettete. **Salute:** vi occorre riposo. **Giorno favorevole:** venerdì.
CANCRO dal 22-6 l 22-7	**Persona e lavoro:** lasciate le cose come sono: gli astri consigliano di non prendere iniziative nel lavoro della settimana. Gli eventi debbono maturare secondo il loro ritmo sul quale non siete in grado di influire utilmente. **Affetti:** tutte le vostre premure hanno fatto nascere un amore che non vi aspettavate. Fate finta di niente. **Salute:** molto soddisfacente. **Giorno favorevole:** lunedì.

LEONE dal 23-7 al 23-8	**Persona e lavoro:** gli astri sconsigliano di prendere iniziative nel lavoro durante le prime giornate della settimana insieme. Ma intanto preparate un piano da mettere in atto non appena se ne presenti l'opportunità. **Affetti:** non aspettatevi niente di serio da un incontro amoroso che farete nelle prime giornate della settimana. **Salute:** disturbi reumatici. **Giorno favorevole:** giovedì.
VERGINE dal 24-8 al 22-9	**Persona e lavoro:** una crisi passeggera nel lavoro che non lascerà tracce. Ma non dimenticatela: vi avrà indotto a riflettere e a valutare le cose anche da angolazioni diverse da quelle solite. **Affetti:** non imponete una linea di comportamento alla persona che amate se volete conoscere meglio il suo autentico carattere. **Salute:** usate cautela nei cibi. **Giorno favorevole:** martedì.
BILANCIA dal 23-9 al 22-10	**Persona e lavoro:** con una preparazione adeguata otterrete un discreto successo nel lavoro ma per ottenere qualcosa di più dovrete mettere un impegno maggiore. Ci saranno serie difficoltà da affrontare. **Affetti:** siate più cauti e comprensivi nei confronti del vostro *partner*. L'amore si deteriora se non viene curato. **Salute:** qualche emicrania. **Giorno favorevole:** domenica.
SCORPIONE dal 23-10 al 22-11	**Persona e lavoro:** siate pazienti e prendete gli avvenimenti buoni e cattivi di questa settimana lavorativa con una buona dose di filosofia. Al momento di tirare le somme sarete sorpresi dei risultati ottenuti. **Affetti:** la persona che amate ha qualche dubbio sulla serietà del vostro affetto e vi sta osservando. Agite di conseguenza. **Salute:** non abusatene. **Giorno favorevole:** mercoledì.
SAGITTARIO dal 23-11 al 21-12	**Persona e lavoro:** il piano di lavoro che avete proposto all'approvazione dei superiori esige una riflessione approfondita. Per questo la risposta si fa attendere. Preparatevi ad apportare qualche modifica superficiale. **Affetti:** adottate una linea di condotta più seria, specialmente in presenza della persona che amate. **Salute:** leggero esaurimento in vista. **Giorno favorevole:** lunedì.
CAPRICORNO dal 22-12 al 20-1	**Persona e lavoro:** per superare un momento delicato nel lavoro a metà settimana non serve un'iniziativa coraggiosa ma la saggezza di sapersi fermare al momento più opportuno. Usate molta diplomazia. **Affetti:** farete un incontro amoroso destinato a durare nel tempo. Impostate subito con chiarezza il nuovo rapporto. **Salute:** prudenza nei cibi. **Giorno favorevole:** sabato.
ACQUARIO dal 21-1 al 19-2	**Persona e lavoro:** una modesta disavventura nel lavoro proprio nelle prime giornate del periodo in esame. Non parlatene troppo neppure con i familiari. Presto le cose si risistemeranno senza troppe conseguenze. **Affetti:** dalla persona che amate riceverete una affettuosa premura che vi farà piacere. Ricambiatela al più presto. **Salute:** riposatevi. **Giorno favorevole:** domenica.
PESCI dal 20-2 al 20-3	**Persona e lavoro:** a una persona influente che si interessa a voi mostratevi sinceramente riconoscenti ma siate molto riservati. Anche nei ringraziamenti è opportuno un atteggiamento rispettoso. Sappiate approfittarne. **Affetti:** un atteggiamento inaspettato di chi amate vi confermerà che il rapporto attraversa un momento di crisi. **Salute:** molto soddisfacente. **Giorno favorevole:** sabato.

G. *Raccontare in discorso indiretto le seguenti vignette notando come si comporta il periodo ipotetico.*

— Ma Lisa, se vogliamo fare un viaggetto in Inghilterra, devo pur allenarmi a procedere sulla sinistra!

— Così, se restiamo senza benzina, io vado a chiamare aiuto!

— Se non la smetti di lanciare freccette, Luigino, la mamma va in collera!

— Sarei felice, signorina, se mi permetteste di dare il vostro nome ad una mia nuova frittella!

— Potresti apprezzarla molto di più, Annibale, la sua musica, se solo ti togliessi dalle orecchie quei cavolini di Bruxelles!

— Se non fosse per me, non andrebbe mai a lavorare!

Siamo tutti sportivi!...

— Attenta, Milena: lui non si sarebbe trovato nei guai, se l'avesse tenuta chiusa, la bocca!

— Se mia moglie ed io non avessimo giudiziosamente atteso a formarci una famiglia, ora avremmo tre o quattro figli.

— Non avrei fatto installare quell'entrata per il mio cane, se avessi saputo che ha tanti amici!

H. *Discutere le seguenti affermazioni.*

1. Non credo neppure alle previsioni del tempo.
2. Non sono superstizioso, ma in ogni evenienza tocco ferro quando un gatto nero m'attraversa la strada.
3. Se il gatto nero taglia la strada da destra non conta.
4. Ero veramente scettico, poi m'hanno fatto un esame grafologico azzeccatissimo.
5. Basta avere buon senso, perspicacia e fantasia per diventare Sibille Cumane.

Lezione 24

NUOVE MODE

DITELO COI PALLONI

Colorati, fosforescenti, con frasi d'amore: in America i palloncini stanno spodestando le rose.

Sono esplosi improvvisamente a New York, insieme all'estate. Fosforescenti e luminosi, trasparenti come l'acqua o decorati con pois, stelle e strisce, rotondi e a forma di cuore, migliaia e migliaia di palloncini hanno invaso la città. Li si trova disposti ad arte negli appartamenti, come elemento decorativo secondo gli ultimi dettami del design. Ondeggiano fra la folla di Wall Street, legati con un nastrino di raso al polso di businessmen, in doppiopetto grigio e ventiquattrore, che li portano in dono alle fidanzate. In mazzi giganteschi, vengono spediti dalle grandi industrie, come la General Motors e la Philip Morris, in omaggio ai propri clienti.

Da un capo all'altro degli Stati Uniti, la nuova coloratissima maniera di testimoniare simpatia, affetto, amore, congratulazioni e omaggi sta soppiantando il classico mazzo di fiori e la scatola di cioccolatini.

A cancellare con un soffio l'immagine romantica dell'omino che gira nei parchi vendendo per pochi penny i palloni ai bambini, sono state alcune decine di compagnie produttrici che sono riuscite a trasformare il giocattolo più povero in un oggetto-regalo chic e prestigioso inventando la consegna a domicilio. Un appariscente mazzo di due dozzine di palloni costa dalle 30 alle 50 mila lire, un prezzo che permette ai «pallonari» di coprire le spese di una consegna anche personalizzata, con fattorini vestiti da clown, da Cupido, da Mazinga.

Gonfiati con elio non infiammabile, in grado di galleggiare in aria dalle 18 ore ai tre giorni, i palloni vanno a ruba in occasione di feste, matrimoni, compleanni. «È un oggetto trasformista» afferma

Debbie Doelker, manager della Hullaballoons. «Si gonfia e si sgonfia, può assumere qualsiasi forma e ci si può scrivere sopra quello che si vuole».

Shelly Anderson, che con Sandy Dianto ha fondato un anno fa la Balloon Express di Los Angeles, si sta specializzando in palloni dipinti a mano: <u>arcobaleni</u>, stelle, nomi di persona, frasi d'amore e anche disegni porno e parolacce. Un'altra

compagnia di Los Angeles, la Red Balloon, ha lanciato il modello nero per i momenti di crisi: sopra c'è scritto «non farti più vedere» oppure un drastico «ti odio». Bill Oranski, presidente della Balloonacy di Long Island punta su un pubblico femminile: «Se fino a ieri le donne non osavano mandare mazzi di rose ai loro amici, oggi non hanno più problemi: i palloncini sono unisex».

E mentre le fabbriche di palloni hanno visto aumentare la produzione del 35 per cento in pochi mesi, le compagnie di distribuzione sono convinte di triplicare gli <u>incassi</u> nel giro di un anno.

Il motivo di tanto successo? «I palloncini ricordano l'infanzia e portano un tocco di magia» sostiene Elisse Barrengos, dalla Chicago's balloonery. «Al contrario dei cioccolatini, non fanno ingrassare. E finita la festa, non appassiscono in vaso: volano via o scoppiano con un piccolo bum».

Maria Simonetti, *Panorama*, 25 maggio 1981

A. *Spiegare.*

1. la striscia
2. il raso
3. la ventiquattrore
4. soppiantare
5. con un soffio
6. l'omino
7. la consegna a domicilio
8. il fattorino
9. l'arcobaleno
10. l'incasso

B. *Volgere in discorso indiretto i commenti di alcuni italiani alla nuova moda dei palloni.*

1. «Penso che siano una trovata fantastica, ne comprerò subito una dozzina non appena li troverò».
Costanza D. ha esclamato che...

2. «Mi sentirei molto ridicolo a girare con un mazzo di palloni in mano, però se lo fanno tutti e la mia ragazza li desiderasse ...».
Filippo T. ha dichiarato che...

3. «Se si trovassero in Italia ne avrei la casa piena e li regalerei a tutti gli amici. Li trovo veramente speciali».
Riccardo R. ha affermato che...

4. «Li ho visti a New York e mi sono piaciuti, sono spiritosi e anticonvenzionali; però non so se li userò per i miei regali, certo non per i miei amici maschi: gli italiani sono così maliziosi».
Francesca M. ha detto che...

5. «Spiegatemi che cosa significano. Plastica, solo plastica al giorno d'oggi si usa. Non erano meglio i classici fiori, cioccolatini e profumi? Mah, io non capisco».
Angelo S. ha chiesto che...

C. *Provare a dare una personalità agli intervistati dell'esercizio precedente.*

D. *Elencare tutti gli aggettivi ed attributi che descrivono i palloncini nel testo.*

E. *Elencare ora i verbi che nel testo si riferiscono ai palloncini, cioè hanno i palloncini come soggetto.*

F. *Cambiare la costruzione delle frasi che seguono in base all'esempio.*

> *Esempio. A farmi un regalo strano è stato un mio ammiratore molto spiritoso.*
> *Un mio ammiratore molto spiritoso mi ha fatto un regalo strano.*

1. A cancellare l'immagine romantica dell'omino che gira nei parchi vendendo palloncini sono state alcune decine di compagnie produttrici di questo giocattolo povero.
2. A fondare un anno fa la Balloon Express di Los Angeles è stata Shelley Anderson insieme a Sandy Dianto.
3. A spedirli in mazzi giganteschi ai propri clienti sono le grandi industrie tipo la General Motors e la Philip Morris.
4. È stata una giornalista piuttosto sensibile ai cambiamenti della moda a scrivere quest'articolo.
5. A far tramontare questo arioso articolo da regalo saranno quali altre diavolerie dell'invenzione?
6. A comprare in occasione di ogni tipo di festa questi palloncini è gente di tutte le età.
7. A consegnarli a domicilio sarebbero fattorini vestiti da pagliacci.
8. A scrivere messaggi sul pallone per conto delle ditte sarebbe un gruppo di studenti squattrinati.
9. A sperare in un rapido ritorno della moda a più dolci abitudini sono i golosi di tutto il mondo.

G. *UN PALLONE PER OGNI OCCASIONE. Descrivere il pallone che si ritiene adatto alle seguenti occasioni.*
N.B. *Specificare il numero da inviarsi, il colore, la forma, eventuali scritte e figure, ecc.*

1. rottura di un rapporto amoroso
2. passione travolgente
3. nozze dell'ex-partner
4. nascita di quattro gemelli
5. degenza in ospedale di un amico in seguito ad incidente stradale
6. protesta contro i vicini troppo rumorosi
7. compleanno della vecchia nonna spiritosa
8. incontro con la persona ideale, ma già impegnata

H. *Completare le frasi con i pronomi adatti, apportando le necessarie modifiche.*

I regali

1. Sono molto depressa: non c'è nessuno più infelice di .... Scusate .... , adesso sarò più chiara e .... spiegherò il motivo delle mie tristezze.
2. Per favore, non dite .... : «Veramente, non .... importa niente!» Sono sicura che, invece, a .... farà piacere sentire i miei problemi.
3. Sono stata in Europa. Alla mia partenza tutti dicevano «Vorrei un regalino. .... porti? Non .... dimenticare, eh!» «Certo, rispondevo io, ... ricorderò, senz'altro: è un piacere portare .... qualcosa».
4. Che errore! È stato un incubo! Per tutto il tempo .... domandavo: «E ai vicini, cosa .... compro? A papà, andrà bene un portachiavi? .... prendo d'oro o d'argento?» Regali, regali, non riuscivo a non pensare ....
5. Amici, parenti e conoscenti, avevo il terrore di dimenticare .... qualcuno. Acquisti, temevo di sbagliare .... tutti. Soldi, pensavo di non avere .... abbastanza. Misure, che problema! .... cambiano in ogni paese.
6 Volevo portare tante cosine originali. Ma poi, troppo incerta, ... lasciavo convincere dalle parole della commessa «Porti cose classiche

e non troppo personali: è un consiglio garantito, ... assicuro io».

7. Volete sapere i regali comprati con tante riflessioni? Adesso .... elenco: a mio padre, una cravatta. .... ho comprata nel miglior negozio del centro, a Roma. A mia suocera, delle pantofole. .... troverà poco giovanili. A mia madre, il suo profumo preferito. .... avevo già regalato una bottiglia, a Natale. A mia nonna, dei cioccolatini. La sua dieta .... proibisce. Ai figli, sigarette francesi. .... hanno guardate con disgusto.

8. .... sembra che io sia troppo banale? .... vergogno. Però ho finalmente un'idea e .... chiedo di aiutare .... a mettere .... in pratica.

9. I regali, ormai, non posso restituire .... , ma posso cambiare i destinatari. Così ora io .... farò l'elenco degli oggetti da .... comprati e voi .... direte a chi .... potrei regalare, in quale occasione, o cosa .... dovrei fare:

una bottiglia di cognac	un cornetto portafortuna
un portafoglio di pelle	un foulard di seta
una gondola in miniatura	una bamboletta in costume
una collanina indiana	una riproduzione della Torre di Pisa
una cornice d'argento	una cassetta di musica leggera

I.   *Scrivere una composizione su uno dei seguenti titoli.*

1. Gioia e sofferenza del fare regali.
2. Il regalo più bello che io abbia mai ricevuto.
3. Regali: è meglio farli o riceverli?

Lezione 25

VIVA LA PASTA!

Storia semiseria del più tipico piatto nazionale.

La cosa che profondamente unisce l'Italia è un antico rito meridiano, che si ripete tutti i giorni, uno scatto simultaneo di milioni di mariti che, all'insaputa l'uno dell'altro, telefonano alla moglie «cala la pasta, sto arrivando». Quando scocca l'ora del pranzo, seduti davanti a un piatto di spaghetti, gli abitanti della penisola si riconoscono italiani come quelli d'oltre Manica, all'ora del thè, si riconoscono inglesi.

C'era una volta, nella famiglia-tipo italiana, una zia che si alzava prestissimo, impastava la farina, tirava col mattarello la sfoglia a uno spessore di lamina d'oro, vi lanciava una manciata di farina di granturco, necessaria intercapedine per evitare che la sfoglia si appiccicasse, mentre delicatamente l'arrotolava, formando un giallo serpentone e poi lo tagliava con agile coltello, in strisce da mezzo millimetro che dipanava sul tavolo, bionda matassa, definita da un poeta capelli d'angelo.

Ora è più facile a Milano trovare un tartufo sul selciato del Duomo che una zia, una nonna massaia. Moltissime donne lavorano negli uffici, in fabbrica, e non hanno molto tempo da dedicare alla cucina. Ma per una rivalsa dell'inconscio collettivo, non si sono mai vendute tante pubblicazioni di gastronomia come in questi anni di agra mensa aziendale, di frenetico self service.

La pastasciutta vanta una bibliografia quasi pari a quella di Mussolini. Il quale deplorava il culto degli spaghetti, deleteri per un popolo che voleva magro, asciutto, scattante verso i destini imperiali. Di rincalzo, il futurista Filippo Tommaso Marinetti scrisse un «Manifesto contro la pastasciutta», giudicata «simbolo passatista di pesantezza, di tronfiezza panciuta», insomma un cibo debosciante «per gente imbelle e ciondolona». Sarà. Ma Napoleone, al quale nessuno può negare un certo amore per la pugna, andava matto per i maccheroni al parmigiano. Ancor più inspiegabile è quindi il fatto che quando un francese vuol offendere un italiano, gli grida *macaroní* un po' come se noi, per insultare un francese, gli gridassimo *champagne*.

L'invenzione della pasta si perde nei meandri dei millenni. *Làganon* per i greci e *làganum* per i latini era il nome della pasta a strisce che corrisponde alle nostre lasagne.

I bucatini, a quanto si racconta, sarebbero stati inventati dagli arabi, che se li portavano come viveri di scorta nei lunghi viaggi delle carovane, ed avevano il buco per farli asciugare e conservarli meglio. Totalmente falsa è invece la leggenda che vuole Marco Polo primo importatore degli spaghetti dalla Cina. Tredici anni prima del ritorno dall'Oriente del veneziano, infatti, un notaio genovese annoverava fra i beni lasciati da un testatore «bariscella una plena de maca-

Sedani

Eliche

Creste di gallo

Gramigna

Orecchiette

Farfalle

Conchigliette

Penne

Viva la pasta!

CESARE MARCHI

*Storia semiseria del
piú tipico piatto nazionale.*

Occhi d'elefante

Lumaconi

Tagliatelle

Maccaronari in un'incisione del XIX secolo.

Spaghetti

Foto Giuseppe Donadoni

ronis». Ma se la Liguria conosceva la pasta fin dal Medioevo, furono Napoli e il Meridione a elevarla a dignità gastronomica, non appena scoprirono che il pomodoro, importato dall'America, non era, come si temette per un secolo, un portatore di malattie, ma un solare e salutare frutto, sposabilissimo con ogni tipo e formato di pasta. La «pummarola» divenne così la filosofica salsa universale, con cui i napoletani condirono miseria e fatalismo, allegria e disperazione.

All'inizio, nei «bassi» di Napoli, gli spaghetti si mangiavano beatamente, con le mani. A corte, no. L'etichetta vietava di costringere gli illustri ospiti a mangiare con le mani, perciò, secondo un racconto popolare napoletano, la pastasciutta fu bandita dalle mense borboniche dove le forchette avevano solo tre rebbi, insufficienti ad attorcigliare gli spaghetti. Ferdinando II era imbestialito, non riusciva a concepire un pranzo senza pastasciutta e minacciò il suo ciambellano, Gennaro Spadaccini, di licenziarlo se non trovava una via d'uscita. Premuto dalla necessità, il poveretto ebbe un'idea: creò la forchetta con quattro rebbi, quella che noi usiamo tuttora.

Da Napoli si faceva mandare la pasta, per i suoi festosi pranzi parigini, Gioacchino Rossini. Da Napoli il presidente americano Thomas Jefferson si portò a casa quattro casse di maccheroni, poi vi mandò un fidato amico, a comprare una macchina per fare gli spaghetti. Napoli era la Sorbona della pasta, dettava legge sul modo di farla e di cucinarla. Adesso tutti la vogliono al dente, secondo il precetto partenopeo, ma non fu sempre così. Il Platina, umanista lombardo del XV secolo, suggeriva per i *vermiculos* un'ora di cottura! A questo proposito, grande sarebbe, secondo un aneddoto, il merito dei garibaldini che, tornati dal Sud dopo

aver conquistato le Due Sicilie, avrebbero insegnato alle loro donne che la pasta va cotta pochi minuti, altrimenti si spappola. La novità fu apprezzata e gli spaghetti nella nuova edizione garibaldina contribuirono a legare Nord e Sud.

La pasta è un cibo aristotelico. Secondo il sommo filosofo greco, ogni essere risulta dall'unione inscindibile di materia e forma, e la pasta conferma questa verità metafisica. In essa i due elementi non sono separabili. Variando il secondo, varia anche il primo, pure restando immutati la qualità del grano, il sistema di lavorazione e di cottura, il condimento. Mai come in questo caso ogni questione di forma (e di formato) è anche una questione di sostanza (e di sapore). Nel catalogo di una ditta molto nota ho contato 97 formati. La pasta ha compiuto il miracolo di unificare gastronomicamente l'Italia rispettando la varietà dei gusti. Una delle ragioni per cui consumiamo a testa, ogni anno, 25 chili di pasta e solo quattro di riso va cercata anche nel fatto che la perlacea monotonia del riso non eccita la fantasia, quei chicchi tutti eguali non offrono alternativa, mentre la pasta scatena nell'immaginazione una sensuale danza di metafore, prese dal mondo della zoologia, della botanica, della religione, ed ecco le farfalle, le conchiglie, le creste di gallo, i nidi di rondine, i vermicelli, i lumaconi, le linguine, le orecchiette, i sedani, la gramigna, i cappelli da prete e le maniche di frate. Nello scegliere la sua pasta, l'italiano è un poeta, e non lo sa.

Come per il prosciutto il segreto sta nella lentezza della stagionatura, per la pasta esso sta nella essiccazione. Il segreto dei segreti è la porosità della superficie, caratteristica della sfoglia tirata a mano, col mattarello, non con la macchinetta Così si ottengono due vantaggi: nella pentola la pasta assorbe più acqua, rendendo più uniforme la cottura; e nel piatto più condimento, il quale non scivola come se corresse su vetro, ma penetra nei microscopici crateri, nelle impercettibili rughe.

Di recente anche in America è scoppiato il boom della pasta. L'anno scorso gli statunitensi ne hanno mangiato un miliardo di chili, quasi cinque a testa, conquistando il secondo posto nella gradua-toria del consumo mondiale. Il generale entusiasmo d'oltre oceano è ben riassunto da ciò che ha detto lo scorso anno a un cuoco di Verona un avvocato di Dallas: «Noi americani, 35 anni fa, con il Piano Marshall vi abbiamo aiutati a sopravvivere; voi italiani, con questi piatti di pasta-sciutta, ci avete insegnato a vivere».

CESARE MARCHI, *Selezione del Reader's Digest*, marzo 1984

A. *Dare le spiegazioni relative alle seguenti affermazioni fatte nell'articolo che avete appena letto.*

1. La pastasciutta unifica gastronomicamente gli italiani.
2. Al giorno d'oggi è difficilissimo trovare le massaie di una volta.
3. L'invenzione della pasta è millenaria.
4. Non è vero che Marco Polo abbia importato gli spaghetti dalla Cina.
5. A dare dignità gastronomica alla pasta furono Napoli e il Meridione.
6. Il modo in cui si mangiano gli spaghetti rivela la classe sociale cui si appartiene.
7. La pasta è un cibo aristotelico.
8. La pasta è meno monotona del riso.
9. I segreti della buona pasta sono nella sua essiccazione e nella porosità della sua superficie.
10. Gli italiani insegnano a vivere agli americani.

B. *Elencare sotto ogni categoria i formati diversi di pasta nominati nel brano o che voi conoscete.*

BOTANICA	OGGETTI VARI	RELIGIONE	ZOOLOGIA
....	....	....	....
....	....	....	....
....	....	....	....
....	....	....	....
....	....	....	....

C. *Dire se i personaggi menzionati nell'articolo erano AMANTI / OSTILI / INDIFFERENTI alla pastasciutta.*

1. Mussolini
2. F.T. Marinetti
3. Napoleone
4. Marco Polo

5. Ferdinando II di Napoli
6. Gioacchino Rossini
7. Thomas Jefferson
8. Aristotele

D. *Trovare nel testo modi di dire ed espressioni equivalenti nel significato a quelli che seguono.*

1. Buttare giù la pasta
2. È difficilissimo, peggio che trovare un ago in un pagliaio
3. Per rivincita
4. Siamo abituati a bocconi frettolosi e poco appetitosi
5. Amare follemente
6. Essere combattivi, coraggiosi
7. Adatto, perfetto, come il cacio sui maccheroni
8. Poco cotto
9. A detta della regola napoletana
10. Si stracuoce, diventa colla

E. *Elencare i verbi che descrivono le azioni previste per fare un buona pasta.*

F. *Completare aggiungendo, se necessario, la forma corretta degli articoli determinativi. Apportare i dovuti cambiamenti ove risultassero preposizioni articolate.*

Siedi, mordi il pranzo e fuggi

Nonostante .... popolarità della pasta in .... Italia è nato proprio in .... Italia centrale un locale che garantisce sicuro successo a .... pasto veloce. Aperto .... 7 agosto di .... 1984, a .... 9 a.m., a .... piazza Barberini a .... Roma, al posto di un vecchio ristorante, fa .... affari a gonfie vele, copiando spudoratamente .... suoi simili tanto popolari in .... Stati Uniti, da .... fredda New York a .... pazza San Francisco.

La formula che attira tutta .... città è semplice: come in una
catena di montaggio, in trenta secondi, esce su .... piatto un pasto
caldo e nutriente a base di .... hamburger, patatine, dolce di mele
e bibita fresca fornita di .... cannuccia. .... tutto in un ambiente
asettico, con .... vassoi portatili, tovaglioli e contenitori dei cibi del
tipo usa e getta.

Anche .... inservienti sono gemelli di .... loro colleghi di ....
oltreoceano: portano una tutina rosso-nera e stanno tutti dietro un moder-
nissimo bancone che dispensa .... vivande e conto incorporato. In genere hanno tra .... diciotto e .... venticinque anni. Il costo è
bassissimo: si aggira attorno a .... 5000/6000 .... pasto e l'orario
è da .... martedì a .... sabato. .... domenica e .... lunedì è chiuso. Tuttavia .... lunedì prossimo rimarrà aperto per una giornata di
prova.

Sarà proprio questo pasto americanizzato mordi e fuggi a modificare
il gusto alimentare dei romani senza che nessuno alzi .... mano per
impedirlo? Questa moda contagerà anche .... Piemonte, passerà per
.... Toscana e arriverà fino in .... Sicilia? .... abituali frequentatori
del nuovo locale rispondono affermativamente dicendo che .... caro
vecchio piatto di spaghetti sta tramontando perfino in riva a .... Tevere.

Molti la pensano così, almeno per quanto riguarda .... pranzo,
cioè verso .... una o .... due. .... sera ancora si corre a .... casa
per rifugiarsi in .... cucina a preparare .... nostra cara specialità di
.... Mediterraneo.

Tornando a vivere, ... Marinetti e .... Mussolini sarebbero cer-

BUCCHI 79

tamente contenti che, oggi, in .... Italia, nuovi sperimenti alimentari non attentino più a .... virilità e .... aggressività italiana. Ma .... generale Bonaparte, dovendo fare a meno di maccheroni, forse non sarebbe felice quanto .... rag. Rossi, impiegato, che morde un panino veloce e fugge in ufficio.

G. *Cambiare dal tu al SI.*

1. Anche se non sei veramente pratico di cucina, puoi farti con le tue mani, in quattro e quattro otto, un manicaretto senza troppe complicazioni.
2. Devi stare attento soprattutto a non far scuocere la pasta e a non metterci troppo sale.
3. Se, poi, sei un cuoco sopraffino e ti destreggi bene tra le pentole e i tegami, saprai anche fare uno dei tanti condimenti per renderla saporita.
4. Se vivi in Liguria ti piacerà preparare il pesto. Devi seguire semplici istruzioni: cogli il basilico, trova dei pignoli e cerca indicazioni più dettagliate su un libro di cucina ligure.
5. Se sei napoletano, condirai i tuoi spaghetti con pomodoro a cui aggiungerai uno spicchio d'aglio e una cipolla ed altri ingredienti previsti dal precetto gastronomico partenopeo.
6. Se abiti a Bologna ti piaceranno tortellini e lasagne e ti cimenterai in più elaborate tecniche culinarie.
7. Se ti trovi lungo la costa puoi sbrigliare la tua fantasia usando tutto ciò che peschi in mare.
8. Insomma in qualunque parte d'Italia tu andrai, scoprirai abitudini alimentari diverse, strettamente legate agli ingredienti che trovi in quella zona.
9. Non mangiare troppi carboidrati se vuoi avere una dieta equilibrata.
10. Non esagerare con la cucina tipica se vuoi evitare bruciori allo stomaco e disturbi vari.

H. Volgere al passato prossimo.

Gastronomia / gli Italiani e gli spaghetti

Adesso pasta!

*Ottantacinque italiani di nome confessano il loro amore-odio
per la pastasciutta. C'è chi la preferisce fredda, chi fritta,
a qualcuno ricorda la mamma. Pochi sanno dire di no.*

Il monumento alla pasta di Carlo Cagni.

1. Per Natale '80, si pubblica in Italia una strenna natalizia dal titolo «Ma il maccherone mio non muore».
2. Nel libro si raccolgono ben 85 interviste ai vip della cultura, della politica, dello spettacolo e dell'arte, legate insieme da quell'anello robusto e saporito che può essere un maccherone.
3. Si legge nell'introduzione: «Si vuole fare una ricerca sul rapporto odio-amore per la pastasciutta».
4. «Perciò si va a cercare il personaggio famoso e si scopre che sono molti i personaggi da intervistare».
5. «Allora non si parte più da un numero ristretto, ma ci si fa coraggio e si fanno tutte le interviste che seguono».

6. Per non travisare i pensieri di nessuno, si ricorre al registratore, si incidono tutti gli interventi, si passano ore a riascoltarli e ci si siede davanti alla macchina da scrivere finalmente, dopo tanta fatica.
7. Nell'introduzione si mette anche la riproduzione del celebre manifesto di Marinetti compilato contro la pasta.
8. Si sentono anche numerosi aneddoti che si riferiscono ai lettori raccontati con precisione e gusto.
9. Da parte di alcuni intervistati si promette una maccheronata super per convertire gli scettici al culto del maccherone.
10. Alla fine si fa una gran festa, a base naturalmente di pasta.

I. *Rispondete voi per iscritto alla domanda rivolta dagli intervistatori «Scusi, qual è il suo rapporto con la pastasciutta?»*

Un disegno di Donata Lanzoni, illustratrice e pittrice.

Lezione 26

VERITÀ E PREGIUDIZI
SUI BAGNI DI MARE

Dopo mangiato è inutile attendere delle ore prima di tuffarsi — Ridimensionati i rischi dell'abbronzatura — Interrompere la nuotata se sentite freddo — Bere acqua a volontà per compensare la perdita di liquidi

I luoghi comuni e i pregiudizi sui bagni di mare non si contano, sostenuti spesso anche da una informazione che si tramanda di generazione in generazione o da una disinformazione che appare spesso sui giornali. Spesso vengono enfatizzati i rischi dell'abbronzatura, creando falsi bisogni di creme, oli, pomate idratanti, filtranti, protettive eccetera, da usare prima, durante o dopo il bagno, prima di andare a letto o appena svegli; si enfatizzano i rischi del fare il bagno subito dopo avere mangiato con grande disappunto di tanti bambini che in acqua ci starebbero ogni momento. E si sottovalutano i pericoli che il mare e l'estate nascondono, se non si osservano quelle poche ma fondamentali regole di sicurezza per godersi in buona pace una vacanza al mare. Vediamoli rapidamente uno per uno i pregiudizi e le regole utili, da sdrammatizzare o da tener presenti, se siamo al mare.

I primi giorni - Il cambiamento di clima e di abitudini provocano inevitabilmente un cambiamento in tutte le nostre funzioni fisiologiche e metaboliche. Tali mutamenti possono dar luogo a uno stato di irrequietezza o di euforia, in altri possono produrre stanchezza o sonnolenza. Nell'uno e nell'altro caso queste sensazioni sono il frutto del processo di adattamento del nostro organismo alla nuova condizione ambientale. Processo che dura due o tre giorni. In questo breve periodo è bene non strafare, se si vuole conquistare il più rapidamente possibile la migliore forma fisica e psichica.

Non poche persone reagiscono alla nuova condizione con disturbi intestinali (la cosiddetta diarrea dei viaggiatori). Altri hanno crisi di insonnia. I farmaci sono inutili sia nell'uno che nell'altro caso. In un paio di giorni l'organismo ritroverà da solo il proprio equilibrio.

In acqua - In mare si può entrare in due modi, tuffandosi o a piccoli passi. Se l'acqua è fredda o vi dà sensazione di freddo, il tuffo o l'immersione rapida vi faranno superare lo shock del contatto con l'acqua, ma possono scatenare, sia pure in rari casi, un malore. Procedendo in acqua a piccoli passi consentirete, invece, un graduale adattamento dell'organismo alla diversa temperatura dell'acqua, senza rischio alcuno.

I brividi - Una volta in acqua il nostro organismo brucerà una enorme quantità di ossigeno per mantenere la propria temperatura costante. Il rapido affaticamento dopo poche bracciate di nuoto e l'aumento della frequenza cardiaca intorno ai 90-100 battiti al minuto sono i segni

Disegno di Ugo Guarino

del forte consumo di ossigeno e dei tentativi che fa il cuore, facendo scorrere più rapidamente il sangue nei polmoni, per riossigenarlo. Se non siete dei nuotatori allenati, non c'è bisogno di fare lo show della vostra abilità nel *crawl* e della vostra potenza e velocità in acqua. Se avete il fiato grosso è preferibile tornare lentamente a riva; se avvertite qualche brivido è segno che il sistema di termoregolazione del vostro corpo sta andando in crisi.

Dopo i pasti - Molti si chiedono quante ore dopo aver mangiato si può tornare in acqua. C'è chi afferma che bisogna attendere due o tre ore. Secondo molti, fare il bagno subito dopo aver mangiato è pericoloso perché può arrestare la digestione e causare una «congestione». Nulla di più falso. A meno che non vi siate rimpinzati al punto che il cibo vi esce dalle orecchie, in acqua potete andarci anche subito dopo aver mangiato (sempre che la temperatura dell'acqua non sia eccessivamente fredda). Qualche precauzione devono prenderla gli anziani e i cardiopatici.

L'abbronzatura - Per anni siamo stati terrorizzati dai rischi dell'abbronzatura (rischi di invecchiamento della pelle o di tumori della cute). Ma ora sembra che si stia facendo marcia indietro: non è più vero niente o quasi niente. In ogni caso è consigliabile una abbronzatura graduale per evitare, quanto meno, rischi di eritema. Il sole che dà meno scottature è quello delle prime ore del mattino e quello del tardo pomeriggio. Quanto alle creme protettive, possono essere utili i primi giorni o per le pelli che si *scottano* facilmente. Ma quando si è costituita una buona abbronzatura, le creme diventano soltanto un fatto estetico.

Il bere - Al mare si perdono molti liquidi per effetto della maggiore evaporazione della cute. Più esposti di tutti all'evaporazione cutanea sono i bambini. Bevete tutte le volte che avete sete. L'acqua non fa male, tranne quella frizzante che può essere anche più gustosa, ma provoca dilatazione dello stomaco.

Il cibo - Molte donne approfittano della vacanza al mare per tentare di perdere peso digiunando o quasi o ricorrendo a dimagranti di moda. Attenzione a non esagerare. Al mare il nostro organismo consuma più proteine, più carboidrati e più sali minerali. Pastasciutta, carne o pesce, e verdure o frutta non dovrebbero mai mancare dalla vostra tavola. Riducete pure i grassi, vino e birra. Bastano queste riduzioni per dimagrire senza danni.

Le infezioni - Al mare sono più frequenti piccole infezioni cutanee da microbi che si annidano sulla sabbia o micosi (macchioline biancastre o brunastre sulla pelle), scalfitture o abrasioni o ferite da contatto con gli scogli e ovviamente eritemi solari. Come comportarsi? Per le piccole infezioni, basta una buona igiene locale e qualche pomata a base di anti-biotico per risolvere il problema. Più complicata la cura delle micosi cutanee. I farmaci ad uso locale più attivi sono quelli a base di clotrimazolo, miconazolo, disponibili sotto forma di creme, polvere e l'econazolo anche sotto forma di schiuma. Tutti questi prodotti vanno usati con regolarità se si vogliono «cancellare» le macchie micotiche dalla pelle. Per gli eritemi, a seconda della gravità, si può passare dalle pomate a base di antistaminici a quelle al cortisone. Le ferite o le abrasioni vanno trattate, soprattutto, con la massima pulizia della lesione prima di ricorrere ad antibiotici in polvere.

Bruno Lucisano, *Corriere della Sera*, 2 agosto 1983

A. *Per ogni considerazione o «pregiudizio» tradizionale rintracciate nel testo le regole utili suggerite dal giornalista.*

1. Il cambiamento d'aria provoca un cambiamento delle funzioni fisiologiche e metaboliche che possono dar luogo a irrequietezza, sonnolenza, insonnia o disturbi intestinali.
2. L'immersione rapida in acqua mediante tuffi può provocare malore.
3. In acqua, per mantenere la temperatura costante, l'organismo consuma più ossigeno; perciò si manifesta affaticamento e fiato grosso.
4. Nuotare subito dopo i pasti può arrestare la digestione e causare congestione.
5. Prendere troppo sole provoca macchie o tumori alla pelle.
6. Stare al sole, senza bere, produce disidratazione.
7. L'estate è un buon periodo per dimagrire.
8. Il mare facilita la diffusione di malattie cutanee, micosi ed eritemi.

B. *Cambiate le seguenti affermazioni in altre equivalenti in significato ricorrendo al SI seguito da DOVERE / POTERE / VOLERE o SAPERE.*

Esempio. È necessario seguire ciò che dice il medico.
   Si deve seguire ciò che dice il medico.

1. È impossibile contare i pregiudizi sui bagni di mare.
2. La gente ha imparato a tramandarli di generazione in generazione.
3. Negli ultimi anni è stato facile enfatizzare i rischi dell'abbronzatura esagerata.
4. C'è poca voglia di usare cautela nell'esporsi al sole.
5. Generalmente, c'è disinformazione sul come mangiare nutrientemente quando fa molto caldo.
6. C'è sempre stata la tendenza a fare drastiche cure dimagranti al mare.
7. È probabile sottovalutare i rischi di una dieta insensata.
8. È necessario, invece, non sottovalutare i pericoli che il sole e l'estate nascondono.
9. Sarà, perciò, opportuno osservare alcune regole di sicurezza.
10. Così, sarebbe possibile godere in buona pace la propria vacanza.

C. *Trovate sinonimi delle seguenti parole.*

1. disappunto
2. euforia
3. sonnolenza
4. strafare
5. malore
6. bracciate
7. battiti
8. rimpinzati
9. cute
10. scottature
11. si annidano
12. scalfitture

D. *Trasformate le seguenti espressioni in avverbi.*

1. con grande disappunto
2. in buona pace
3. a piccoli passi
4. in rari casi
5. senza rischio alcuno
6. a volontà
7. senza danni
8. in quest'epoca

E. *Dovete partire per le vacanze e dovete ancora fare diverse cose, ma siete impegnatissimi per farle personalmente. Così dite che le fate o farete fare DA o A qualcun altro.*

Esempio. Queste lettere sono ancora da spedire.
Le farò imbucare da mia sorella domani.

1. Questo vestito è ancora da smacchiare.
2. Le creme sono ancora da comprare.
3. Le medicine sono ancora da mettere in valigia.
4. Le ultime compere sono ancora da fare.
5. La macchina è ancora da controllare.
6. La casa è ancora da sistemare.
7. Le piante sono ancora da annaffiare.
8. Le scarpe sono ancora da pulire.

F. *Anche il vostro compagno di viaggio è occupatissimo e vi chiede aiuto nel fare le cose seguenti. Suggeritegli di farsi aiutare da qualcun altro.*

Esempio. Ho un assegno da cambiare.
Fallo cambiare dalla tua segretaria.

1. Devo prendere i soldi in banca.
2. L'erba in giardino va tagliata.
3. Andresti a ritirarmi i sandali dal calzolaio?
4. Mi vuoi comprare un nuovo costume da bagno?
5. Ho rotto gli occhiali. Chi me li aggiusta?
6. La giacca è ancora al lavasecco.
7. La camicia è ancora da stirare.
8. Le mancano due bottoni.

G. *Inserite i pronomi personali mancanti nel seguente brano.*

SOTTO L'OMBRELLONE

MADRE A.: «Mio figlio mi chiede se .... faccio fare il bagno, appena arrivati in villeggiatura. Ma io ho paura che, appena cambiata aria, la cosa .... faccia venire qualche malore. Allora, per prima cosa

.... faccio ambientare per qualche giorno e .... faccio prendere una bella purga. Poi, il primo giorno .... faccio stare solo sotto l'ombrellone; il secondo .... faccio entrare in acqua fino alla caviglia. Dal terzo in poi .... faccio fare quello che vuole; ma non .... faccio fare mai bagni troppo lunghi, freddi, pericolosi. Sarò esagerata, ma io non .... faccio convincere dalle teorie moderne. E lei, signora, i bagni, quando .... fa fare ai suoi figli?»

MADRE B.: «Ai miei figli? Cara Lei, se io .... facessi fare quello che lei dice, ... farebbero fare i salti mortali. E chi .... lo fa fare? Sono in vacanza anch'io e che .... facciano godere, senza tanti ordini, regole, comandi. E lei, signora, non .... faccia ridere. Perché vuol perdere tempo di vacanze con tutto quello che gli albergatori .... fanno pagare da noi?»

H. *Rispondete brevemente alle seguenti domande relative alla vignetta qui sotto.*

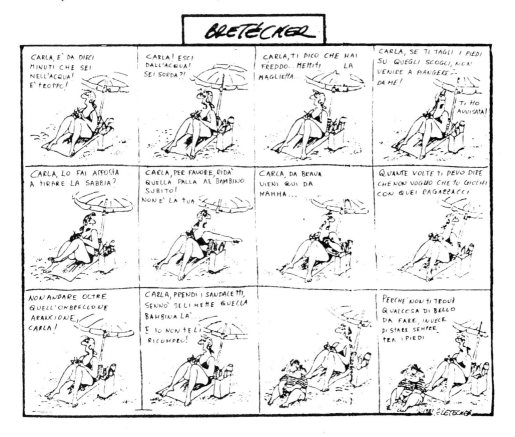

Esempio. La madre, ossessiva e rompiscatole, ha lasciato fare a Carla un lungo bagno?
  No, gliene ha fatto fare uno brevissimo.

1. L'ha lasciata giocare nell'acqua?
2. Le ha fatto fare quello che voleva?
3. Le ha fatto fare una passeggiata sugli scogli?
4. Le ha fatto tirare la sabbia?
5. Le ha lasciato mangiare il gelato?
6. L'ha lasciata giocare con la palla?
7. Le ha fatto fare amicizia con gli altri bambini?
8. Cosa le ha fatto mettere, oltre ai sandaletti?
9. Le ha lasciato dire una parola?
10. Carla ha fatto perdere la voce alla madre?
11. A voi, una madre simile farebbe perdere la pazienza?

I. *Date consigli sdrammatizzanti alla madre di Carla, secondo l'esempio.*

Esempio. L'acqua? Ma gliela lasci toccare quanto vuole.

1. I bagni?
2. Il sole?
3. Bibite ghiacciate?
4. I pasti?
5. I tuffi?
6. La palla?
7. La pastasciutta?
8. I brividi?
9. Le infezioni?
10. I pericoli?
11. Le sudate?
12. La passeggiata?

L. *Descrivete le abitudini e fobie vostre o dei vostri genitori riguardo ai bagni di mare.*

Lezione 27

IL CAMIONISTA

Tutti i camionisti si assomigliano, nei bicipiti, nel gergo, nei ricordi; per questo li riunisco in un unico personaggio; l'uomo che vive e dorme sull'autotreno e che ha la stessa avventura umana da raccontarci.

Faccio il camionista da vent'anni e in vent'anni mi sono addormentato due volte al volante, ho rotto la gamba a un ciclista, ho ammazzato una mucca e qualche centinaio di gatti: inoltre una volta sono entrato con l'Esatau in una vetrina. Possono sembrare molti questi guai, ma bisogna considerare che faccio centomila chilometri all'anno e che questa cifra, mol-tiplicata per venti, significa sessanta volte il giro del mondo: sono un astronauta, ecco cosa sono, che fa tre orbite in un anno, con otto ruote e duecento quintali sopra.

Guidare l'autotreno tutto l'anno è una vita da cane: ci si abitua forse a tanti altri lavori pesanti, ma a guidare un autotreno non ci si abitua: la nebbia è sempre nebbia, i ciclisti di notte senza fanalini, sono sempre ciclisti che si possono mandare all'ospedale, i sorpassi con venti tonnellate sono sempre avventure. Comunque dopo vent'anni non è facile cambiare mestiere; così si continua a viaggiare. Per fortuna adesso costruiscono dei camions che si guidano come millecento, servo sterzo, servo freno c'è un sacco di servi che ti aiutano a tener la strada e poi anche le cabine sono in «gommapiúma»: insomma facciamo da signori una vita da cani.

Come dice? No, le scritte, i nomi verniciati sulla cabina non usano più; una volta tutti i camion avevano un motto: «vado e torno», «mamma proteggimi», «fate largo che passo io»; oppure si chiamavano: «l'indomito», «il leone del sud», «il corsaro rosso» e via discorrendo. Adesso ci siamo emancipati dai fumetti: i giovani tengono ancora le foto con le bionde mezze nude, quelli anziani le foto dei figli. La radio no, io non la voglio: quando si guida un autotreno, l'unica cosa che bisogna stare a sentire è il motore e i rumori che vengono da dietro, dal rimorchio, per esempio lo sfregamento di una gomma che si è sgonfiata.

Le *camion girls*? Cosa sono? Ah, le passeggiatrici della via Emilia: no, sul tratto Parma-Bologna almeno, non se ne incontrano più. C'erano qualche anno fa, chi voleva le faceva salire, ma poi la stradale cominciò a fare i controlli e, capisce, se uno è sposato e si vede arrivare a casa un verbale con scritto eccetera non è mica una cosa simpatica.

L'autostop sì, c'è ancora. Siamo noi camionisti che alimentiamo l'autostop, perché è difficile che si fermino le giulie e le flavie: quando sono solo e ho viaggi brevi da compiere mi fermo volentieri: quasi sempre sono studenti che dai paesi vanno a Reggio, a Modena, a Bologna a studiare e poi tornano a casa. Sono bravi ragazzi, istruiti e c'è gusto a conversare. D'estate ci sono i turisti, come si chiamano? i globe-trotter; una volta mi sono scocciato: c'era una bionda vicino a Castelfranco che faceva segno col pollice, doveva essere una finlandese o

una svedese. Una ragazza in cabina fa sempre piacere, anche a comportarsi da gentiluomini. Mi fermo, la ragazza viene sul predellino: «*Per piacere Pologna?*», «Sì, cocca», faccio io, «Bologna con la B: monta su». Improvvisamente da dietro i platani saltarono fuori tre spilungoni, secchi, biondi, con degli zaini grandi come armadi: «Grazie», dissero e s'infilarono nel cassone. La ragazza salì in cabina, seguitando a sorridere, ma io ormai avevo cambiato umore: eh no, ripetevo, questo è un fregar la gente. E così per tutto il viaggio continuai a pensare a quelle tre pertiche che forse erano boys scouts e avevano imparato a defilarsi bene dietro gli alberi e a mandare avanti il pezzo di bionda.

Giorni critici, sì ce ne sono: uno è il sabato notte: alle sette della domenica bisogna fermarsi in qualsiasi punto ci si trovi, la legge e la polizia sono severissime; passare una domenica fuori significa, soprattutto per i padroncini, rimetterci dei soldi, mangiare, andare al cinema per far passare il pomeriggio, cenare con gli altri compagni e magari bere una bottiglia di più. Allora succede che quelli che sono abbastanza vicini a casa cercano di arrivarci in tempo, prima delle sette. Viaggiare il sabato notte è come trovarsi in mezzo a una «Millemiglia» di camion: tutti vogliono arrivare a casa e marciano come dannati, pigliando le curve come vengono e superandosi alla disperata. L'altro giorno critico è la domenica notte, quando centinaia di camion raggruppati nei parcheggi, accanto alle varie trattorie, si rimettono in moto contemporaneamente: si marcia per chilometri e chilometri uno dietro l'altro, in convoglio, come quando si faceva rotta per l'Africa.

Il mangiare? questo è uno dei problemi più importanti per un camionista: ho letto che c'è stato un convegno medico e

Foto Pauline Gummer

hanno scoperto che, prima di intraprendere un lungo viaggio al volante, bisogna prendere delle minestrine leggere e delle cotolettine e poco pane e poco vino. Bello, dico io. Prova a mangiare delle minestrine e dei grissini e a portare un autotreno da Parma ad Ancona. Sì, d'accordo, se uno mangia molto e beve si rimbambisce e, dopo dieci chilometri, o piglia un palo della luce o si mette a dormire: l'unica soluzione è mangiare robusto, ma almeno sano.

Io adesso vengo qui alla *Bruciata*, poi per un periodo cambio torno magari dal *Moro* e così via: ma per arrivare a mangiare dove ho deciso allungo anche la strada o faccio una tirata di due ore. Soprattutto se son d'accordo con altri camionisti di trovarci a colazione per discutere di certe cose: noi dei camion discutiamo soltanto a tavola perché è soltanto lì che ci si vede.

Adesso, per esempio, abbiamo un grosso problema: i *padroncini*, quelli come me che sono padroni dell'autotreno che guidano, sono spesso vittime dei mediatori: io ti procuro un carico da portare a Roma e tu mi dai il quindici per cento. Non si può immaginare quanta gente vive e fa i quattrini sulle spalle di noi che tiriamo la carretta: così abbiamo in programma di unirci in consorzi, di metter su degli ufficetti commerciali con una ragazza che stia al telefono e prenda le ordinazioni.

Son cose importanti per noi, soprattutto per chi ha dei figli come me: ne ho uno di vent'anni, l'ho fatto studiare, ma ha una testa come la mia, coi libri non ci si trova. Andrà a finire che anche lui farà il camionista e anche i suoi figli: noi abbiamo la doppia debraiata nel sangue. Così se è destino che viva sul camion anche lui, almeno ci viva da cristiano; se guadagnerà di più potrà anche pagarsi l'autostrada e saltarci fuori con le spese.

Qualche volta la piglio anch'io l'autostrada: la prima volta, quando il bigliettaio mi consegnò il tagliando disse: «buon viaggio, signore» e io mi voltai per vedere a chi diceva. E invece proprio a me aveva detto *signore*: sono cose che fanno piacere. L'autostrada, si capisce, è un'altra faccenda: si tirano per bene le marce, si ingrana la quarta e non si tocca più il cambio fino all'arrivo; non c'è l'ossessione dei ciclisti, non si sentono più i colleghi, non ci si trova più a tavola, ci si perde di vista. Poi, cosa vuol che le dica, arrivare dal Sud e imboccare la via Emilia a Bologna è un po' come sentirsi nel corridoio di casa. Fuori dalla trattoria c'è il vecchio del parcheggio che ti fa le segnalazioni sbracciandosi come se tu fossi ai comandi di un Comet e magari ti dice «*A s'era preocupé, capo l'era 'na stmana che t'an fèv viv*».

Luca Goldoni, *Italia veniale*, Cappelli, Bologna 1975

A. *Suggerire dei titoli per i vari paragrafi.*

B. *Sostituire gli infiniti con i sostantivi corrispondenti.*

1. Guidare un autotreno è faticoso e difficile.
2. Spesso sorpassare significa rischiare grosso.
3. Ora i camion moderni hanno dei congegni che aiutano a tener meglio la strada.
4. Con gli studenti è piacevole conversare e discutere.
5. Il mangiare è uno dei problemi più importanti.
6. Sull'autostrada è un paradiso: non c'è bisogno né di cambiare né di frenare.
7. L'aver guidato tutta la notte mi ha stancato moltissimo.
8. Parcheggiare in divieto comporta multe salate.

C. *Sostituire i sostantivi con gli infiniti corrispondenti.*

1. Bisogna stare a sentire lo sfregamento di una gomma che si è sgonfiata.
2. L'uccisione di un gatto, viaggiando di notte, è una cosa normale.
3. Il sonno è il nemico numero uno del camionista.
4. Dopo vent'anni di lavoro, anche se stanchi, non si pensa più al cambiamento.
5. Un pranzo con gli amici è quello che ci vuole per interrompere una giornata faticosa.

6. Un pasto leggero, ma nutriente è l'unica soluzione.
7. La mancata osservanza dei limiti di velocità mi è costata 20.000 lire.
8. Ieri la chiacchierata di mezz'ora con quell'autostoppista mi ha rilassato.
9. Mi sono spaventato moltissimo per un sorpasso imprudente proprio poco prima di arrivare a casa.

D. *Usare al posto dell'infinito un tempo e un modo finito.*

Esempio. *Un bicchiere di birra è sempre piacevole, anche senza aver sete.*
Un bicchiere di birra è sempre piacevole, anche se non si ha sete.

1. Una ragazza fa sempre piacere, anche a comportarsi da gentiluomini.
2. Dopo aver tanto guidato ci si merita una sosta in una buona trattoria.
3. Bisogna stare molto attenti nel superare un altro camion.
4. Dal mangiare e bere troppo ci si devono aspettare brutte sorprese.
5. Ad ascoltare la radio ci si distrae e non si sentono eventuali rumori sospetti.
6. Nel leggere questo brano si ha l'impressione che i camionisti siano proprio della brava gente.
7. Prima di esserci incontrati per la strada, avevo fatto l'autostop per alcune ore, sotto il sole.
8. Prima di dirmi quello che ti è successo, posso offrirti un caffè?
9. Ti dirò tutto quello che vuoi sapere dopo aver ripreso un po' di fiato.
10. Prima di perdere la calma, il vigile aveva ascoltato tutte le spiegazioni.

E. *Compilare il decalogo del camionista modello.*

1°	Guidare con prudenza
2°	....
3°	....
4°	....
5°	....
6°	....
7°	....
8°	....
9°	....
10°	....

F. *Sostituire alle espressioni sottolineate la costruzione FARE + INFINITO.*

Quando uno resta a piedi sull'autostrada è un vero pasticcio: per prima cosa deve cercare di fermare un'altra macchina e, credete, se siete un uomo non è tanto facile.

A volte la persona che si ferma è un meccanico dilettante e allora è un dramma perché prima vi chiederà di raccontargli cosa è successo, poi vi convincerà ad aprire il cofano e vi mostrerà cosa, secondo lui, non va. Non permettetegli di convincervi che lui è abilissimo e che in due minuti sistemerà tutto, e soprattutto non permettetegli di toccare niente. Ma non lasciategli capire che siete terrorizzati. Ringraziate con calore e ditegli che non è necessario che si sporchi e perda tempo, per voi sarà più che sufficiente se, tramite la polizia o il casellante dell'uscita più vicina, avvertirà il soccorso stradale di venire dove vi trovate. Chiederete a loro di riparare il guasto: in fondo è il loro mestiere.

G. *Inserire nel brano le forme appropriate dei modali.*

Eravamo su un rettifilo in forte salita, di notte. Davanti a me c'era un autotreno che procedeva con lentezza esasperante, perciò VOLERE .... tentare il sorpasso.

Però non POTERE .... superarlo perché ero in quarta. DOVERE .... aspettare di scalare in seconda. Appena mi ha visto l'altro camionista non VOLERE .... cedere la strada, impedendomi di affiancarlo. Sicché non POTERE .... passare e DOVERE .... accodarmi.

Alla fine della salita VOLERE .... tentare nuovamente la manovra e date le condizioni più favorevoli POTERE .... spostarmi al centro. Ero già quasi alla fine del sorpasso quando, abbagliato dai fari di una macchina proveniente in senso contrario, DOVERE .... nuovamente rallentare e mi sono trovato a finire la manovra sulla doppia striscia. Proprio allora mi ha visto la polizia stradale e DOVERE .... pagare 50.000 lire di multa.

H. *Inserire le preposizioni mancanti.*

L'auto che avevamo affittato .... girare l'Italia, durante le vacanze, era vecchiotta, ma non avevamo molti soldi .... spendere.

Il giorno .... cui avevamo stabilito .... partire, decidemmo ....

non fare l'autostrada, ma piccole strade di campagna, essendo abituati .... guidare .... strade poco frequentate.

Ma subito cominciammo .... avere dei guai: la macchina si mise .... fare strani rumori, il serbatoio cominciò .... perdere, la spia dell'olio seguitava .... accendersi, la batteria smise .... funzionare.

Cercando .... riparare tutti i guasti, fummo costretti .... fermarci ad ogni stazione di servizio e ci abituammo ben presto .... non superare i 40 km all'ora.

Seguitammo .... essere allegri nonostante tutto, continuando .... goderci le vacanze.

I. *Siete stati testimoni di un incidente stradale e dovete riferire alla polizia quello che avete visto e sentito. Se non avete avuto esperienze dirette, inventatevi una situazione credibile.*

Lezione 28

A PESCA DI MODIGLIANI

Una notte buttò le sue sculture in un fosso. Adesso, dopo anni di mistero, si tenta di ripescarle.

Modigliani a vent'anni

Livorno, quartiere «Venezia», Scali degli olandesi. È una notte del novembre 1909. Sull'acciottolato della strada che costeggia il canale, un uomo spinge un carretto carico di pietre. Un vecchio marinaio, che abita nella casa di fronte e soffre di insonnia, sbircia dalla finestra. Lo vede arrivare allo scivolo sotto il ponte del Fante, spingere il carretto nel canale, poi andarsene con le mani in tasca. Il marinaio è quasi sicuro di averlo riconosciuto. Appena fa giorno, si precipita al caffè Bardi, il ritrovo degli artisti livornesi, a raccontare la sua storia.

Quell'uomo, alto, magro, distinto, vestito di velluto a coste, pantalonacci e giacca sformata, è Amedeo Modigliani, «l'artista, quello che viene da Parigi». Gli amici pittori, Aristide Sommati, Renato Vitali, Gino Romiti, Silvano Filippelli, si guardano esterrefatti. «Aveva deciso di tornare a Parigi e ci aveva chiesto dove poteva sistemare certe sculture che aveva fatto mentre era a Livorno. Noi gli si dette un consiglio amichevole, sbrigati-

vo: buttale nel fosso» racconta Filippelli cinquanta anni dopo.

È l'inizio di una leggenda: la storia delle sculture buttate nel fosso fa il giro del mondo. A registrarla è persino il biografo più attento e documentato di Modigliani, William Fiefeld. Un altro mistero, da aggiungere ai tanti della vita breve e intensissima (Modigliani morì a 36 anni di tisi) di un artista che per molti incarna il mito del genio bello e maledetto. Per risolverlo basterebbe dragare qualche centinaio di metri del fosso Reale. Se ci sono, le sculture dovrebbero trovarsi ancora dove Modigliani le buttò. Alla dragatura però, per tanti anni, nessuno ci pensa.

«Mancava l'occasione» si giustifica Claudio Frontera, assessore alla Cultura del Comune di Livorno. Ma l'occasione è arrivata: la prima mostra della scultura di Modigliani, curata dai critici Vera e Dario Durbé, tra i più autorevoli studiosi dell'artista livornese, prevista per i primi di maggio a Villa Maria, per celebrare il centenario della nascita. E così si sono trovati anche i soldi. Il 30 gennaio, una chiatta attrezzata comincerà la dragatura. Costo totale dell'operazione: 45 milioni. «Quanto costa, più o meno, far venire per la mostra a Livorno le sculture che sono all'estero» commenta ironica Vera Durbé. È convinta che nel fosso le sculture ci siano davvero. E, a darle ragione, c'è la storia documentata del soggiorno livornese di Modigliani.

A Livorno, la città dove è nato e dove vive la sua amatissima madre, Modigliani torna nell'aprile del 1909. Si è ormai stabilito a Parigi, dove vive gomito a gomito con Picasso, Braque, Utrillo, e conduce la tipica vita del bohemien: passa la notte a bere e a discutere di pittura, di giorno corre estasiato da un museo all'altro, da uno studio all'altro, e guadagna qualche soldo vendendo per strada i suoi disegni. Ha da poco conosciuto Constantin Brancusi e si è innamorato della scultura. Per scolpire con più tranquillità e per rimettersi in sesto dopo i bagordi parigini (è malato di polmoni fin da bambino), pensa di stabilirsi a Carrara: ma gli bastano pochi giorni in mezzo alla polvere delle cave di marmo per decidere di tornare a Livorno.

È testardo, e deciso a scolpire, ma povero in canna. Però è bellissimo, affascinante, riesce sempre a ottenere quello che vuole: così convince gli amici a trovargli, gratis, uno stanzone dove lavorare e perfino le pietre da scolpire, rubandole dai cantieri. Agli amici, tuttavia, le sue sculture dai tratti essenziali ed enigmatici, cariche di fascino misterioso, non piacciono affatto. Appena Modigliani si affacciava al caffè Bardi, tutti lo sfottevano bonariamente. Secondo alcuni critici e secondo là figlia di Modigliani, Jeanne, fu proprio l'incomprensione da cui si sentiva circondato a spingere l'artista a buttare tutto nel fosso.

Ma, se si trovassero, quale importanza avrebbero queste sculture? Della scultura, momento fondamentale della storia artistica di Modigliani, non è rimasto quasi niente: venti opere disperse in varie collezioni, nessuna in Italia. Eppure, fu proprio la scultura la sua grande passione. Per la scultura, dal 1909 al 1914, abbandonò la pittura. Scolpiva frenetico di notte e, racconta Jacques Lipchitz, lo scultore lituano che fu suo grande amico «ammassava le teste al centro dello studio, disponendole come canne d'organo, perché, diceva, cantassero la musica che si sentiva dentro». I critici sono concordi: è dopo l'esperienza della scultura che nasce la grande pittura di Modigliani: «Il contorno netto dei visi, la solidità della struttura, gli occhi a mandorla come quelli delle statue arcaiche, il vertice della sua arte, nasce dalla scultura» sostiene Evelyne Schlumberger.

Trovare le opere scolpite a Livorno nel 1909 avrebbe un interesse critico enorme. «Vorrebbe dire avere finalmente sotto gli occhi il momento chiave dell'arte di Modigliani» sostiene Dario Durbé. Ma Vera Durbé avanza timidamente un dubbio: e se fossero poco più che abbozzi? Pietre preparate per essere scolpite?

ANTONELLA BORALEVI, *Panorama*, 30 gennaio 1984

A. *Rispondere alle domande.*

1. Perché Modigliani decise di buttare le statue nel fosso?
2. Perché prima d'ora non si era mai pensato di ripescarle?
3. Perché invece vengono ripescate adesso?
4. Che interesse critico si pensa possano avere le statue ripescate?
5. Che dubbi si nutrono sulle statue?

B. *Completare la seguente scheda.*

MODIGLIANI

Nato a ....
rapporto con la madre ....
salute ....
aspetto fisico ....

vita parigina:
    tipo di vita ....
    la notte ....
    il giorno ....
    amici-colleghi ....
    condizioni economiche ....
    passione artistica ....

ritorno in Italia:
    prima a ....
    dopo a ....   anno ....   mese ....
    attività ....
    luogo di lavoro ....
        ottenuto da ....
        per mezzo di ....
    luogo di ricreazione ....
        frequentato da ....

1909-19........   abbandono della ....   per la ....

morto a .... anni
    causa della morte ....

C. *Dare un termine o un'espressione equivalente italiana o inglese.*

1. sbircia
2. velluto a coste
3. fosso
4. tisi
5. gomito a gomito
6. bagordi
7. povero in canna
8. sfottevano
9. occhi a mandorla
10. abbozzi

D. Dare il contrario delle parti sottolineate.

1. Il marinaio della casa di fronte soffre d'insonnia.
2. Appena fa giorno si precipita al Caffè Bardi.
3. Quell'uomo alto, magro e distinto non viene riconosciuto.
4. Indossa pantalonacci e giacca sformata.
5. Gli amici pittori si guardano esterrefatti.
6. Il biografo più attento di Modigliani è Fiefeld.
7. L'artista è testardo.
8. Al caffè tutti lo sfottevano bonariamente.
9. Un momento fondamentale della vita dell'artista fu il suo primo viaggio a Parigi.
10. I critici sono concordi sull'importanza dell'esperienza della scultura per Modigliani.

E. Mettere opportunamente all'infinito o al gerundio i verbi suggeriti.

Novembre 1909:

1. Un vecchio marinaio AFFACCIARSI .... alla finestra vede un uomo alto, magro e distinto ARRIVARE .... con un carretto carico di pietre.
2. Poiché non riesce ad addormentarsi il vecchio marinaio osserva l'uomo BERE .... una tazza di camomilla per CERCARE .... di dormire.
3. Il vecchio marinaio è un uomo navigato e non si meraviglia VEDERE .... quest'uomo SPINGERE .... il carretto nel fosso.
4. I pittori amici di Modì (così infatti veniva da loro chiamato) si guardano sbalorditi SENTIRE .... il racconto del marinaio.
5. Infatti negli ultimi tempi avevano osservato Modigliani SCOLPIRE .... lavori molto enigmatici che non apprezzavano affatto, ma gli avevano consigliato di buttarli nel fosso solo CREDERE .... di fare una battuta spiritosa.
6. Dopo il racconto del marinaio gli amici pittori VEDERE .... Modì ENTRARE .... nel Caffè incominciarono a chiedersi come dovevano comportarsi nei suoi confronti e decisero che era meglio FARE .... finta di niente.
7. SOSPIRARE .... di sollievo, videro Modì COMPORTARSI .... con la solita disinvoltura.

Gennaio 1984:

8. Una piccola folla di curiosi osserva gli operai TIRARE .... su per il momento solo detriti e rottami.
9. È ovvio che è avida di risultati e che si aspetta di vedere verificata la leggenda della propria città ASPETTARE .... nel freddo.
10. I curiosi guardano gli operai ASPETTARSI .... da un momento all'altro di vedere EMERGERE .... uno splendido capolavoro.

F. *Mettere i verbi sottolineati opportunamente al passato remoto o all'imperfetto.*

AMEDEO MODIGLIANI

Quando arriva a Parigi nel 1906 MODIGLIANI capisce subito che tutta l'arte moderna nasce da Cézanne. Lo scultore rumeno Brancusi, uno dei suoi primi amici, gli ispira il culto della forma pura e chiusa, di cui la linea, da sola, plasma e definisce il volume. Si dedica dapprima alla scultura, solo più tardi si rende conto che la materia più adatta alla sua ricerca plastica è il colore. L'integrità di una forma che si dà in assoluto, e non nella relazione ad uno spazio capiente, è anche la qualità della scultura negra. Cezànne e i negri erano i due estremi tra cui Picasso situava il problema storico dell'arte moderna. E qui Modigliani s'inalbera: non è questione di dialettica: il prodigio dell'arte (sopravvive in lui, benché represso da un vigilante rigore, un residuo di estetismo dannunziano) consiste nel tramutare in estrema, raffinata, perfin decadente civiltà europea l'estrema, inconscia ma vitale barbarie. È il suo limite idealistico nei confronti di Cézanne: per Modigliani, alla chiara intelligenza della verità non si giunge con l'intelletto, ma col sentimento.

GIULIO CARLO ARGAN, *L'arte Moderna 1770/1970*, Sansoni, Firenze 1969

G. *Coniugare opportunamente i verbi indicati.*

1. Si spera che un giorno nel prossimo futuro i critici d'arte italiani DECIDERSI .... a scrivere in modo più semplice.
2. Anche all'inizio del secolo si SPERARE .... che i critici d'arte SCRIVERE .... in modo più semplice. Ma la speranza non si AVVERARE .... ancora.

3. Da qualche anno ESSERE .... di moda i centenari. Una mia amica brasiliana che fin da quando era bambina ANDARE .... pazza per Modigliani mi aveva detto, quando l'ho incontrata l'ultima volta a Roma tre anni fa, che assolutamente non MANCARE .... alle celebrazioni del centenario della sua nascita. Io non ci CREDERE .... , ma invece mi MANDA-RE .... da Livorno il maggio scorso una cartolina con una scultura di Modì.

4. Un'altra mia amica italiana invece va matta per De Chirico. Quando l'anno scorso le ho chiesto quando VENIRE .... a tro-varmi in Australia, ha risposto che per il momento non ci PENSARE .... affatto, ma che VENIRE .... certamente nel 1997 quando si FARE .... appunto a Sydney una mostra di questo pittore. Ho commentato che non ESSERE .... poi detto che io allora ESSERE .... ancora qui.

H. *Scrivere un breve componimento su uno dei seguenti temi.*

1. Il mio artista preferito.
2. La figura del genio bello e maledetto continua ad affascinare.
3. Il fascino della vita bohemienne.

Lezione 29

INTRIGO INTERNAZIONALE O BURLA ALLA TOSCANA?

DUE MESI DI POLEMICHE E COLPI DI SCENA

ROMA (*s.m.*) - La storia delle teste di Modigliani prende il via con il centenario della nascita dell'artista, quando la Livorno intellettual-politica si mobilita per festeggiare degnamente il figlio già incompreso, costretto a lasciare la Toscana e ad emigrare a Parigi. Dopo lungo discutere si prendono due iniziative: una mostra, curata da Vera Durbé, conservatrice del Museo d'Arte Moderna di Livorno e dal fratello Dario, soprintendente alla Galleria d'Arte Moderna, a Roma; la ricerca, nel Fosso Reale, delle sculture che Modigliani nel 1909 avrebbe scaraventato dentro il canale. Ad Ambrogio Ceroni, il maggior esperto di Modigliani, ora defunto, la storia del pittore maledetto che gettava nel fosso le statue, insoddisfatto dell'esecuzione o per disprezzo verso la città ostile e <u>beghina</u>, era sempre sembrata una <u>panzana</u> da sceneggiatore hollywoodiano. Ma la Durbé credeva nella leggenda e si sentiva quasi sicura di ritrovamenti clamorosi. Alla fine riesce a convincere tutti.

La mostra si inaugura regolarmente all'inizio dell'estate. E già incominciano le prime polemiche. C'è Maurizio Calvesi che in una recensione sull'*Espresso*, giudica assai dubbio un ritratto di Pablo Picasso. C'è Durbé che risponde invocando una testimonianza scritta dello stesso Pi-

casso. Inoltre Jeanne Modigliani, la figlia dell'artista, che dirige gli «Archivi legali Amedeo Modigliani», una fondazione ereditaria dei beni del pittore, insieme con Christian Parisot, non si presenta per l'inaugurazione. Come mai? Da Parigi la Modigliani fa sapere che l'hanno esclusa coscientemente dall'elaborazione della mostra e dalla scelta delle opere. Da Livorno si risponde che non c'è stato nessun <u>ostracismo</u>. Intanto circolano le prime voci, che poi saranno così numerose da perderne il conto: questi archivi di Parigi hanno una fama non proprio limpida, sembra che si autentichino con celerità opere non sicure. Ecco la ragione dell'esclusione.

Adesso la storia passa al Fosso Reale. La <u>benna</u> comincia a scavare: i denti d'acciaio sono ricoperti con un tubo di gomma per evitare eventuali danni alle sculture, si cerca nel fango con estrema lentezza. Trascorrono alcuni giorni d'attesa di tutta Livorno. La Durbé segue le operazioni per ore sul <u>pontone</u> accanto alla draga. Poi il 24 luglio si trova la prima testa. Avvolta in un feltro bagnato: per evitare che si secchi e si crepi, e poi in un contenitore di plastica, la scultura viene trasportata in processione a villa Maria, dove c'è la mostra e chiusa a chiave. Nello stesso pomeriggio viene trovata la seconda testa. È il trionfo dei

Durbé. La conservatrice piange di gioia, si confessa: «Sono sicurissima che sono le teste di Modì, sono talmente belle... Certo gli storici, i tecnici prendono tempo, ma io non ho peli sulla lingua. E poi quando ho visto la seconda ho creduto ancora di più».

La notizia dei ritrovamenti fa il giro del mondo. In Toscana, gli scettici di una volta si dichiarano avanguardisti e della prima ora. La soprintendenza di Pisa e il comune di Livorno cominciano a litigare sulla proprietà: a chi spettano le sculture? Contrariamente a quello che pensa la Durbé, i tecnici si lanciano subito in dichiarazioni. Nelle pietre non c'è traccia di petrolio o di catrame, conseguenti a moderno inquinamento atmosferico. Quindi devono essere antiche, comunque gettate in acqua decenni fa.

Raptus estetici

Ora è il turno degli storici, che arrivano a Livorno a frotte. Il primo è Cesare Brandi, che sembra folgorato dalle pietre, si lascia andare a prose da «Pesci rossi»: «Sono di Modigliani. Hanno una luce interiore come una veilleuse... in quelle scabre pietre c'è l'annunzio, c'è la presenza» scrive sul *Corriere della Sera*. Poi Enzo Carli, Jean Lemarie, gran conoscitore d'arte moderna e direttore di Villa Medici, Luciano Berti: tutti si complimentano, rimangono estasiati, sono commossi anche loro, come la Durbé. Lo scultore Pietro Cascella dice di provare una grande emozione «come quando un naufrago mette il messaggio nella bottiglia».

Carlo Ludovico Ragghianti assicura che si tratta di «opere fondamentali per Modigliani e per la scultura moderna». Più cauto Giulio Carlo Argan che, riservandosi il giudizio definitivo al termine di

un'attenta analisi, giudica attendibile la tesi dell'autenticità delle opere, «anche se non sono dei capolavori». Quasi isolati i commenti contrari e sarcastici di Mario Spagnol, di Federico Zeri, le cautele, forse interessate, da Parigi, di Jeanne Modigliani. La povera Jeanne muore cadendo per le scale, il giorno successivo alle sue dichiarazioni: è un segno?

Intanto a Livorno, mentre i professori si trastullano nei raptus estetici, cominciano ad arrivare delle telefonate al quotidiano locale il *Tirreno*. Alcuni anonimi — forse una sola persona — assicurano che le teste sono dei falsi e di avere le prove. Le telefonate continuano per un po', poi cessano. Nessuno si presenta di persona, e non si fanno nomi, non si portano le prove promesse. Al giornale i redattori rimangono dubbiosi: si tratta del solito scherzo? La città continua a fare la festa ai Modigliani, il nove agosto viene pescata una terza testa: chi può dubitare? Domenica 2 settembre Ragghianti presenta il volume «Due pietre ritrova-

te»: «È stato come ritrovare un mano-
scritto del giovane Leopardi».

Nello stesso giorno due telefonate alla
Nazione e al *Tirreno* avvertono di andare
a rovistare in un cestino per la carta strac-
cia, sistemato all'angolo di una strada di
Livorno. Nel cestino ci sono i negativi
di un'immagine di una testa di Modiglia-
ri, quasi identica a quelle recuperate, ac-
compagnata da un cartello: «Testa
ripescata nel 1954». Quasi contemporaneamente *Panorama* anticipa il testo di
un suo articolo, intitolato «La beffa di
Livorno»: tre ragazzi dichiarano al settimanale di aver scolpito loro e poi gettato
nel fosso il Modì. L'intervista è assai divertente: «Avevate un modello?». «Sì, una
foto di una scultura di Modigliani presa
da un catalogo». «Quali strumenti avete
usato?». «Due martelli, due scalpelli, un
trapano elettrico Black and Decker».
«Qualche contrattempo?». «Durante uno
dei ritocchi si è scheggiato il lato destro,
proprio sotto l'occhio». La scheggiatura,
nei giorni precedenti, aveva deliziato gli
storici, che vi avevano visto la mano del
maestro, in un momento di approfondi-
mento creativo.

Le rivelazioni scatenano turbamenti e
svenimenti a non finire. Sul momento storici e tecnici mantengono ufficialmente
le loro certezze. Anche perché ci può essere il sospetto che si tratti di una storia
inventata e di un fotomontaggio. Al *Tirreno* il fotografo del giornale ne compone
uno identico a quello pubblicato da *Panorama*: tanto identico che il Tg3 lo manda
in onda scambiandolo per quello del settimanale: il falso del falso. Ma il settimanale dichiara subito di essersi cautelato.
Due ragazzi si sono presentati con i genitori, per avallare l'autenticità della beffa.
Uno è anche un noto penalista, che conosce molto bene i rischi di una truffa. Altre prove arriveranno.

La storia non è chiusa

Con il passare dei giorni, si moltiplicano i particolari di contorno. Nella pietra
era stata individuata dai tecnici una striscia verde: le alghe, per la lunga permanenza in acqua. Secondo i ragazzi, invece,
la striscia è stata prodotta dall'erba del
prato su cui avevano trascinato per qualche metro la scultura, molto pesante. C'è
poi la testimonianza di Franco Rigoni,
abitazione davanti al Fosso Reale. La sera che i ragazzi hanno gettato la pietra
nel fosso il Rigoni aveva caldo, stava alla
finestra, aveva visto tutto. E il giorno
dopo era corso dal capo del cantiere che
dragava il fosso a raccontare la scena.
Ma l'avevano guardato storto, era stato
pregato di farsi i fatti suoi: intralciava.

Invece compare anche il quarto ragazzo, come nel caso Philby: il «dissociato»,
che non aveva voluto andare con gli altri
a *Panorama*, spaventato dal clamore, anche politico, che stava suscitando la vicenda. Il dissociato ora non si dissocia
più, consegna altre prove alla soprintendenza di Pisa: schegge residue della scultura, altre foto che mostrano tutto il
gruppo di Buffalmacchi al lavoro intorno
alla pietra. Più tardi ai quattro scultori
si aggiungeranno due «testimoni»: due
amici del gruppo, che hanno fotografato
alla luce di un lampione i momenti della
burla. Nelle foto il Modì 2 appare com-
pletato, prima di essere gettato nel fosso.
In quella di *Panorama* invece il Modì era
ancora in fase di lavorazione.

La povera Durbé, sofferente di diabete
e con una gamba amputata due anni fa,
è stata colta da malore quando ha saputo
che la statua era stata sigillata dal preto-
re, su richiesta degli autori, i ragazzi. Ma
la storia è ancora molto lontana dall'essere chiusa. Sul falso del Modì due sembrano esserci pochi dubbi. Ma le altre due

sculture, di chi sono? E quella della fotografia mandata al *Tirreno*, in cui si dice che è stata ripescata nel 1954?

Come in tutte le vicende italiane, anche in questa ci si è divisi tra spontaneisti e dietristi. Gli spontaneisti vedono solo la beffa toscana e null'altro. I dietristi, più numerosi, com'è ovvio, ipotizzano trame, magari contraddittorie tra loro, partendo dal presupposto che lo scherzo ha avuto effetti troppo dirompenti e consapevoli per non avere una strategia occulta.

Ma quale strategia e da parte di chi? Di Parigi e degli archivi Modigliani, per screditare i Durbé, anche come rivalsa per l'esclusione dalla mostra? Degli stessi Durbé, per avvalorare le loro ipotesi? La moglie di Calvesi, critico ostile ai Durbé, non è forse la vice dello stesso Durbé alla Galleria d'Arte Moderna, in polemica con il suo capo? E via spettegolando e mormorando, sghignazzando o lacrimando, nell'ennesima commedia all'italiana di genere «aperto»: cioè con il finale che non è mai finale, di rivelazione in rivelazione, all'infinito.

STEFANO MALATESTA, *La Repubblica*, 11 settembre 1984

A. Rispondere alle seguenti domande.

1. Per il centenario della nascita di Modigliani, Livorno ha organizzato iniziative; quali?
2. La decisione di ricercare le sculture nel fosso non era unanime. Quali pareri c'erano a riguardo?
3 Quali polemiche sono state suscitate dalla mostra?
4. Il 24 luglio 1984 è stato un giorno fortunato per Livorno. Perché?
5. Davanti alle opere salvate dalle acque, alcuni commenti sono stati sarcastici e cauti. Quale era l'atteggiamento dei livornesi, degli studiosi, dei tecnici e degli storici dell'arte?
6. Contemporaneamente alle feste entusiastiche, arrivano le prime telefonate anonime. Perché non gli si dà credito?
7. Dopo aver ritrovato la terza testa, quali avvenimenti contribuiscono a mettere in serio dubbio l'autenticità delle opere?
8. Quale è la reazione immediata dei tecnici, storici e critici, nel turbamento generale provocato dalla sempre più evidente non autenticità delle pietre?
9. Cosa succede con il passare dei giorni?
10. Chi sono i «dietristi» e gli «spontaneisti»?
11. Quali diverse ipotesi si possono fare sullo scherzo?
12. Le teste sono tutte false?

B. *Mettere in ordine cronologico i seguenti avvenimenti riportati nell'articolo.*

Dimostrazione e prova della veridicità dello scherzo.
Ritrovamento di due teste.
Ricerca delle pietre nel fosso.
Telefonate anonime.
Ritrovamento di una terza testa.
Articolo di *Panorama*: la seconda testa è un falso scolpito per burla.
Presentazione del libro «Due teste ritrovate».
Inaugurazione della mostra per il centenario di Modigliani.

C. *Segnare nel calendario i giorni menzionati nell'articolo e precisare cosa è avvenuto in tali date.*

LUGLIO		AGOSTO		SETTEMBRE	
1	DOMENICA	1	MERCOLEDI	1	SABATO
2	LUNEDI	2	GIOVEDI	2	DOMENICA
3	MARTEDI	3	VENERDI	3	LUNEDI
4	MERCOLEDI	4	SABATO	4	MARTEDI
5	GIOVEDI	5	DOMENICA	5	MERCOLEDI
6	VENERDI	6	LUNEDI	6	GIOVEDI
7	SABATO	7	MARTEDI	7	VENERDI
8	DOMENICA	8	MERCOLEDI	8	SABATO
9	LUNEDI	9	GIOVEDI	9	DOMENICA
10	MARTEDI	10	VENERDI	10	LUNEDI
11	MERCOLEDI	11	SABATO	11	MARTEDI
12	GIOVEDI	12	DOMENICA	12	MERCOLEDI
13	VENERDI	13	LUNEDI	13	GIOVEDI
14	SABATO	14	MARTEDI	14	VENERDI
15	DOMENICA	15	MERCOLEDI	15	SABATO
16	LUNEDI	16	GIOVEDI	16	DOMENICA
17	MARTEDI	17	VENERDI	17	LUNEDI
18	MERCOLEDI	18	SABATO	18	MARTEDI
19	GIOVEDI	19	DOMENICA	19	MERCOLEDI
20	VENERDI	20	LUNEDI	20	GIOVEDI
21	SABATO	21	MARTEDI	21	VENERDI
22	DOMENICA	22	MERCOLEDI	22	SABATO
23	LUNEDI	23	GIOVEDI	23	DOMENICA
24	MARTEDI	24	VENERDI	24	LUNEDI
25	MERCOLEDI	25	SABATO	25	MARTEDI
26	GIOVEDI	26	DOMENICA	26	MERCOLEDI
27	VENERDI	27	LUNEDI	27	GIOVEDI
28	SABATO	28	MARTEDI	28	VENERDI
29	DOMENICA	29	MERCOLEDI	29	SABATO
30	LUNEDI	30	GIOVEDI	30	DOMENICA
31	MARTEDI	31	VENERDI		

D. *Stabilire l'identità dei seguenti nomi, con l'aiuto dell'articolo.*

1. Vera Durbé
2. Dario Durbé
3. Ambrogio Ceroni
4. Maurizio Calvesi
5. Jeanne Modigliani
6. Cesare Brandi
7. Jean Lemarie
8. Luciano Berti
9. Pietro Cascella
10. Carlo L. Ragghianti
11. Giulio Carlo Argan
12. Franco Rigoni
13. Mario Spagnol
14. Federico Zeri

E. *Trovare il significato delle seguenti parole.*

1. beghina
2. panzana
3. ostracismo
4. benna
5. pontone
6. rovistare
7. beffa
8. foto montaggio
9. cautelato
10. truffa
11. spettegolando
12. sghignazzando

F. *Inserire nel seguente brano le preposizioni mancanti, apportando le trasformazioni necessarie.*

LIVORNO. 175 mila abitanti. Una .... le città più ricche .... Italia. Una maggioranza assoluta .... il Pci che governa bene e senza scosse da sempre, ... il dopoguerra. Ma anche una città piuttosto brutta. Rasi .... suolo .... la guerra palazzi e monumenti rinascimentali si è ricostruito male .... la rinfusa. Da contrapporre .... l'eterna rivale, Pisa, ... la sua torre pendente e tutto il resto, c'è solo qualche quadro minore .... Fattori e un monumento, quello « .... i quattro mori», che pochi fuori .... Livorno considerano davvero importante. Il resto è cemento.

I LIVORNESI. Eredi .... galeotti, prostitute e mercanti .... i quali, a viva forza, il fondatore .... la città, Cosimo I .... i Medici, aveva popolato quell'insediamento .... il mare fatto perché .... Pisa il Tirreno si era ritirato lasciando il porto .... l'asciutto.

Gente dura, sanguigna, orgogliosa .... il suo campanile oltre l'immaginabile. Brava .... far burle, soprattutto .... i Pisani, ma non altrettanto spiritosa .... riceverne. La leggenda .... quelle statue che

Modigliani ha buttato .... il fosso è una spina .... gola da sempre .... la città.

Panorama, 17/9/1984

INCREDIBILE ESPERIMENTO A LIVORNO: ALCUNI CRITICI D'ARTE SONO RIUSCITI A TROVARE UNA TESTA E CONTEMPORANEAMENTE A PERDERE LA FACCIA!

G. *Sostituire le parti sottolineate con un gerundio, semplice o composto a seconda del caso.*

Esempio. <u>*Sebbene non*</u> *mi intenda di pubblicità, certi annunci mi deliziano.*
<u>Pur non</u> intendendomi di pubblicità, certi annunci mi deliziano.

1. <u>Se si dà</u> per scontata la mia ignoranza, la tecnica pubblicitaria può essere considerata semplicemente una serie di tentativi diversi.
2. <u>Dopo aver fatto</u> l'indagine di mercato e <u>dopo aver provato</u> un prodotto, si decide di lanciarlo.
3. Per il suo lancio, <u>dopo aver scelto</u> l'immagine più appropriata a persuadere il consumatore, si sceglie il messaggio più invitante.
4. <u>Se si vive</u> in un momento di accese polemiche, è immancabile che si arrivi allo sfruttamento pubblicitario.
5. Una panetteria di Bologna, <u>dopo aver sfruttato</u> l'occasione, ha messo in vetrina una pagnotta alla Modigliani.
6. <u>Senza lasciarsi sfuggire</u> l'occasione di magnificare il suo arcinoto trapano, la Black and Decker ha fatto il colpo grosso.
7. <u>Poiché ha colto</u> il momento più drammatico, ha occupato un paginone su tutti i più importanti quotidiani.

È facile essere bravi con Black & Decker.

8. <u>Dopo che</u> la Black & Decker <u>ha sfruttato</u> l'occasione con tanta tempestività pensate che i critici compreranno il trapano così pubblicizzato?
9. Personalmente, <u>siccome ho rotto</u> il mio vecchio trapano, mi lascerei tentare.
10. Ho solo il dubbio che magari, <u>benché io abbia scolpito</u> dei capolavori, qualcuno me li butti in un canale.

H. *Trasformare le seguenti frasi sostituendo le parti sottolineate con il participio passato.*

Esempio. *Essendosi fatte tante storie* a Livorno, tre ragazzi hanno fatto uno scherzo.
   Fattesi tante storie a Livorno, tre ragazzi hanno fatto uno scherzo.

«Quasi quasi ne facciamo un'altra...»
Ecco la testa di Modì, che scultori quei ragazzi!

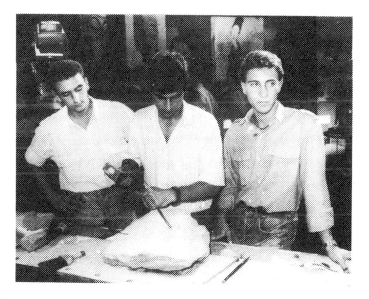

1. <u>Essendosi creata</u> tanta incredulità sull'impresa dei ragazzi, c'era il bisogno di ricostruire la burla pubblicamente.
2. I ragazzi sono partiti per Roma, <u>dopo aver accettato</u> una sfida dalla RAI: se è vero che il falso è opera vostra, fatecene un altro sotto gli occhi di tutti.
3. <u>Avendo replicato</u> la cosa davanti alle camere televisive, i ragazzi hanno dato la dimostrazione pratica di come una pietra grezza e brutta può trasformarsi in un'affascinante scultura.
4. <u>Essendo arrivati</u> negli studi, hanno sistemato i loro attrezzi su una sorta di banco di artigiano e hanno cominciato l'opera.
5. <u>Quando ha tirato fuori</u> il catalogo della mostra da cui copiare, un ragazzo ha tracciato con un gessetto l'ovale del volto sulla pietra.
6. Poi, <u>dopo essersi alzati</u> in piedi, anche gli altri hanno cominciato a lavorare: uno, <u>avendo preso</u> uno scalpello, dava energici colpi di

martello, mentre l'altro toglieva la polvere.

7. «Attenzione, <u>una volta che avremo rotto</u> la pietra, nessuno ci crederà più», si mormoravano l'un l'altro.

8. <u>Avendo tracciato</u> le parti della testa con rapidità e decisione, l'hanno levigata col trapano elettrico.

9. <u>Avendoci preso</u> gusto ed <u>essendosi tranquillizzati</u>, quasi quasi ne facevano un'altra.

10. <u>Dopo aver ricevuto</u> conferma della beffa, la curatrice del museo, <u>essendo stata colta</u> da malore, è stata trasportata all'ospedale.

11. In tal modo <u>essendo stati chiariti</u> tutti i dettagli dell'operazione, il giallo della seconda testa salvata dalle acque è stato risolto.

I. *Modificare la struttura delle seguenti frasi ricorrendo all'uso del condizionale per esprimere la poca attendibilità delle notizie riportate.*

Esempio. Pare che nel 1909 Modigliani avesse scaraventato delle sculture nel canale.
<u>Nel 1909 Modigliani avrebbe scaraventato delle sculture nel canale.</u>

1. Pare che ci siano state polemiche subito dopo l'inaugurazione della mostra.

2. Calvesi giudica assai dubbio un ritratto di Picasso.

3. Pare che la figlia di Modigliani non fosse stata invitata alla mostra perché negli archivi da lei diretti sembra che si autentichino opere non sicure con troppa celerità.

4. Ad alcuni la storia delle pietre gettate nell'acqua era sempre sembrata una panzana da sceneggiatore holliwoodiano.

5. Può darsi che tutte le teste siano state scolpite per burla.

6. C'è il sospetto che si tratti di un fotomontaggio.

7. Pareva che i ragazzi avessero prove concrete della loro beffa.

8. Sembra che la striscia sia stata fatta dall'erba del prato, non dalla lunga permanenza nell'acqua.

9. Sembrava che a un testimone che aveva visto i ragazzi che trasportavano la pietra, avessero detto di farsi gli affari suoi.

10. Può darsi che almeno due teste appartengano a Modigliani.

L. *Fare un tema su uno dei seguenti argomenti.*

1. Una burla famosa.
2. Il falso in arte.
3. L'arte e la critica d'arte.

Lezione 30

LE VACANZE ECOLOGICHE
SENTIERI SELVAGGI

ROMA. Per parlare di podismo occorre nominare i piedi e allora l'argomento rischia di apparir pedestre. Infatti i vecchi bene educati dicono ancora «le estremità inferiori»; e la loro educazione s'era travasata anche nella società del boom industriale, negli anni Sessanta, quando la civiltà si misurava col numero di automobili circolanti («Una ogni dieci, ogni sette, ogni tre abitanti!»). Forse per questo gli italiani non facevano turismo a piedi.

Da quest'anno, però, tutto cambia: arriva l'estate delle grandi marce. Il merito principale è di un vocabolo nobilitante: il trekking. «È parola d'origine boera», dice Cristiano Delisi, guida alpina, animatore della cooperativa "La Montagna". «Poi gli inglesi l'hanno portata su dall'Africa». E Beppe Tenti l'ha importata in Italia quando ha fondato, una ventina d'anni fa, la "Trekking International" (specializzata in viaggi esotici e difficili, con molti tratti da percorrere a piedi o su carri). Adesso Tenti lancia un ricco programma di trekking italiani: nelle Alpi, negli Appennini, attorno ai vulcani del sud (con il "campo base" in barca).

Tenti non è solo un appassionato di montagna, ma anche un imprenditore coi bilanci in attivo. Dunque, fa le sue diagnosi di mercato. In sostanza arriva sui sentieri <u>nostrani</u>, con quella sua parolina boera, dopo aver osservato il proliferare di associazioni escursionistiche in tutte le regioni italiane. E allora, alla «richiesta di podismo» offre la sua offerta di organizzazione. Fornisce gli accompagnatori, garantisce il posto-tappa con veri letti e (perbacco!) anche con <u>lenzuola</u>; propo-

ne le escursioni con la tecnica di una
normale agenzia di viaggio (itinerari precisi, date stabilite, prezzo tutto compre-
so). Attorno alla sua iniziativa ha coagu-
lato interessi industriali (abbigliamento,
alimenti specifici, eccetera) che gli consentono di propagandare l'iniziativa in
grande stile.

Ma anche altre organizzazioni che già
esistevano contribuiscono a incrementare
la moda. Il loro podismo è di varia "ispirazione". Vediamo qualche esempio.

«Quando arrivi in vetta a una montagna, continua a salire»: è una massima
Zen citata in un programma di escursioni
della "Nuova Acropoli", associazione culturale che fa conferenze, concerti, lezioni
di "filosofia attiva", e che porta i giovani dai 17 ai 25 anni in Appennino «per
scoprire la natura e se stessi». Gli istrut-
tori non fanno camminare i giovanotti
fino a scoppiare, ma li inducono a confi-
dare di più nella resistenza del corpo;
li educano all'ecologia, ma come continuazione del corso filosofico. E così via.

Altro esempio, la Delegazione laziale
del Wwf. L'attività che si legge in programma è piuttosto ghiotta: si affrontano
camminate di sei ore sul Monte Velino
o nel gruppo dei Lucretili. Ogni domenica un centinaio di romani vanno a camminare sotto le insegne del Wwf. «E il
gruppo si rinnova sempre all'80 per cento», dice Gianni Tamburrini, laureato in
fisica e di gamba lesta. Ma cos'è che non
va? I vuvuffini romani s'impegnano sì,
e anche duramente; ma poi si distraggo-
no, tentano qualche flirt, tendono a «passare una buona domenica» anziché con-
centrarsi sui fili d'erba o sulle lucertole
speciali.

Di un altro mondo sono quei torinesi
che fanno capo al Centro di Documenta-
zione Alpina e alla "Rivista della Montagna" e hanno contribuito con gli enti

pubblici a metter su gli itinerari e i posti-tappa della grande traversata delle Alpi (nota come Gta). Adesso si può andare (senza picozze, corde o altri arnesi alpinistici) dalla Liguria al Lago Maggiore tenendosi fuori non solo dalle strade carrozzabili ma anche dalle zone montane deturpate dall'urbanizzazione turistica.

Ebbene, tra questi torinesi, un cenno merita Marziano Di Maio. Lo chiamano "il marziano" per la sua resistenza e costanza. Si è fatto quasi tutto il sentiero "E 1" che va da Genova a Copenaghen. L'anno scorso ha percorso il tratto austriaco dell'"E 4", quindici giorni di marce senza soste. Questi "E" col numeretto sono sentieri pedonali che si stanno attrezzando in Europa, tra boschi, campagne, colline (qualche volta su una carrozzabile quando proprio non si può scansare).

Come Di Maio quanti ce ne sono? «Parecchie e parecchie centinaia», risponde lui. «Ma no, saranno in tutto due-trecento», ribatte Beppe Tenti. Siamo comunque a livelli sportivi, e anche psicologici, piuttosto elevati e difficilmente imitabili. Tra questi e la passeggiata domenicale c'è tutto un mondo pronto a marciare nella prossima estate. Ma come si comincia, come ci si informa? Un'idea è quella di rivolgersi alle sedi del Touring Club Italiano che ha stampato un "Manuale pratico del turismo a piedi" e che sta per cominciare una collana di pubblicazioni dedicata ai camminatori. Riprende un po' la gloriosa collana "di rifugio in rifugio", ma stavolta non si rivolge agli alpinisti bensì, appunto, ai camminatori. E dunque sarà, per così dire, "di valle in valle".

Dopo aver parlato di organizzazioni grandi e piccole, resta ancora da dire che il camminare più bello è quello che si fa per conto proprio, inseguendo sugge-stioni e sogni, allontanandosi per libere fobie, avvicinandosi per irrazionali simpatie. Da soli è il massimo dell'ebbrezza pellegrina, ma è meglio essere almeno in tre e non più di cinque. Allora, prima di partire, comincia l'acquisto delle carte, quelle dell'Istituto Geografico Militare ovviamente, la ricerca di libricini scritti da escursionisti locali, il contatto con le sezioni del Cai, con le Aziende autonome di turismo, con gli Assessori al turismo delle Regioni e così via.

Un esempio? Dopo aver letto "Il mio Carso" di Scipio Slataper e aver ricordato le "illimpidite montagne" di Pasolini, abbiamo scoperto a Trieste, all'Azienda regionale per la promozione turistica, l'uomo giusto. È Claudio Ruggier il quale ha appena finito di correggere le bozze di "Escursioni in montagna", un libro della collana "Lo Scopriregione" edito dalla Regione Friuli-Venezia Giulia. Ruggier, beato lui, si è battuto quaranta bellissimi itinerari per raccontarne quattordici ben selezionati, percorribili senza attrezzi, non pericolosi non stressanti. Abbiamo visto il libro ancora in bozze, e, dato che probabilmente sarà distribuito gratuitamente, metteteci le mani sopra prima che finisca.

MANLIO MARADEI, *L'Espresso*, 15 maggio 1983

A. Rispondere alle seguenti domande.

1. Per quali motivi qualche decina d'anni fa il podismo non era di moda?
2. Qual è stato l'itinerario del nuovo vocabolo nobilitante dato al vecchio podismo?
3. Come fa Beppe Tenti ad avere tanto successo?
4. Quali sono invece le attrattive principali della Nuova Acropoli?
5. I soci del Wwf e della Nuova Acropoli sono stati chiamati «i camminatori pedagogico-culturali». Perché?
6. Che tipo di imprese compiono i camminatori della tempra del Di Maio?
7. Che differenza c'è fra alpinisti e camminatori?
8. Se si volessero informazioni dettagliate su questo tipo di attività secondo il giornalista che cosa si dovrebbe fare?
9. Che consigli dà il giornalista per un «bel camminare»?
10. Che cosa ha fatto Claudio Ruggier?

B. Dare un sinonimo italiano, una breve spiegazione o la traduzione inglese delle seguenti parole come vengono usate nel testo.

1. nostrani
2. lenzuola
3. stabilite
4. ghiotta
5. lesta

6. arnesi
7. carrozzabili
8. libricini
9. battuto
10. attrezzi

C. Riscrivere cambiando le parti sottolineate con la forma appropriata del SI IMPERSONALE. Si mantengano tempo e modo.

Esempio. Se non voleste fare il solito turismo potreste scegliere forme alternative di viaggi in Europa.
Se non si volesse fare il solito turismo si potrebbero scegliere forme alternative.

È possibile trovare opuscoli e guide in cui sono pubblicizzati itinerari e percorsi nuovi e in cui per di più vi sono proposte modalità di vacanze inconsuete che vanno bene per diverse occasioni: se la gente è sola, se la gente non ha soldi, se la gente è camminatrice, se dispone di lunghe vacanze o meno, ecc.

In caso vogliate informazioni dettagliate, chiedetele al Touring Club o leggetele su pubblicazioni apposite.

In ogni modo se <u>decidete</u> di andare a zonzo per l'Europa a piedi <u>dovete</u> essere prudenti.

Innanzitutto per prudenza <u>scegliete</u> il percorso adatto alle <u>vostre</u> resistenze fisiche e <u>seguitelo</u> senza tappe estenuanti; e infine, <u>comprate</u> l'equipaggiamento adatto.

Queste poche raccomandazioni bastano. Non <u>è possibile</u> dire tutto, né <u>è possibile</u> comunicare in cinque o sei righe la gioia delle infinite scoperte da farsi andando letteralmente a spasso per il mondo.

D. *Cambiare le parti sottolineate con una forma passiva equivalente.*

Esempio. <u>*Abbiamo preparato*</u> *una sintesi delle risposte che* <u>*hanno dato*</u> *i grandi camminatori quando* <u>*hanno fatto*</u> *loro la seguente domanda: «Quali indumenti* <u>*indossereste*</u> *in una escursione lunga e faticosa?»*

È stata preparata una sintesi delle risposte che sono state date dai grandi camminatori quando è stata fatta loro la seguente domanda: «Quali indumenti verrebbero/andrebbero usati in una escursione lunga e faticosa?»

Dalla testa al piede

In testa per <u>proteggersi</u> dal sole <u>bisognerebbe comprare</u> un cappello di cotone, floscio così <u>si ripone</u> facilmente. Con il freddo <u>gli sportivi dovrebbero portare</u> uno zuccotto di lana da sciatori.

Scendiamo al busto. L'indumento che <u>preferiscono</u> uomini e donne è la cannottiera bianca o blu, di cotone, accollata, con le manicucce corte. Questo non solo per la praticità e l'igiene, ma anche perché così <u>si eviterebbero</u> esibizioni superflue se <u>si dovessero attraversare</u> villaggi — cosa che in campagna <u>la gente non apprezza</u>.

Poi, sulla maglietta, <u>raccomandano</u> la camicia di cotone puro che <u>indosserebbero</u> se l'aria rinfrescasse o al contrario se c'è il rischio che <u>il sole bruci</u> braccia e collo. Ognuno intuisce la comodità di avere due tasche nella camicia (con pattina e bottone, altrimenti <u>si rovescerà</u> tutto a terra). In una delle tasche <u>i camminatori mettono</u> soldi e documenti e <u>li tengono</u> in bustine di plastica affinché <u>sudore e pioggia non li bagnino</u>.

Sopra la camicia <u>tutti danno</u> la seguente raccomandazione: «Anziché un maglione pesante <u>portino</u> due o tre indumenti di lana leggera da <u>sovrapporsi</u> all'occorrenza! Infine <u>indossino</u> la giacca a vento, impermeabile, ma non imbottita!».

Per i pantaloni non <u>presentano</u> grandi discussioni: <u>i veri camminatori li porteranno</u> lunghi (niente shorts) e di una certa consistenza.

Delle estremità inferiori ce ne occupiamo nel prossimo esercizio per quanto riguarda le calze. Per le calzature invece, siano scarpette da ginnastica, pedule o scarponi, ci pensate voi, altrimenti la tiriamo troppo per le lunghe.

E. *Riscrivere al discorso indiretto come indicato.*

A proposito di piedi

1. Pinco Pallino ha dichiarato: «A mio avviso ci vogliono due paia di calzini. Io ne porterò uno di cotone a contatto del piede e sopra uno di lana. Così i piedi mi rimarranno asciutti».

   Il camminatore Pinco Pallino prima della gita ha dichiarato che...

2. Il suo amico Bastian Contrario gli ha risposto: «Non è vero. Secondo me, e secondo un articolo specializzato che ho letto giorni fa, pare

che un famoso camminatore abbia affermato l'esigenza di uno e un solo calzino di lana».

Il suo amico gli ha risposto che...

3. Ha poi proseguito: «Infatti se io portassi due calzini il sangue non mi circolerebbe bene. Proprio in questa gita non vorrei che i piedi mi si gonfiassero. Poi ci sarebbe il rischio di vesciche che in un lungo percorso come questo che dobbiamo affrontare sarebbero micidiali».

Ha poi proseguito aggiungendo pedantemente che...

4. Al che Pinco ha concluso conciliante: «L'importante non è il numero di calzini, ma devono essere di lana pura e secca. Se la lana ha rinforzo sintetico il piede comincia a lessarsi dopo appena due ore di marcia».

Pinco ha concluso conciliante che...

5. Ha raccontato poi: «Per esempio, a me è successo che una volta mi sono dovuto fermare perché la lana conteneva fibre sintetiche. Mi sono detto: 'Adesso mi toccherà fermarmi qui'. Ma per fortuna ne ho trovato un paio di ricambio. Giuro che non ripeterò più l'esperimento».

Pinco ha proseguito poi raccontando che...

F. *Mettere al passato prossimo, mantenendo la forma impersonale.*

Alla fine di giugno si <u>organizza</u> una gita di escursionisti esperti allo scopo di decidere un itinerario da pubblicare. <u>Si discute</u> un programma dettagliato e <u>si decide</u> di seguire l'itinerario Tarvisio-Monte Ostering.

Il primo di agosto <u>si parte</u> da una piccola località a nord di Tarvisio, con disinvoltura viaggiando in tempi diversi perché, pur essendo in gruppo, <u>si batte</u> il sentiero in solitaria e ci <u>si incontra</u> solo in fermate prestabilite. In queste soste <u>si mangia</u> qualcosa di leggero, <u>si beve</u> una o due bibite zuccherate e <u>si cerca</u> di fare un pisolino di circa un quarto d'ora.

Nel percorso <u>si attraversano</u> prati, <u>si percorrono</u> boschi e radure e <u>si incontrano</u> persino cavalli bradi. Ci <u>si accorge</u> che pur essendo buonissimi non sono affatto socievoli e che non amano essere accarezzati, quindi dopo alcuni tentativi di approccio li <u>si lascia</u> stare.

Durante il tragitto naturalmente <u>si prendono</u> tanti appunti che <u>si utilizzano</u> poi per la discussione e infine per le raccomandazioni e i consigli da pubblicare a beneficio dei meno esperti. <u>Si arriva</u> al tramonto e <u>si finisce</u> la sera con una ottima mangiata e bevuta al rifugio del Monte Ostering.

G. *Completare opportunamente.*

Era un bel giorno di primavera. Era già un mese che gli amici sportivi di Sempronio DECIDERE .... di partire per una camminata che li PORTARE .... da Monticelli a Sulzano sul Lago d'Iseo. Sempronio RIMANERE .... a lungo indeciso perché in realtà ESSERE .... un gran fannullone pigro, ma alla fine non RESISTERE .... non tanto alla tentazione della camminata, per lui pressoché inesistente, quanto a quella della compagnia cameratesca che sempre INSTAURARSI .... in simili occasioni. Così nonostante gli RIMANERE .... ancora qualche dubbio, Sempronio UNIRSI .... al gruppo.

Eccoli alla partenza, tutti col sacco in spalla, ma guarda un po' Sempronio il suo non AVERCELO .... Mille scuse: «Ieri non AVERE .... tempo, DOVERE .... lavorare fin dopo che i negozi CHIUDERE .... Se non LAVORARE .... fino a tardi, COMPRARE .... qualcosa da mangiare oggi. Ma del resto io MANGIARE .... pochissimo, voi non PREOCCUPARSI .... MANGIARE .... di più quando ARRIVARE .... ad Iseo nel tardo pomeriggio. Sapendo di non portare niente FARE .... un'abbondante colazione un'ora fa».

Pazienza. Non potete immaginare quante cose POTERE .... andar storte in poche ore. Procedendo in fila indiana Sempronio SEGUIRE .... il capofila. Un quarto d'ora dopo, chissà come, TROVARSI .... ultimo in coda. Mezz'ora più tardi girandosi per controllare la situazione Caio non lo VEDERE ...., più, DARE .... l'allarme; e Tizio, ora ultimo, FERMARSI .... ad aspettare Sempronio. Aspetta, aspetta, non APPARIRE .... nessuno. Di Sempronio non ESSERCI .... neppure l'ombra. «E se FARSI .... male?» CHIEDERSI .... Tizio. Ma Sempronio pacifico SEDERE .... dietro la curva e ZUFFOLARE .... togliendosi un sassolino dallo scarpone.

H. Scrivere un breve componimento su uno dei seguenti argomenti.

1. Continuare con la storia della giornata data qui sopra.
2. Indicare il modo in cui preferite viaggiare spiegando poi i motivi della vostra preferenza.
3. Esprimere la propria opinione sulla mania sportiva che va dilagando in questi ultimi tempi.
4. Vacanze alternative.

L'italiano per stranieri

Amato
Mondo italiano
testi autentici sulla realtà sociale e culturale
   italiana
libro dello studente
quaderno degli esercizi

Ambroso e Stefancich
Parole
10 percorsi nel lessico italiano - esercizi guidati

Avitabile
Italian for the English-speaking

Battaglia
Grammatica italiana per stranieri

Battaglia
**Gramática italiana para estudiantes de
   habla española**

Battaglia
Leggiamo e conversiamo
letture italiane con esercizi per la conversazione

Battaglia e Varsi
Parole e immagini
corso elementare di lingua italiana per princi-
   pianti

Bettoni e Vicentini
Imparare dal vivo**
lezioni di italiano - livello avanzato
manuale per l'allievo
chiavi per gli esercizi

Buttaroni
Letteratura al naturale
autori italiani contemporanei con attività di analisi linguistica

Cherubini
L'italiano per gli affari
corso comunicativo di lingua e cultura aziendale
manuale
1 audiocassetta

Diadori
Senza parole
100 gesti degli italiani

Gruppo META
Uno
corso comunicativo di italiano - primo livello
libro dello studente
libro degli esercizi e sintesi di grammatica
guida per l'insegnante
3 audiocassette

Gruppo META
Due
corso comunicativo di italiano - secondo livello
libro dello studente
libro degli esercizi e sintesi di grammatica
guida per l'insegnante
4 audiocassette

Gruppo NAVILE
Dire, fare, capire
l'italiano come seconda lingua
libro dello studente
guida per l'insegnante
1 audiocassetta

Humphris, Luzi Catizone, Urbani
Comunicare meglio
corso di italiano - livello intermedio-avanzato
manuale per l'allievo
manuale per l'insegnante
4 audiocassette

**Istruzioni per l'uso dell'italiano in
   classe 1**
88 suggerimenti didattici per attività comunicative

**Istruzioni per l'uso dell'italiano in
   classe 2**
111 suggerimenti didattici per attività comunicative

Maffei e Spagnesi
Ascoltami!
22 situazioni comunicative
manuale di lavoro
1 audiocassetta

Marmini e Vicentini
Imparare dal vivo*
lezioni di italiano - livello intermedio
manuale per l'allievo
chiavi per gli esercizi

Marmini e Vicentini
Ascoltare dal vivo
manuale di ascolto - livello intermedio

quaderno dello studente
libro dell'insegnante
3 audiocassette

Paganini
issimo
quaderno di scrittura - livello avanzato

Radicchi e Mezzedimi
Corso di lingua italiana
livello elementare

manuale per l'allievo
1 audiocassetta

Radicchi
Corso di lingua italiana
livello intermedio

Radicchi
In Italia
modi di dire ed espressioni idiomatiche

Spagnesi
Dizionario dell'economia e della finanza

Totaro e Zanardi
Quintetto italiano
approccio tematico multimediale - livello avanzato

libro dello studente
quaderno degli esercizi
2 audiocassette
1 videocassetta

Urbani
Senta, scusi...
programma di comprensione auditiva con spunti di produzione libera orale

manuale di lavoro
1 audiocassetta

Urbani
Le forme del verbo italiano

Verri Menzel
La bottega dell'italiano
antologia di scrittori italiani del Novecento

Vicentini e Zanardi
Tanto per parlare
materiale per la conversazione - livello medio avanzato

libro dello studente
libro dell'insegnante

Bonacci editore

Classici italiani per stranieri

testi con parafrasi a fronte e note

1. Leopardi • *Poesie*
2. Boccaccio • *Cinque novelle*
3. Machiavelli • *Il principe*
4. Foscolo • *Sepolcri e sonetti*
5. Pirandello • *Così è (se vi pare)*
6. D'Annunzio • *Poesie*
7. D'Annunzio • *Novelle*
8. Verga • *Novelle*

in preparazione:

Petrarca • *Poesie*
Manzoni • *Inni, odi e cori*
Pascoli • *Poesie*
Dante • *Inferno*
Dante • *Purgatorio*
Dante • *Paradiso*

Libretti d'opera per stranieri

testi con parafrasi a fronte e note

1. *La Traviata*
2. *Cavalleria rusticana*
3. *Rigoletto*

in preparazione:

Il barbiere di Siviglia
La Bohème

Bonacci editore

Linguaggi settoriali

Dica 33
il linguaggio della medicina
libro dello studente
guida insegnante
1 audiocassetta

L'arte del costruire
libro dello studente
guida insegnante

Una lingua in Pretura
il linguaggio del diritto
libro dello studente
guida insegnante
1 audiocassetta

I libri dell'arco

1. Balboni • *Didattica dell'italiano a stranieri*
2. Diadori • *L'italiano televisivo*
3. Micheli (cur.) • *Test d'ingresso di italiano per stranieri*
4. Benucci • *La grammatica nell'insegnamento dell'italiano a stranieri*
5. AA.VV. • *Curricolo d'italiano per stranieri*

Università per Stranieri di Siena - Bonacci editore

Finito di stampare
nel mese di gennaio 1996
dalla TIBERGRAPH s.r.l.
Città di Castello (PG)

BETTONI / VICENTINI
IMPARARE DAL VIVO
LIVELLO AVANZATO
6^EDIZIONE
BONACCI EDITORE
0002270